Z

BIBLIOTHÈQUE
LATINE-FRANÇAISE

PUBLIÉE

SOUS LES AUSPICES

DE S. A. R.

MONSIEUR LE DAUPHIN

C. L. F. PANCKOUCKE, ÉDITEUR.

INSTITUTION

ORATOIRE

DE QUINTILIEN

TRADUCTION NOUVELLE

PAR C. V. OUIZILLE

CHEF DE BUREAU AU MINISTÈRE DE L'INTÉRIEUR.

TOME PREMIER.

PARIS

C. L. F. PANCKOUCKE

MEMBRE DE L'ORDRE ROYAL DE LA LÉGION D'HONNEUR
ÉDITEUR, RUE DES POITEVINS, N° 14.

M DCCC XXIX.

BIBLIOTHÈQUE
LATINE-FRANÇAISE

COLLECTION
DES CLASSIQUES LATINS

AVEC LA TRADUCTION EN REGARD

PUBLIÉE

PAR C. L. F. PANCKOUCKE.

PARIS

C. L. F. PANCKOUCKE

MEMBRE DE L'ORDRE ROYAL DE LA LÉGION D'HONNEUR
ÉDITEUR, RUE DES POITEVINS, N° 14.

M DCCC XXIX.

PARIS, IMPRIMERIE DE C. L. F. PANCKOUCKE,
Rue des Poitevins, n. 14.

SUR QUINTILIEN.

professé l'éloquence pendant vingt ans, avec un traitement sur le trésor public. Désigné plus tard par Domitien pour diriger l'éducation des petits-neveux de ce prince, sans que sa fortune s'en accrût sensiblement, son sort serait resté médiocre jusque sous Trajan ; et ce ne serait qu'à l'avènement d'Adrien, qui jadis avait été son disciple, et qui aimait à protéger les lettres, qu'il serait parvenu tout à coup, et dans un âge fort avancé, au comble des richesses et des honneurs. Dès-lors la lettre de Pline, écrite du vivant de Trajan, s'adressait encore au rhéteur modeste plus riche en vertus qu'en *sesterces*, et les vers de la vii.e satire de Juvénal, que Dodwel démontre, contre l'avis de plusieurs savans, n'avoir pu être écrite que sous Adrien, retracent un de ces jeux bizarres par lesquels la fortune se plaît à signaler son inconstance ; et ce qui donne du poids à cette conjecture, ce sont les vers qui suivent, et qui s'appliquent si bien à Quintilien : (*Ibid.* 197, 198)

Si fortuna volet, fies de rhetore consul ;
Si volet hæc eadem, fies de consule rhetor.

C'est avec la même perspicacité que Dodwell éclaircit une difficulté que fait naître la lettre

NOTICE

Tels sont quelques-uns des principaux faits de la vie de Quintilien, que Dodwell établit sur des documens à peu près incontestables.

Il n'était pas aussi facile de concilier deux témoignages contemporains dans ce qu'ils paraissent offrir de contradictoire sur la manière dont Quintilien aurait été traité par la fortune. D'un côté, Juvénal, dans sa VII⁰ satire, met en opposition sa brillante prospérité avec le sort misérable du reste des rhéteurs : de l'autre, parmi les lettres de Pline le jeune, on en lit une qu'il adresse à Quintilien même, et où il le presse d'accepter dix mille sesterces, pour supplément de dot à *sa fille*, qui devait épouser Nonius Celer. Il y dit en propres termes : *te porro animo beatissimum, modicum facultatibus scio* (lib. VI, epist. 3o). Tient-on ce langage à celui dont Juvénal dit si fastueusement? (sat. VII, 188)

Unde igitur tot
Quintilianus habet saltus?....

Dodwell va nous expliquer ce qu'il y a de dissonant dans ce rapprochement, sans altérer en rien les textes de Pline et de Juvénal, et sans en torturer le sens. Voyons ses hypothèses. Quintilien, comme nous l'avons dit, avait

SUR QUINTILIEN. ij

payés par l'État. De ce moment, tout porte à croire qu'il ne quitta plus Rome.

Pendant vingt ans, il y enseigna la rhétorique avec la plus grande distinction, sans négliger les affaires du barreau, où il fit admirer son éloquence : double titre de gloire que nous ont révélé ces vers si connus de Martial :

Quintiliane, vagæ moderator summe juventæ,
Gloria romanæ, Quintiliane, togæ!
(Lib. 11, épig. 90.)

Il obtint ensuite de se démettre de l'enseignement, et renonça au barreau, dans un temps où, comme il le dit lui-même, il pouvait laisser encore des regrets.

Ce fut dans la retraite qu'il composa, à la sollicitation de quelques amis, son INSTITUTION ORATOIRE, le seul de ses ouvrages qui nous soit parvenu[*]; il y travaillait, lorsque Domitien le choisit pour présider à l'éducation de ses petits-neveux.

Marié à une femme beaucoup plus jeune que lui, il en eut deux fils, qu'il perdit, ainsi que leur mère, dans l'espace de peu d'années.

[*] Je me range ici de l'avis du plus grand nombre qui ne reconnaît pas pour être de Quintilien les *déclamations* qui portent son nom.

NOTICE ij

ser une vie de Quintilien dont les phases diverses s'enchaînent, et se coordonnent de la manière la plus lumineuse.

Attachons-nous donc à ses pas, car vainement chercherions-nous un meilleur guide.

Quintilien naquit à Calahorra, en Espagne, l'an 42 de notre ère, vers le commencement du règne de Claude.

Amené fort jeune à Rome par Galba, il y fît ses études et suivit les leçons de Domitius Afer et de Servilius Nonianus, orateurs célèbres de cette époque.

A l'âge d'environ dix-huit ans, son éducation étant achevée, il accompagna ce même Galba que Néron avait désigné pour commander en Espagne, et passa huit ans dans sa patrie, où il se livra, selon toute apparence, aux premiers exercices de l'art oratoire.

Au bout de ce temps, Galba étant revenu à Rome, il y suivit de nouveau son protecteur, qui, comme on sait, succéda immédiatement à Néron.

Ce fut alors que, par un effet de la bienveillance du nouvel empereur, Quintilien, âgé de vingt-six ans, reçut l'investiture d'une chaire publique d'éloquence, avec des appointemens

NOTICE
BIOGRAPHIQUE ET LITTÉRAIRE
SUR QUINTILIEN.

Si la biographie des Rhéteurs écrite par Suétone nous fût parvenue dans son entier, on n'en serait probablement pas réduit à ne former que des conjectures sur le lieu qui a vu naître Quintilien, sur l'époque de sa naissance et de sa mort, et sur certaines particularités de sa vie : toutes circonstances qui divisent les commentateurs. A défaut de traditions positives, le mieux peut-être est de s'en tenir aux savantes recherches de Dodwell, qui, dans son ouvrage intitulé : *Annales Quintilianei*, a recueilli, avec la plus scrupuleuse exactitude, tout ce qui avait rapport à notre Rhéteur? On ne saurait assez admirer, en effet, la sagacité avec laquelle ce critique habile a su, sans faire violence à aucun texte, et en s'appuyant toujours sur l'histoire et la chronologie, recompo-

1

de Pline déjà citée : difficulté qui s'attache à un fait rendu au moins douteux par Quintilien lui-même ; je veux parler du mariage de la fille de ce rhéteur avec Nonius Celer.

Quintilien, dans l'exorde du vi^e livre de son *Institution oratoire*, nous introduit, pour ainsi dire, dans l'intérieur de sa famille, et nous met dans la confidence de ses chagrins domestiques. Il déplore amèrement la perte de sa jeune femme et des deux fils qu'elle lui avait laissés pour toute consolation. « Tel est, dit-il « en terminant, l'excès de mon malheur que « je ne travaille plus que pour les autres, et « que tout ce qui m'appartient, fortune, patri- « moine, cet écrit lui-même, tout passera dans « *des mains étrangères.* »

Il est évident qu'à l'époque où Quintilien s'exprimait ainsi, il n'avait pas de fille. Il est certain aussi qu'il n'était plus jeune, puisque dans ce même exorde, en parlant de son *Institution oratoire*, qu'il désirait laisser à son fils comme la plus noble partie de son héritage, « Je me hâtais, dit-il, jour et nuit, de peur « d'être surpris par la mort. » Mais ce n'est-là qu'une réflexion philosophique qui convient à l'âge où Quintilien était déjà parvenu (il avait près de cinquante ans), sans qu'on en puisse conclure qu'il fût hors d'état de se remarier et d'avoir encore de la postérité.

Dodwell conjecture donc que peu d'années après l'achèvement de son ouvrage, Quintilien, plus près de cinquante ans que de soixante, épousa en secondes noces la fille de Tutilius; et qu'il en avait environ soixante-sept lorsque Pline lui offrit un supplément de dot pour le mariage de sa fille avec Nonius Celer. Or, d'après cette supputation, cette fille devait avoir douze ans accomplis, et c'était l'âge marqué par les lois romaines pour la nubilité chez les femmes, *limitem nimirum romanæ, in femineo sexu, pubertatis.* (Dodw xxxii).

Dodwell, poursuivant ses investigations, conduit Quintilien jusqu'au règne d'Adrien, qui le combla, comme nous l'avons dit, de faveurs extraordinaires, et lui accorda même les ornemens consulaires. C'est à quoi Juvénal fait encore allusion dans ce vers (sat. VII, 194):

Appositam nigræ lunam subtexit alutæ.

Vécut-il au delà ? quel âge atteignit-il ? Les monumens de l'époque ne permettent de faire aucune conjecture à cet égard.

Mais, soit qu'on admette les hypothèses de Dodwell, soit qu'on s'en tienne au petit nombre de faits positifs qu'on ne peut guère recueillir sur Quintilien, que dans Quintilien lui-même, il reste suffisamment démontré que ce rhéteur parcourut une carrière longue et honorée ; qu'il fut un des orateurs les plus éloquens, un des hommes les plus vertueux et les plus éclairés de son siècle, et l'on peut ajouter l'un des plus heureux, malgré les pertes qu'il essuya comme époux et comme père, puisqu'il put traverser les règnes de onze empereurs, c'est-à-dire un espace d'environ soixante-quinze ans, dont les deux tiers au moins furent ensanglantés par les plus monstrueux excès de tyrannie, sans s'attirer ni la proscription ni l'exil.

Pourquoi faut-il qu'un écrivain qui se recommande par l'élévation et la pureté de ses principes, ait été forcé de descendre jusqu'aux plus dégoûtantes adulations envers un prince aussi justement exécré que l'indigne frère de Titus ! comment un sentiment de pudeur ne l'a-t-il point arrêté, quand il nous donne pour le plus intègre des censeurs, *sanctissimus cen-*

sor*, un infâme qui mêla l'inceste à ses débauches? comment ne rougit-il pas de nous représenter comme le génie même des combats, *quis caneret bella melius, quam qui sic gerit***? un lâche qui ne sut jamais faire la guerre, et qui, non content de trafiquer de la paix, soudoyait encore des captifs pour servir d'ornement à ses frauduleux triomphes? Rien ne saurait sans doute justifier un tel excès de bassesse de la part de Quintilien; mais l'époque affreuse où il écrivait ne nous aidera que trop à l'expliquer. Nul doute que l'éloge de Domitien ne fût imposé à tous les gens de lettres de son temps par l'ombrageuse susceptibilité de ce tyran, sous peine de s'attirer sa colère; et quelle colère! On remarque, en effet, que Stace, Martial et d'autres contemporains lui ont payé le même tribut. Or, notre rhéteur se trouvait plus particulièrement encore sous le joug de cette dure nécessité, lui qu'un périlleux honneur enchaînait auprès des petits-neveux de Domitien, et pour qui la reconnaissance était en quelque sorte devenue un devoir. Plaignons-le donc d'avoir eu à écrire sous une

---

* Livre IV. Exorde.
** Livre x, chap. 1er.

aussi funeste influence, qu'on ne peut comparer qu'à l'épée de Damoclès, et, avant de condamner sa mémoire, descendons en nous-mêmes : placés comme lui, entre un éloge ou la mort, aurions-nous eu le courage du silence ?

Quoi qu'il en soit de cette faiblesse, on peut la croire suffisamment rachetée par une vie que Quintilien voua tout entière à la restauration de la morale et des lettres, et par le monument qu'il leur a élevé dans son *Institution oratoire*. Voilà des titres incontestables à l'estime et à la reconnaissance de la postérité ! Mais, pour mieux apprécier ces titres, jetons d'abord un coup d'œil sur l'époque où cet ouvrage fut conçu et exécuté.

Chaque siècle se peint dans sa littérature. Celle des Romains, au temps de Quintilien, ne réfléchissait que trop fidèlement l'image d'un peuple dégénéré et abruti par la servitude. L'éloquence, surtout, offrait les empreintes profondes des coups que lui avait portés la tyrannie. Les sources où elle puisait jadis ses inspirations, étaient taries. Muette à la tribune où les mots de patrie et de liberté n'osaient plus se faire entendre, elle se déshonorait au sénat par la flatterie et la délation, se prostituait, dans les écoles, aux jeux d'esprit les plus déréglés, ou s'épuisait en vains sophismes dans les controverses obscures du barreau. A ces formes graves et majestueuses, à ces accens harmonieux et pleins, à cette démarche libre et fière, que lui avaient donnés les Cicéron et les Hortensius, avaient succédé des proportions maigres et mesquines, une phraséologie terne et saccadée, une allure efféminée et pleine d'afféterie.

Un philosophe célèbre qui porta dans ses écrits la même inconséquence que dans sa conduite, et gâta les plus sublimes préceptes de l'école de Zénon par des raffinemens de style qui semblent appartenir plutôt à celle d'Épicure, Sénèque avait le premier donné le signal de la défection, et précipité vers sa ruine un art que tant de causes morales minaient déjà sourdement. Doué d'une imagination hardie, d'un génie élevé, mais trop ami du paradoxe et et de l'antithèse; possédant d'ailleurs de fort belles qualités, et séduisant par ses défauts mêmes, il acquit une vogue incroyable, et subjugua entièrement des esprits plus disposés à se laisser éblouir par ce qu'il avait de brillant, qu'à se prémunir contre ce qu'il avait de dangereux. Enhardi par ses succès, il ne garda plus de mesure. Novateur habile, il sentit que, pour affermir dans ses mains le sceptre de la littérature, il fallait décrier des doctrines, attaquer des renommées qui se fondaient sur un système tout différent du sien. C'était travailler doublement à pervertir son siècle; il y parvint. A une admiration exclusive pour lui, se joignit un mépris qu'on ne dissimulait plus, pour les grands écrivains qui l'avaient précédé; on n'était goûté qu'à proportion qu'on s'éloignait de la noble simplicité de ceux-ci, et qu'on se rapprochait de la manière de Sénèque. Ainsi, l'on s'égarait de plus en plus dans de fausses routes.

Tel était l'état des lettres à Rome, lorsque, appelé à y professer publiquement la rhétorique, Quintilien résolut de faire revivre la saine éloquence, et de la réintégrer dans tous ses droits. Cette entreprise n'exigeait pas moins de persévérance que de talent, tant il y avait de préventions à vaincre, de faux jugemens à réformer! Ces obstacles ne l'arrêtèrent point.

Les écrits du philosophe dont je viens de parler, étaient presque les seuls qu'on mît alors entre les mains des étudians; il s'éleva contre cette distinction à la fois injurieuse et funeste au goût, et la fit cesser. On ne lisait plus les anciens; l'ignorance et le bel-esprit avaient trouvé leur compte à les décréditer : il s'attacha à les remettre en honneur.

Attirée par l'éclat de sa réputation, la jeunesse romaine se pressait à ses cours. Elle entendit enfin le langage de la raison. Jusque là, les rhéteurs traitant leur profession comme un métier, s'étaient montrés tout au plus bons à faire des sophistes et des parleurs : Quintilien, qui voulait former des orateurs et des citoyens, comprit mieux ses devoirs. Il développa les théories de son art en homme qui en appréciait l'importance et la dignité, et qui en possédait tous les secrets.

Il dégagea la science des subtilités qui l'embarrassaient, répandit le charme et la vie sur des études que le pédantisme avait flétries et desséchées, et, s'adressant au cœur et à l'esprit, sut à la fois captiver l'un et l'autre.

Également ennemi de l'aveugle routine et de la licence sans frein, il renferma les règles dans de sages limites, répétant sans cesse qu'il fallait avant tout prendre la nature pour guide.

Le code de la rhétorique, qui n'était avant lui qu'une stérile et froide technologie, devint un texte à de lumineux commentaires ou à d'utiles applications. Point de précepte qui ne fût appuyé sur un exemple, point d'exemple qui ne fût une leçon.

Fidèle au culte des grands modèles, fidèle surtout, malgré la mode, à son admiration éclairée pour Cicéron, il se plaisait à évoquer l'ombre de cet illustre orateur, et, montant avec lui à la tribune, ou l'accompagnant au forum, il déroulait à des yeux qu'on avait obstinément fermés à la lumière, le tableau des plus magnifiques créations dont l'art de la parole se fût jamais énorgueilli. C'est ainsi qu'opposant la fécondité à la sécheresse, l'harmonie à la dureté, l'élévation à l'enflure, le naturel à la bassesse, la simplicité à la recherche, il signalait indirectement tous les vices de la nouvelle école. Il fit plus : il publia, dans le cours de son professorat, un traité *sur les causes de la corruption de l'éloquence*, où ces vices étaient ouvertement démasqués. Cet ouvrage n'est malheureusement pas arrivé jusqu'à nous ; mais il atteste son infatigable sollicitude pour un art qui fit la gloire et l'occupation de toute sa vie.

Tant d'efforts ne furent pas tout-à-fait infructueux ; et si la dépravation des temps ne permit pas à l'éloquence de recouvrer tout son éclat, si même elle fut destinée plus tard à s'engloutir dans l'abîme où devait s'enfoncer l'esprit humain, sa chute immédiate fut au moins retardée, et quelques écrivains*, sortis de l'école de notre rhéteur, apparurent encore pour consoler les lettres.

L'Institution oratoire n'est que le résumé de ces leçons, présenté sous les formes régulières d'une composition didactique, et enrichi de tout ce que purent y ajouter l'expérience et les méditations de son auteur.

Ce livre est jugé depuis long-temps. A son apparition dans le monde littéraire, vers le commencement du quinzième siècle**, il y excita un enthousiasme universel, et les éditions s'en succédèrent avec rapidité. Plus on le lut, plus on le goûta.

Les modernes n'ont rien rabattu des éloges que lui avaient donnés les écrivains des âges précédens.

Laharpe, qui reçut parmi nous le surnom

---

* Entre autres Pline le Jeune.

** Le premier manuscrit de l'*Institution oratoire* fut trouvé en 1415 dans le monastère de Saint-Gal, par le Pogge.

de Quintilien français, et qui le justifie à beaucoup d'égards, Laharpe, dans son *Cours de Littérature*, appelle l'*Institution oratoire* un livre *immortel*. Le jugement qu'il en porte est aussi consciencieux qu'éclairé, et l'examen approfondi qu'il en fait prouve qu'il n'a pas toujours mérité le reproche d'avoir trop légèrement traité *la partie des anciens*.

Avant lui, le docte et judicieux Rollin avait proclamé cet ouvrage « le plus utile à la jeu« nesse sous le rapport de l'éloquence et des « mœurs. *Il réunit*, dit-il, *la pénétration* « *d'Aristote à l'élégance de Cicéron*. » Si j'osais modifier cette dernière partie du jugement d'un si grand maître, je dirais qu'on ne retrouve pas tout-à-fait dans Quintilien la profondeur du philosophe de Stagyre, ni les grâces inimitables de l'orateur romain, mais qu'il offre à un degré assez remarquable un heureux mélange des qualités de ses devanciers, et qu'il a su se placer à côté d'eux par un mérite qui lui est propre, et qui tient surtout à la manière dont il a envisagé et traité son sujet.

C'était en effet une idée neuve et hardie, que celle de prendre l'orateur au berceau, et de parcourir avec lui le cercle entier des connaissances qui lui sont nécessaires. On se figure tout ce qu'un pareil plan comporte de développement; mais on est effrayé de la tâche immense qu'il impose. C'est pourtant cette tâche que Quintilien n'a pas redoutée, et dont il s'est tiré avec une vigueur de tête, une maturité de talent, et une sûreté de goût également admirables.

Considérée sous le rapport purement technique, l'*Institution oratoire* est sans contredit ce qui existe de plus complet sur la matière. C'est un exposé substantiel et bien ordonné, de toutes les lois de la rhétorique, où sont rapprochés et jugés les systèmes des différens écrivains qui en avaient traité avant Quintilien. Il y règne un ordre parfait; tout s'y lie et s'y enchaîne avec clarté. L'*Invention*, la *Disposition*, l'*Élocution*, la *Prononciation*, la *Mémoire*, toutes ces parties qui constituent proprement l'art, traitées dans le plus grand détail, ne laissent rien à désirer à qui veut s'instruire; et partout l'érudition se montre embellie par les grâces du style, ou relevée par l'éclat et la finesse des pensées.

Mais ce qui surtout donne à Quintilien une physionomie particulière, ce qui le fera vivre autant que les lettres latines, c'est qu'à chaque page de son livre, l'honnête homme, le bon citoyen, le maître expérimenté, le guide et l'ami de la jeunesse se font sentir non moins que le profond rhéteur et l'ingénieux écrivain; c'est qu'il a vivifié et ennobli son sujet de tout ce que l'amour de la vertu peut inspirer de plus élevé et de plus aimable; c'est que, sous la forme d'un simple traité de rhétorique, il a fait en même temps un véritable cours d'éducation, de morale et de littérature.

Comment un auteur aussi éminemment classique reste-t-il toujours étranger à l'enseignement dans nos colléges? Rollin s'en plaignait de son temps, et ce fut, comme on sait, dans le dessein d'en ranimer l'étude, qu'il donna son édition abrégée de l'*Institution oratoire*, dont il avait élagué tout ce qui pouvait effaroucher l'intelligence des élèves. Mais son vœu ne fut point exaucé. Le sera-t-il, aujourd'hui que l'éloquence a recouvré ses plus nobles prérogatives et qu'elle est appelée à exercer une si haute influence sur notre avenir! aujourd'hui, qu'elle est devenue le plus puissant moyen d'illustration personnelle, et qu'il importe tant de lui donner une direction sage et généreuse, digne enfin des institutions qui nous régissent!

Il n'existe qu'une traduction de Quintilien qui soit en possession de quelque estime ; c'est celle de l'abbé Gédoyn*. Toutefois des taches nombreuses la déparent; on y remarque d'importantes lacunes; le style en a vieilli. On pouvait donc essayer mieux.

J'ai profité des remarques et des corrections dont se trouve enrichie l'édition qu'en a donnée, en 1803, M. Adry, ancien bibliothécaire de l'Oratoire, d'après un mémoire manuscrit de M. Capperonnier**.

Aidé d'un tel secours et des ressources non moins précieuses qu'offre l'édition de Quintilien donnée par M. Lemaire, dans son importante Collection des classiques latins, je serais impardonnable de n'avoir pas fait quelques pas de plus vers la perfection ; ayant d'ailleurs l'avantage sur mon devancier, d'être venu un siècle après lui, et d'avoir marché, à la lueur

---

* Publiée pour la première fois en 1718 : elle a fait totalement oublier celle donnée en 1662 par le trop fameux abbé de Pure.

** Paris, Barbou, 1803, 4 vol. in-12.

de nouvelles clartés, sur un terrain qu'il avait laborieusement déblayé et aplani pour ses successeurs.

Qu'il me soit permis, ici, de me féliciter d'avoir pu trouver place dans une entreprise qui a pour objet de populariser parmi nous les chefs-d'œuvre de l'antiquité, entreprise à laquelle d'habiles professeurs, des littérateurs distingués, des académiciens, se sont empressés d'apporter le tribut de leurs doctes veilles. Heureux si le public ne me juge pas trop téméraire d'avoir mêlé mon nom à tant de noms illustres dans la république des lettres!

AVIS ESSENTIEL.

On remarquera dans les premières feuilles de ce volume des numéros destinés à renvoyer le lecteur à des notes qu'on devait placer à la fin de chaque livre; on n'y aura point égard. On a renoncé à ce renvoi à cause du petit nombre de ces notes, et on a mieux aimé s'en tenir à quelques explications au bas des pages.

QUINTILIEN.

LIVRE PREMIER.

M. FABIUS QUINTILIANUS

TRYPHONI

SALUTEM.

Efflagitasti quotidiano convicio, ut libros, quos ad Marcellum meum de Institutione oratoria scripseram, jam emittere inciperem. Nam ipse eos nondum satis opinabar maturuisse : quibus componendis, uti scis, paulo plus quam biennium, tot alioqui negotiis districtus, impendi : quod tempus non tam stylo, quam inquisitioni instituti operis prope infiniti, et legendis auctoribus, qui sunt innumerabiles, datum est.

Usus deinde Horatii consilio, qui in Arte Poetica suadet, ne præcipitetur editio,

...... nonumque prematur in annum,

dabam iis otium, ut, refrigerato inventionis amore, diligentius repetitos tamquam lector perpenderem.

Sed si tantopere efflagitantur, quam tu affirmas, permittamus vela ventis, et oram solventibus bene precemur. Multum autem in tua quoque fide ac diligentia positum est, ut in manus hominum quam emendatissimi veniant.

QUINTILIEN
A TRYPHON.

Vous le voulez donc; il faut céder à vos importunités, et publier enfin les livres que j'ai écrits pour mon ami Marcellus sur l'*Institution de l'orateur*. A dire vrai, je ne les croyais pas à leur point de maturité, n'ayant mis, comme vous le savez, qu'un peu plus de deux ans à les rédiger, au milieu de tant d'autres distractions : encore ce temps fut-il employé moins à retoucher mon travail, qu'à me livrer aux recherches presque infinies qu'il exigeait, et à lire le nombre prodigieux d'auteurs qui s'y rattachent.

Ensuite, d'après le conseil d'Horace, qui, dans son Art Poétique, recommande aux écrivains de garder *pendant neuf ans* leurs ouvrages, avant de les exposer au grand jour, je voulais laisser reposer le mien, afin que, l'enthousiasme d'auteur un peu refroidi, je pusse le revoir et l'examiner avec l'impartialité d'un lecteur.

Toutefois, si cet ouvrage est attendu avec l'impatience que vous dites, livrons la voile aux vents, et faisons des vœux pour le succès du voyage. Je compte, au surplus, sur votre zèle et vos soins pour qu'il se présente au public avec toute la correction possible.

M. FABII QUINTILIANI

ORATORIÆ INSTITUTIONIS

LIBER I.

PROOEMIUM.

Post impetratam studiis meis quietem, quæ per viginti annos erudiendis juvenibus impenderam, quum a me quidam familiariter postularent, ut aliquid de ratione dicendi componerem, diu sum equidem reluctatus: quod auctores utriusque linguæ clarissimos non ignorabam multa, quæ ad hoc opus pertinerent, diligentissime scripta posteris reliquisse. Sed qua ego ex causa faciliorem mihi veniam meæ deprecationis arbitrabar fore, hac accendebantur illi magis: quod inter diversas opiniones priorum, et quasdam etiam inter se contrarias, difficilis esset electio: ut mihi, si non inveniendi nova, at certe judicandi de veteribus, injungere laborem non injuste viderentur. Quamvis autem non tam me vinceret præstandi, quod exigebatur, fiducia, quam negandi verecundia: latius se tamen aperiente

QUINTILIEN.

DE L'INSTITUTION ORATOIRE

LIVRE I.

INTRODUCTION.

Après avoir consacré vingt années à l'instruction de la jeunesse, j'avais obtenu le repos, lorsque je fus sollicité par mes amis de composer quelque traité de l'art oratoire. Je m'en défendis long-temps, leur alléguant que les écrivains, grecs et latins, les plus célèbres nous avaient laissé des ouvrages complets sur cette matière. Mais cette raison, que je croyais de nature à faire plus facilement admettre mon excuse, ne fit que rendre leurs instances plus pressantes. Ils m'opposaient, à leur tour, qu'au milieu des opinions diverses, quelquefois même contradictoires, des premiers auteurs, il était difficile de déterminer son choix; en sorte que, si j'étais dispensé de rien imaginer de nouveau, au moins paraissait-on fondé à exiger que je portasse un jugement sur le travail des anciens. Je cédai donc moins à la confiance d'exécuter ce qu'on attendait de moi qu'à la honte d'un plus long refus; et peu à peu, mon sujet venant à s'étendre, je me chargeai volontairement d'un fardeau plus lourd que celui qu'on m'avait d'abord imposé, tant pour don-

materia, plus quam imponebatur oneris, sponte suscepi; simul ut pleniori obsequio demererer amantissimos mei; simul ne, vulgarem viam ingressus, alienis demum vestigiis insisterem.

Nam ceteri fere, qui artem orandi litteris tradiderunt, ita sunt exorsi, quasi perfectis omni alio genere doctrinæ summam inde eloquentiæ manum imponerent: sive contemnentes tamquam parva, quæ prius discimus, studia, sive non ad suum pertinere officium opinati, quando divisæ professionum vices essent; seu, quod proximum vero, nullam ingenii sperantes gratiam circa res, etiamsi necessarias, procul tamen ab ostentatione positas: ut operum fastigia spectantur, latent fundamenta.

Ego, quum nihil existimem arti oratoriæ alienum, sine quo fieri oratorem non posse fatendum est, nec ad ullius rei summam, nisi præcedentibus initiis, perveniri; ad minora illa, sed, quæ si negligas, non sit majoribus locus, demittere me non recusabo: nec aliter, quam si mihi tradatur educandus orator, studia ejus formare ab infantia incipiam.

Quod opus, Marcelle Victori, tibi dicamus: quem, quum amicissimum nobis, tum eximio litterarum amore flagrantem, non propter hæc modo (quamquam sunt

ner des marques d'une entière déférence à des hommes qui m'honoraient de leur amitié, que pour ne pas suivre des sentiers battus, et me traîner servilement sur les traces d'autrui.

En effet, la plupart de ceux qui ont écrit sur l'art oratoire l'ont envisagé, dès le début, comme s'il ne se fût agi que de donner le dernier poli de l'éloquence à des esprits déjà consommés dans tous les autres genres de doctrines. Était-ce qu'ils dédaignaient comme trop peu importantes les études préliminaires qu'il faut faire? croyaient-ils qu'elles n'étaient pas de leur ressort, parce qu'en effet, de leur temps, diverses professions se partageaient l'enseignement de la rhétorique? ou plutôt, n'était-ce pas qu'ils désespéraient de pouvoir briller dans des choses qui, quoique nécessaires, ne jettent cependant aucun éclat? Ainsi dans un monument, c'est ce qui est élevé qui nous frappe; les fondemens restent cachés.

Pour moi, qui ne reconnais d'étranger à l'art oratoire rien de ce qui est indispensable pour devenir essentiellement orateur, et qui suis persuadé qu'on n'arrive en rien à la perfection, si l'on ne procède par les commencemens, je ne rougirai pas de descendre à ces petits détails qu'on ne peut négliger, sous peine de paralyser des résultats plus importans, et je prendrai les études de l'orateur, à partir de la plus tendre enfance, comme si j'avais à répondre de son éducation.

C'est à vous, Marcellus Victorius, que je dédie cet ouvrage. Quoique votre amitié pour moi et votre amour éclairé pour les lettres suffisent assurément pour justifier ce gage de notre tendresse mutuelle, j'ai eu aussi en

magna) dignissimum hoc mutuæ inter nos caritatis pignore judicabamus; sed quod erudiendo nato tuo, cujus prima ætas manifestum iter ad ingenii lumen ostendit, non inutiles fore libri videbantur, quos ab ipsis dicendi velut incunabulis, per omnes quæ modo aliquid oratori futuro conferant, artes, ad summam ejus operis perducere destinabamus; atque eo magis, quod duo jam sub nomine meo libri ferebantur artis rhetoricæ, neque editi a me, neque in hoc comparati. Namque alterum, sermone per biduum habito, pueri, quibus id præstabatur, exceperant : alterum pluribus sane diebus, quantum notando consequi poterant, interceptum, boni juvenes, sed nimium amantes mei, temerario editionis honore vulgaverant. Quare in his quoque libris erunt eadem aliqua, multa mutata, plurima adjecta, omnia vero compositiora, et, quam nos poterimus, elaborata.

Oratorem autem instituimus illum perfectum, qui esse nisi vir bonus non potest. Ideoque non dicendi modo eximiam in eo facultatem, sed omnes animi virtutes exigimus. Neque enim hoc concesserim, rationem rectæ honestæque vitæ (ut quidam putaverunt) ad philosophos relegandam : quum vir ille vere civilis, et publicarum privatarumque rerum administrationi accommodatus, qui regere consiliis urbes, fundare legibus, emendare judiciis possit, non alius sit profecto, quam

vue d'être utile à votre fils, qui, bien jeune encore, manifeste déjà de si rares dispositions. J'ai pensé que mon traité vous serait de quelque secours pour son instruction, en ce que, m'emparant pour ainsi dire de l'orateur au berceau, je parcours successivement avec lui tous les arts qui doivent le former, et le conduis ainsi jusqu'au but le plus élevé de ses travaux. Enfin, et pour dernier motif, on a fait paraître sous mon nom deux Traités de rhétorique que je n'ai point publiés, et que je ne destinais pas à l'être. L'un, fruit de mes leçons pendant deux jours, a été retenu de mémoire par mes élèves, et l'autre fut recueilli par eux pendant plusieurs jours, il est vrai, mais autant que des notes abrégées pouvaient le permettre; et ces jeunes gens, aveuglés par trop de zèle, leur ont accordé témérairement les honneurs de la publication. Aussi trouvera-t-on dans ce nouvel ouvrage quelques-unes des choses qu'on rencontre dans les premiers; mais on y remarquera aussi de notables changemens, de nombreuses additions, et le tout sera plus soigné, car j'y ai mis toute l'attention dont je suis capable.

L'orateur parfait que je prétends former ne peut le devenir s'il n'est, avant tout, homme de bien. Je n'exige donc pas seulement de lui le talent éminent de la parole, mais encore toutes les qualités de l'âme. Je suis loin de croire, comme quelques-uns l'ont pensé, qu'il faille laisser aux philosophes ce qui regarde la conduite de la vie; car, à mes yeux, l'homme véritablement utile à ses concitoyens, propre à l'administration des affaires publiques et privées, qui peut régir un état par ses conseils, le fonder par des lois, le réformer par des règlemens, n'est autre que l'orateur. Ainsi, quoique je con-

orator. Quare, tametsi me fateor usurum quibusdam, quæ philosophorum libris continentur, tamen ea jure vereque contenderim esse operis nostri, proprieque ad artem oratoriam pertinere. An, si frequentissime de justitia, fortitudine, temperantia, ceterisque similibus sit disserendum, et adeo, ut vix ulla possit causa reperiri, in quam non aliqua quæstio ex his incidat, eaque omnia inventione atque elocutione sint explicanda : dubitabitur, ubicunque vis ingenii et copia dicendi postulatur, ibi partes oratoris esse præcipuas? Fueruntque hæc, ut Cicero apertissime colligit, quemadmodum juncta natura, sic officio quoque copulata, ut iidem sapientes atque eloquentes haberentur. Scidit deinde se studium, atque inertia factum est, ut artes esse plures viderentur. Nam ut primum lingua esse cœpit in quœstu, institutumque eloquentiæ bonis male uti, curam morum, qui diserti habebantur, reliquerunt. Ea vero destituta, infirmioribus ingeniis velut prædæ fuit. Inde quidam, contempto bene dicendi labore, ad formandos animos statuendasque vitæ leges regressi, partem quidem potiorem, si dividi posset, retinuerunt : nomen tamen sibi insolentissimum arrogaverunt, ut soli sapientiæ studiosi vocarentur : quod neque summi imperatores, neque in consiliis rerum maximarum ac totius administratione reipublicæ præclarissime versati, sibi unquam vindicare

fesse que je me servirai quelquefois des principes contenus dans les livres des philosophes, je déclare que je les considère à bon droit comme étant de mon domaine, et appartenant en propre à l'art oratoire. Eh quoi! lorsqu'on a si souvent occasion de parler sur la justice, le courage, la tempérance et autres vertus semblables, lorsqu'il existe à peine une seule cause où l'un de ces points ne se trouve incidemment mêlé, et ne réclame toutes les ressources de l'invention et de l'élocution, on douterait que là où il faut développer une grande force d'esprit et un grand fonds d'éloquence, là aussi est le véritable triomphe de l'orateur! Cicéron l'a démontré victorieusement. Ces choses sont tellement unies de leur nature et inséparables dans la pratique, qu'autrefois les sages étaient en même temps orateurs. Ce ne fut que plus tard qu'on s'avisa de partager cette étude, et que la lâcheté trouva son compte à en composer plusieurs arts. En effet, du moment que la parole devint une profession lucrative, et qu'on commença à abuser de ses dons, ceux qui passaient pour diserts, abandonnèrent le soin des mœurs; et l'éloquence, privée d'appui, devint la proie des esprits les plus médiocres. Qu'en advint-il? Quelques philosophes, voyant l'art de bien dire tomber dans le mépris, retournèrent à la morale, se réservant ainsi la partie sans contredit la plus importante de deux arts nécessairement indivisibles. Mais ils s'attribuèrent fort inconvenablement le titre de seuls amis de la sagesse, titre que n'ont pas même osé s'arroger les meilleurs princes, ni tant de personnages illustres qui ont figuré avec éclat dans les plus grandes affaires et dans l'administration de tout l'empire. Ceux-ci ont préféré de belles actions à de fastueuses promesses. Toutefois, j'accorde-

sunt ausi. Facere enim optima, quam promittere, maluerunt. Ac veterum quidem sapientiæ professorum multos et honesta præcepisse, et ut præceperunt, etiam vixisse, facile concesserim: nostris vero temporibus sub hoc nomine maxima in plerisque vitia latuerunt. Non enim virtute ac studiis, ut haberentur philosophi, laborabant, sed vultum, et tristitiam, et dissentientem a ceteris habitum pessimis moribus prætendebant.

Hæc autem quæ velut propria philosophiæ asseruntur, passim tractamus omnes. Quis enim non de justo, æquo ac bono (modo non et vir pessimus) loquitur? quis non etiam rusticorum aliqua de causis naturalibus quærit? nam verborum proprietas ac differentia, omnibus, qui sermonem curæ habent, debet esse communis. Sed ea et sciet optime et eloquetur orator : qui si fuisset aliquando perfectus, non a philosophorum scholis virtutis præcepta peterentur. Nunc necesse est ad eos aliquando auctores recurrere, qui desertam, ut dixi, partem oratoriæ artis, meliorem præsertim, occupaverunt, et veluti nostrum reposcere, non ut nos illorum utamur inventis, sed ut illos alienis usos esse doceamus.

Sit igitur orator vir talis, qualis vere sapiens appellari possit : nec moribus modo perfectus (nam id me

rai que beaucoup de ces anciens professeurs de la sagesse ont émis d'utiles préceptes auxquels ils ont conformé leur vie; mais de nos jours, sous ce nom révéré de sages, que de gens ont caché les vices les plus honteux! Ce n'était pas par le travail et la vertu qu'ils cherchaient à acquérir la réputation de philosophes : un visage sombre et sévère, un extérieur négligé, une certaine singularité dans les manières, n'étaient qu'un voile dont ils masquaient les penchans les plus déréglés.

Aujourd'hui ce qu'on regarde comme l'apanage exclusif de la philosophie est devenu le domaine de tous. Quel est l'homme, même le plus pervers, qui ne discoure sur la morale et sur l'équité naturelle? Quel est l'ignorant, même le plus grossier, qui ne fasse quelquefois des questions sur les causes physiques? Quant à la propriété des termes et à leur différence, l'étude en est commune à tous ceux qui donnent quelque soin à leur langage. Mais à qui appartient-il, si ce n'est à l'orateur, de réunir toutes ces connaissances et d'en parler le mieux? Certes, s'il en eût jamais existé de parfait, ce n'est pas dans les écoles de la philosophie qu'on eût été chercher les préceptes de la morale. Force est maintenant de recourir quelquefois à ces écrivains qui se sont emparés de la plus noble partie de l'art oratoire qu'on avait abandonnée, ainsi que je l'ai dit, et de revendiquer cette partie comme notre propre bien; non pour nous servir de leurs prétendues découvertes, mais pour faire voir qu'ils ont envahi un domaine qui n'était pas le leur.

Que l'orateur soit donc tel qu'on puisse l'appeler véritablement sage. Je n'entends pas dire seulement qu'il

quidem opinione, quamquam sint qui dissentiant, satis non est), sed etiam scientia, et omni facultate dicendi, qualis adhuc fortasse nemo fuerit. Sed non ideo minus nobis ad summa tendendum est, quod fecerunt plerique veterum, qui, etsi nondum quemquam sapientem repertum putabant, præcepta tamen sapientiæ tradiderunt. Nam est certe aliquid consummata eloquentia, neque ad eam pervenire natura humani ingenii prohibet. Quod si non contingat, altius tamen ibunt, qui ad summa nitentur, quam qui, præsumpta desperatione quo velint evadendi, protinus circa ima substiterint.

Quo magis impetranda erit venia, si ne minora quidem illa, verum operi, quod instituimus, necessaria, præteribo. Nam liber primus ea quæ sunt ante officium rhetoris, continebit. Secundo, prima apud rhetorem elementa, et quæ de ipsa rhetoricæ substantia quæruntur, tractabimus. Quinque deinceps inventioni (nam huic et dispositio subjungitur), quatuor elocutioni (in cujus partem memoria ac pronuntiatio veniunt) dabuntur. Unus accedet, in quo nobis orator ipse informandus est, ut qui mores ejus, quæ in suscipiendis, discendis, agendis causis ratio, quod eloquentiæ genus, quis agendi debeat esse finis, quæ post finem studia, quantum nostra valebit infirmitas, disseramus.

soit irréprochable dans ses mœurs, car cela même, quoi qu'on en ait dit, ne me paraît pas suffisant, mais qu'il soit versé dans toutes les sciences et dans tous les genres d'éloquence. Jamais un tel phénix n'existera peut-être. En doit-on moins, pour cela, tendre à la perfection? N'est-ce pas ce qu'ont fait la plupart des anciens qui, tout en reconnaissant qu'on n'avait pas encore trouvé un vrai sage, nous ont cependant laissé des préceptes sur la sagesse? Non, l'éloquence parfaite n'est point une chimère; c'est quelque chose de très-réel, et rien n'empêche l'esprit humain d'y atteindre. Que s'il n'y atteint pas, au moins ceux qui, par de grands efforts, aspireront au sommet, iront-ils plus haut que ceux qui, découragés d'avance par l'idée de leur impuissance, s'arrêteront dès les premiers pas.

D'après ce que je viens de dire, on me pardonnera de ne pas négliger les plus petits détails, si je les juge nécessaires à l'objet que je me suis proposé. Ainsi, mon premier livre contiendra des préceptes qui devancent l'office du rhéteur. Dans le second, je traiterai des élémens que doit enseigner ce dernier, et de la substance même de la rhétorique. Je consacrerai les cinq livres suivans à l'invention, dont je ne sépare point la disposition. Je donnerai les quatre autres à l'élocution, qui comprend la mémoire et la prononciation. Enfin un dernier livre, destiné à former l'orateur lui-même, expliquera, autant que ma faiblesse me le permet, quelles doivent être ses mœurs, comment il doit entreprendre, étudier et plaider les causes, quel genre d'éloquence il y doit employer, quel doit être le terme de ses travaux oratoires, et à quelles études il doit se livrer dans sa retraite.

His omnibus admiscebitur, ut quisque locus postulabit, dicendi ratio, quæ non eorum modo scientia, quibus solis quidam nomen artis dederunt, studiosos instruat, et (ut sic dixerim) jus ipsum rhetorices interpretetur, sed alere facundiam, vires augere eloquentiæ possit. Nam plerumque nudæ illæ artes, nimia subtilitatis affectatione frangunt atque concidunt quidquid est in oratione generosius, et omnem succum ingenii bibunt, et ossa detegunt : quæ, ut esse, et astringi nervis suis, debent, sic corpore operienda sunt. Ideoque nos non particulam illam, sicut plerique, sed quidquid utile ad instituendum oratorem putabamus, in hos duodecim libros contulimus, breviter omnia demonstrando. Nam si quantum de quaque re dici potest persequamur, finis operis non reperietur.

Illud tamen imprimis testandum est, nihil præcepta atque artes valere, nisi adjuvante natura. Quapropter ei, cui deerit ingenium, non magis hæc scripta sunt, quam de agrorum cultu sterilibus terris. Sunt et alia ingenita quædam adjumenta, vox, latus patiens laboris, valetudo, constantia, decor : quæ si modica obtigerunt, possunt ratione ampliari : sed nonnunquam ita desunt, ut bona etiam ingenii studiique corrumpant : sicut et hæc ipsa, sine doctore perito, studio perfinaci, scri-

A tout cela, je mêlerai, suivant l'occurrence, quelques modèles de composition. Ainsi, je ne me bornerai point à donner à mes lecteurs la connaissance de ces principes, que quelques-uns décorent exclusivement du nom d'art, ni à leur exposer sèchement la partie didactique de la rhétorique; mais je pourrai nourrir aussi leur esprit et accroître en eux les forces de l'éloquence : car les préceptes présentés trop nus énervent et détruisent ce qu'il y a de plus généreux dans le style, et, pompant en quelque sorte tout le suc du discours, n'en font plus qu'un véritable squelette. Que ce squelette se sente, ainsi que les muscles qui le lient, rien de mieux; mais il doit être recouvert et caché par les chairs. Je ne me suis donc point attaché, comme la plupart des rhéteurs, à la partie minutieuse de l'art : mais tout ce qui m'a paru utile pour former l'orateur, je l'ai compris dans ces douze livres, démontrant le tout brièvement; car s'il eût fallu donner à chaque sujet l'extension dont il était susceptible, je n'aurais pas trouvé la fin de mon ouvrage.

Je dois avertir, au reste, que tous les préceptes de l'art sont impuissans, si la nature ne les seconde. Mon livre n'est pas plus fait pour celui qui est totalement dépourvu de dispositions, qu'un traité sur la culture des champs n'est applicable aux terres stériles. Il y a des auxiliaires naturels de l'éloquence, tels que l'organe, les poumons, la santé, le courage et la beauté des formes. Si ces divers dons vous ont été départis médiocrement, l'art peut y ajouter; mais quelquefois ces accessoires manquent à tel point, que les qualités de l'esprit et les fruits de l'étude souffrent de leur absence; comme aussi, ils sont en pure perte sans les leçons d'un maître habile,

bendi, legendi, dicendi multa et continua exercitatione, per se nihil prosunt.

CAPUT I.

Quid circa primam pueri institutionem providendum sit; de nutricibus et præceptoribus.

IGITUR nato filio pater spem de illo primum quam optimam capiat : ita diligentior a principiis fiet. Falsa enim est querela, paucissimis hominibus vim percipiendi, quæ tradantur, esse concessam, plerosque vero laborem ac tempora tarditate ingenii perdere. Nam contra, plures reperias et faciles in excogitando, et ad discendum promptos. Quippe id est homini naturale : ac sicut aves ad volatum, equi ad cursum, ad sævitiam feræ gignuntur; ita nobis propria est mentis agitatio atque sollertia : unde origo animi coelestis creditur. Hebetes vero et indociles non magis secundum naturam homines eduntur, quam prodigiosa corpora, et monstris insignia : sed hi pauci admodum. Fuerit argumentum, quod in pueris elucet spes plurimorum, quæ dum emoritur ætate, manifestum est, non naturam defecisse, sed curam. Præstat tamen ingenio alius alium. Concedo : sed ut plus efficiat, aut minus : nemo tamen reperitur, qui sit studio nihil consecutus. Hoc qui per-

un travail constant et un exercice continuel à écrire, à lire, à parler.

CHAPITRE I.

Du soin qu'il faut apporter à la première éducation de l'orateur; du choix des nourrices et des précepteurs.

Vous est-il né un fils? concevez d'abord de lui les plus hautes espérances : cela même vous rendra plus attentif aux commencemens de son éducation. J'entends dire tous les jours qu'il y a fort peu d'hommes en état de bien comprendre ce qu'on leur enseigne, et que la plupart, faute d'intelligence, y perdent leur temps et leurs peines. Cette plainte n'est pas fondée; on en rencontre, au contraire, beaucoup qui ont autant de facilité à imaginer que de promptitude à apprendre; car cela est dans notre nature : et, de même que l'oiseau est né pour voler, le cheval pour courir, et la bête féroce pour se repaître de carnage, de même l'homme est né pour exercer sans cesse sa pensée et son industrie : aussi a-t-on attribué à notre âme une origine céleste. Les esprits stupides, et rebelles à toute instruction, sont dans l'ordre moral ce que les monstres sont dans l'ordre physique; le nombre en est infiniment petit. Et la preuve, c'est qu'on voit chez plusieurs enfans briller des lueurs d'espérances qui s'évanouissent avec l'âge; d'où il est évident que ce n'est pas la nature qui leur a manqué, mais une bonne culture. Cependant, dira-t-on, il est des esprits supérieurs à d'autres; d'accord; mais c'est du plus au moins, et à coup sûr, on gagne toujours quel-

viderit, protinus ut erit parens factus, acrem quam maxime curam spei futuri oratoris impendat.

Ante omnia, ne sit vitiosus sermo nutricibus, quas, si fieri posset, sapientes Chrysippus optavit, certe, quantum res pateretur, optimas eligi voluit; et morum quidem in his haud dubie prior ratio est; recte tamen etiam loquantur. Has primum audiet puer, harum verba effingere imitando conabitur; et natura tenacissimi sumus eorum, quæ rudibus annis percepimus, ut sapor, quo nova imbuas, durat; nec lanarum colores, quibus simplex ille candor mutatus est, elui possunt; et hæc ipsa magis pertinaciter hærent, quæ deteriora sunt; nam bona facile mutantur in pejus : nunc quando in bonum verteris vitia? Non assuescat ergo, ne dum infans quidem est, sermoni, qui dediscendus sit.

In parentibus vero quamplurimum esse eruditionis optaverim : verum nec de patribus tantum loquor; nam Gracchorum eloquentiæ multum contulisse accepimus Corneliam matrem cujus doctissimus sermo in posteros quoque est epistolis traditus, et Lælii filia reddidisse in loquendo paternam elegantiam dicitur, et Quinti Hortensii filiæ oratio, apud triumviros habita, legitur non tantum in sexus honorem.

que chose par l'étude. Quiconque est pénétré de cette vérité, dès qu'il devient père, ne saurait cultiver avec trop de soin l'espérance de former un orateur.

Avant tout, faites choix de nourrices qui n'aient point un langage vicieux. Chrysippe désirait qu'elles fussent doctes, si cela se pouvait, mais au moins voulait-il qu'elles fussent les plus vertueuses possible ; car le soin des mœurs est ce qui doit principalement vous occuper. Tenez pourtant aussi à ce qu'elles parlent bien : c'est elles que l'enfant doit entendre d'abord, c'est sur leurs paroles qu'il s'efforcera d'en former lui-même ; or, les impressions que nous recevons à cet âge sont très-profondes. Ainsi des vases neufs conservent long-temps le goût de la première liqueur qu'on y a versée, et la laine, quand elle a été teinte une fois, ne recouvre plus sa blancheur primitive. Mais ce sont surtout les mauvaises impressions qui laissent les traces les plus durables. Le bien se change facilement en mal : quand voyons-nous le mal se changer en bien ? que l'enfant ne s'accoutume donc pas, quelque jeune qu'il soit, à un langage qu'il lui faudra désapprendre par la suite.

Je voudrais aussi beaucoup d'instruction chez les parens, et je ne parle pas seulement des pères. On sait combien l'éloquence de Cornélie influa sur celle des Gracques : elle en a laissé un monument dans des lettres qui sont parvenues à la postérité. On dit que la fille de Lélius reproduisait dans la conversation toute l'éloquence de son père, et nous lisons encore une harangue de la fille de Q. Hortensius, auprès des triumvirs, qui fait honneur à son sexe, et n'en ferait pas moins au nôtre.

Nec tamen ii, quibus discere ipsis non contigit, minorem curam docendi liberos habeant, sed sint propter hoc ipsum ad cetera magis diligentes.

De pueris, inter quos educabitur ille huic spei destinatus, idem quod de nutricibus dictum sit. De pædagogis hoc amplius, ut aut sint eruditi plane, quam primam esse curam velim; aut, se non esse eruditos sciant; nihil enim pejus est iis, qui, paulum aliquid ultra primas litteras progressi, falsam sibi scientiæ persuasionem induerunt; nam et cedere præcipiendi peritis indignantur, et velut jure quodam potestatis, qua fere hoc hominum genus intumescit, imperiosi atque interim sævientes, stultitiam suam perdocent. Nec minus error eorum nocet moribus : siquidem Leonides, Alexandri pædagogus, ut a Babylonio Diogene traditur, quibusdam eum vitiis imbuit, quæ, robustum quoque et jam maximum regem, ab illa institutione puerili sunt prosecuta.

Si cui multa videor exigere, cogitet oratorem institui, rem arduam, etiam quum ei formando nihil defuerit : præterea plura ac difficiliora superesse; nam et studio perpetuo, et præstantissimis præceptoribus, et pluribus disciplinis opus est. Quapropter præcipienda sunt optima; quæ si quis gravabitur, non rationi defuerit, sed homini.

Quant aux pères qui ont été privés du bienfait de l'instruction, loin de donner pour cela moins de soins à celle de leurs enfans, c'est un motif pour qu'ils y veillent de plus près.

Ce que j'ai dit des nourrices, je le dis également des enfans au milieu desquels doit être élevé celui qu'on destine à être orateur. A l'égard des précepteurs, ce que je recommanderai par-dessus tout, c'est qu'ils soient véritablement instruits, ou qu'ils sachent du moins qu'ils ne le sont pas. Je ne connais rien de pire que ces gens qui, pour avoir été au delà des premiers élémens de la littérature, s'imaginent être savans; dans cette fausse opinion d'eux-mêmes, ils se cabrent contre l'avis de maîtres plus éclairés; et, abusant d'un certain pouvoir qui les enorgueillit, ils sont impérieux, cruels même, et inculquent à leurs élèves leur sot entêtement. Trop heureux quand ils ne nuisent pas à leurs mœurs! Au rapport de Diogène le Babylonien, Léonidès, gouverneur d'Alexandre, avait fait contracter à ce prince certains vices dont il ne put jamais se défaire dans un âge plus avancé, et lorsqu'il était déjà un très-grand roi.

Je parais peut-être trop exiger; mais prenez garde qu'il s'agit de former un orateur, et que l'entreprise est des plus pénibles; car, même en supposant que rien n'aura manqué à son éducation, combien de choses, et des plus difficiles, lui seront encore nécessaires : une étude continuelle, les maîtres les plus habiles, les connaissances les plus variées. Je dois donc recommander, en tout, la perfection. Si l'on s'en effraie, ce sera la faute des maîtres, et non de ma méthode.

Si tamen non continget, quales maxime velim nutrices pueros habere; pædagogus at unus certe sit assiduus, dicendi non imperitus, qui, si qua erunt ab his præsente alumno dicta vitiose, corrigat protinus, nec insidere illi sinat; dum tamen intelligatur, id, quod prius dixi, bonum esse; hoc, remedium.

A græco sermone puerum incipere malo : quia latinum, qui pluribus in usu est, vel nobis nolentibus perhibet : simul quia disciplinis quoque græcis prius instituendus est, unde et nostræ fluxerunt. Non tamen hoc adeo superstitiose velim fieri, ut diu tantum loquatur græce, aut discat, sicut plerisque moris est; hinc enim accidunt et oris plurima vitia in peregrinum sonum corrupti, et sermonis, cui quum græcæ figuræ assidua consuetudine hæserunt, in diversa quoque loquendi ratione pertinacissime durant. Non longe itaque latina subsequi debent, et cito pariter ire : ita fiet, ut, quum æquali cura linguam utramque tueri cœperimus, neutra alteri officiat.

Quidam litteris instituendos, qui minores septem annis essent, non putaverunt, quod illa primum ætas et intellectum disciplinarum capere et laborem pati posset. In qua sententia Hesiodum esse plurimi tradunt, qui ante grammaticum Aristophanem fuerunt; nam is primus ὑποθήκας, in quo libro scriptum hoc invenitur,

Ne peut-on trouver des nourrices, des compagnons d'âge, et des précepteurs tels que je le veux? qu'on ait au moins un surveillant habile pour reprendre à l'instant ce qu'on aurait dit d'incorrect en présence de l'enfant, afin qu'il ne se grave rien de vicieux dans son esprit. Qu'on s'en tienne au reste pour averti, ce que j'ai prescrit plus haut, c'est le bien : ceci n'est que le remède.

Je suis d'avis que l'enfant commence par apprendre le grec, d'abord parce que le latin étant plus usité, nous l'apprenons pour ainsi dire malgré nous; ensuite, parce qu'il faut puiser les premiers élémens des sciences chez les Grecs, qui ont été nos maîtres. Toutefois, je ne veux pas qu'on se livre trop exclusivement à cette étude, ni qu'on soit long-temps à ne parler que grec, et à ne lire que du grec, comme on le fait généralement aujourd'hui; car il arrive de là que l'on contracte dans la prononciation quelque chose d'étranger, et qu'on transporte dans un idiome différent des tours grecs avec lesquels on s'est trop familiarisé, et dont on ne peut plus se défaire. La langue latine doit donc suivre de près la langue grecque, et ces deux langues doivent bientôt marcher de front. Ainsi, on pourra y donner un soin égal, et l'une ne nuira pas à l'autre.

Quelques auteurs ont pensé qu'on ne devait pas occuper de l'étude des lettres les enfans au dessous de sept ans, parce qu'à cet âge on n'a pas encore le degré d'intelligence et d'application convenable. C'était l'avis d'Hésiode, s'il en faut croire des écrivains antérieurs au grammairien Aristophane, et cela se trouve en effet dans son livre intitulé : *Préceptes;* mais Aristophane nie qu'il soit de ce poète. D'autres, et notamment Era-

negavit esse hujus poetæ. Sed alii quoque auctores, inter quos Eratosthenes, idem præceperunt. Melius autem, qui nullum tempus vacare cura volunt, ut Chrysippus : nam is, quamvis nutricibus triennium dederit, tamen ab illis quoque jam informandam quam optimis institutis mentem infantium judicat. Cur autem non pertineat ad litteras ætas, quæ ad mores jam pertinet? Neque ignoro, toto illo, de quo loquor, tempore vix tantum effici, quantum conferre unus postea possit annus : sed tamen mihi, qui id senserunt, videntur non tam discentibus in hac parte, quam docentibus, pepercisse. Quid melius alioqui facient, ex quo loqui poterunt? Faciant enim aliquid necesse est. Aut cur hoc, quantulumcunque est, usque ad septem annos lucrum fastidiamus? Nam certe quamlibet parvum sit, quod contulerit ætas prior, majora tamen aliqua discet puer eo ipso anno, quo minora didicisset. Hoc per singulos annos prorogatum, in summam proficit, et quantum in infantia præsumptum est temporis, adolescentiæ acquiritur. Idem etiam de sequentibus annis præceptum sit; ne, quod cuique discendum est, sero discere incipiat. Non ergo perdamus primum statim tempus, atque eo minus, quod initia litterarum sola memoria constant, quæ non modo jam est in parvis, sed tum etiam tenacissima est.

Nec sum adeo ætatum imprudens, ut instandum tene-

tosthène, ont fait la même recommandation. Mais qu'ils sont bien plus sages ceux qui pensent avec Chrysippe, qu'il n'est aucune époque de lá vie qui ne réclame des soins! Ce philosophe, tout en accordant trois ans aux nourrices, veut qu'elles s'attachent, pendant ce temps, à faire germer les meilleurs principes dans le cœur des enfans. Pourquoi donc ne mettrait-on pas à profit pour les lettres un âge qui appartient déjà à la morale? Je sais que pendant tout le temps dont je parle, on obtiendra à peine ce qu'une seule année donnera dans la suite. Néanmoins j'estime que ceux qui ont pensé comme Chrysippe, ont encore épargné plus de peine aux maîtres qu'aux élèves. Que feraient de mieux d'ailleurs les enfans, du moment qu'ils pourront parler? car encore faut-il qu'ils fassent quelque chose; ou pourquoi dédaignerait-on, si mince qu'il soit, le gain qu'on peut faire jusqu'à sept ans? On ne saurait le nier : quelque peu que rapporte ce premier âge, l'enfant apprendra toujours d'autant plus qu'il aurait appris moins; et ce léger bénéfice, accumulé chaque année, formera à la longue un capital qui, prélevé sur l'enfance, deviendra un fonds précieux pour l'adolescence. Appliquons la même règle aux années suivantes : ce que tout le monde doit savoir, il ne faut pas l'apprendre tard. Mettons donc à profit, et tout de suite, ce premier âge, avec d'autant plus de raison que les élémens des lettres ne demandent que de la mémoire, que les enfans en ont déjà, et que chez eux elle est très-tenace.

Toutefois, je connais trop la portée des âges pour

ris protinus acerbe putem, exigendamque plenam operam : nam id inprimis cavere oportebit, ne studia, qui amare nondum potest, oderit, et amaritudinem semel perceptam etiam ultra rudes annos reformidet. Lusus hic sit : et rogetur, et laudetur, et nunquam non scisse se gaudeat, aliquando ipso nolente doceatur alius, cui invideat; contendat interim, et sæpius vincere se putet; præmiis etiam, quæ capit illa ætas, evocetur.

Parva docemus, instituendum oratorem professi; sed est sua etiam studiis infantia, et ut corporum mox etiam fortissimorum educatio a lacte cunisque initium ducit ; ita futurus eloquentissimus edidit aliquando vagitum, et loqui primum incerta voce tentavit, et hæsit circa formas litterarum; nec si quid discere satis non est, ideo nec necesse est. Quod si nemo reprehendit patrem, qui hæc non negligenda in suo filio putet, cur improbetur, si quis ea, quæ domi suæ recte faceret, in publicum promit? Atque eo magis, quod minora etiam facilius minores percipiunt; et, ut corpora ad quosdam membrorum flexus formari, nisi tenera, non possunt, sic animos quoque ad pleraque duriores robur ipsum facit. An Philippus Macedonum rex Alexandro filio suo prima litterarum elementa tradi ab Aristotele, summo ejus ætatis philosopho, voluisset; aut ille suscepisset hoc

vouloir qu'on exerce une rigueur prématurée envers un enfant, ni qu'on exige de lui un travail suivi. Prenons garde surtout qu'incapable encore de se plaire à l'étude, il ne prenne de l'aversion pour elle, et que ce dégoût une fois contracté ne se prolonge au delà des premières années. Que ce soit pour lui un jeu ; faisons-lui des questions, donnons-lui des louanges, et qu'il s'applaudisse quelquefois de son petit savoir. Montre-t-il de la mauvaise volonté ; présentons-lui un rival qui pique son émulation ? qu'il lutte avec lui, et que le plus souvent il se croie vainqueur. Enfin stimulons-le par de petites récompenses proportionnées à son âge.

Voilà, sans doute, de bien minces préceptes, après avoir annoncé le dessein de former un orateur ! mais les études ont aussi leur enfance, et de même que l'éducation des corps les plus robustes a commencé par le lait et par le berceau, ainsi celui qui est destiné à devenir le plus éloquent des hommes, ne fait d'abord entendre que des vagissemens, bégaie ses premiers mots et hésite sur la forme même des lettres. D'ailleurs, parce qu'une chose ne suffit pas, en est-elle pour cela moins nécessaire à apprendre ? Si l'on ne blâme pas un père de ne rien négliger pour l'éducation de son fils, peut-on désapprouver un auteur de professer publiquement ce que chacun serait fondé à pratiquer dans son intérieur ? Ajoutez que plus les organes sont délicats, plus ils sont propres aux petites choses. Comme il est certains mouvemens auxquels le corps ne peut s'assouplir que lorsque les membres sont encore tendres et flexibles, il est certaines combinaisons auxquelles l'esprit ne peut plus se plier, par cela même qu'il a acquis trop de force. Philippe, roi de Macédoine, aurait-il voulu qu'Alexandre son fils

officium, si non studiorum initia, et a perfectissimo quoque optime tractari, et pertinere ad summam credidisset? Fingamus igitur Alexandrum dari nobis impositum gremio, dignum tanta cura infantem, quamquam suus cuique dignus est, pudeatne me in ipsis statim elementis etiam brevia docendi monstrare compendia?

Neque enim mihi illud saltem placet, quod fieri in plurimis video, ut litterarum nomina et contextum, prius quam formas, parvuli discant. Obstat hoc agnitioni earum, non intendentibus mox animum ad ipsos ductus, dum antecedentem memoriam sequuntur. Quæ causa est præcipientibus, ut etiam, quum satis affixisse eas pueris recto illo, quo primum scribi solent, contextu videntur, retroagant rursus, et varia permutatione perturbent, donec litteras, qui instituuntur, facie norint, non ordine. Quapropter optime, sicut hominum, pariter et habitus et nomina edocebuntur. Sed quod in litteris obest, in syllabis non nocebit.

Non excludo autem, id quod est notum, irritandæ ad discendum infantiæ gratia, eburneas etiam litterarum formas in lusum offerre; vel si quid aliud, quo magis illa ætas gaudeat, inveniri potest, quod tractare, intueri, nominare, jucundum sit.

apprît à lire du plus grand philosophe de son temps, d'Aristote, et celui-ci se fût-il chargé d'une pareille tâche, si l'un et l'autre n'eussent reconnu combien il importait que les premières études fussent confiées aux mains les plus habiles? Figurons-nous donc que c'est un Alexandre que l'on remet entre nos mains, que l'on confie à notre sollicitude; rougirons-nous pour un enfant si digne de soins (et quel enfant n'en est digne pour son père?) de chercher à lui abréger les voies du premier enseignement?

Je n'approuve pas ce que je vois faire généralement, d'apprendre aux enfans les noms des lettres et leurs places respectives, avant qu'ils en connaissent les figures. Cette méthode les retarde, en ce que, leur attention ne se portant point sur la forme, ils s'en fient seulement à ce que leur mémoire a retenu. Aussi les maîtres, quand ils jugent que les lettres sont assez fixées dans l'esprit des enfans par l'ordre régulier dans lequel on a coutume de les écrire, se mettent-ils à rétrograder, et bouleversent-ils tout l'alphabet, pour s'assurer qu'enfin leurs élèves reconnaissent ces lettres à leurs caractères, et indépendamment de la place qu'elles occupent. Il sera donc mieux de les leur faire distinguer comme on distingue les hommes, par leur extérieur et par leurs noms. Mais ce qui est un inconvénient pour les lettres, n'en sera pas un pour les syllabes.

Je ne blâme pas au surplus l'usage d'exciter le zèle des enfans, en leur donnant pour jouets des lettres figurées en ivoire, ou toute autre bagatelle qui les amuse et qu'ils aient du plaisir à manier, à voir, à nommer.

Quum vero jam ductus sequi cœperit, non inutile erit eas tabellæ quam optime insculpi, ut per illos velut sulcos ducatur stylus. Nam neque errabit, quemadmodum in ceris; continebitur enim utrinque marginibus; neque extra præscriptum poterit egredi; et celerius ac sæpius sequendo certa vestigia, formabit articulos; neque egebit adjutorio manum suam manu superimposita regentis. Non est aliena res, quæ fere ab honestis negligi solet, cura bene ac velociter scribendi; nam quum sit in studiis præcipuum, quoque solo verus ille profectus, et altis radicibus nixus, paretur, scribere ipsum: tardior stylus cogitationem moratur; rudis et confusus intellectu caret: unde sequitur alter dictandi, quæ ex his transferenda sunt, labor. Quare quum semper et ubique, tum præcipue in epistolis secretis et familiaribus delectabit ne hoc quidem neglectum reliquisse.

Syllabis nullum compendium est: perdiscendæ omnes; nec, ut fit plerumque, difficillima quæque earum differenda, ut in nominibus scribendis deprehendantur. Quin immo ne primæ quidem memoriæ temere credendum; repetere, et diu inculcare, fuerit utilius; et in lectione quoque non properare ad continuandam eam, vel accelerandam; nisi quum inoffensa atque indubitata litterarum inter se conjunctio suppeditare sine ulla co-

Lorsque l'enfant commencera à tracer des lettres, il sera bon de les faire graver pour son usage, avec beaucoup de soin, sur une tablette, pour que l'instrument (le style) soit guidé dans des espèces de sillons. Étant ainsi contenu de tous côtés par des bords, il ne sera pas sujet à s'égarer comme sur la cire, et ne pourra pas sortir des proportions déterminées. Cet exercice affermira les doigts de l'enfant par l'habitude de suivre avec célérité et souvent des traces certaines, et il n'aura pas besoin que la main du maître vienne se poser sur la sienne, pour en diriger les mouvemens. Ce n'est pas un soin indifférent, quoique beaucoup de gens bien nés le négligent aujourd'hui, que celui d'écrire bien et vite. Ce qu'il y a de plus essentiel dans nos études, ce qui seul leur fait porter des fruits et jeter de profondes racines, c'est d'écrire. Or, une écriture trop lente retarde la pensée; informe et confuse, elle devient inintelligible, d'où résulte souvent la nécessité de la faire traduire par un autre. On doit donc s'applaudir en tout temps et en toute occasion, mais particulièrement dans les correspondances secrètes ou familières, d'avoir attaché quelque prix à ce petit talent.

Quant aux syllabes, je n'indiquerai pas de méthode abréviative. Il faut les apprendre toutes, et sans ajourner, comme on le fait ordinairement, les plus difficiles, afin de les reconnaître sur-le-champ dans tous les mots qu'on aura à écrire. Qui plus est, on ne se fiera pas à ce qu'on les aura apprises une fois; mais on y reviendra incessamment pour se les bien inculquer. Qu'on ne se hâte pas trop non plus de lire rapidement et de suite, à moins que la liaison des lettres entre elles ne soit tellement naturelle et claire, qu'elle puisse se faire sans au-

gitandi saltem mora poterit. Tunc ipsis syllabis verba complecti, et his sermonem connectere incipiat. Incredibile est, quantum moræ lectioni festinatione adjiciatur; hinc enim accidit dubitatio, intermissio, repetitio, plus quam possunt audentibus; deinde quum errarunt, etiam iis quæ jam sciunt, diffidentibus. Certa sit ergo inprimis lectio, deinde conjuncta; et diu lentior, donec exercitatione contingat emendata velocitas. Nam prospicere in dextrum, quod omnes præcipiunt, et providere, non rationis modo, sed usus quoque est; quoniam sequentia intuenti, priora dicenda sunt; et, quod difficillimum est, dividenda intentio animi, ut aliud voce, aliud oculis agatur.

Illud non pœnitebit curasse, dum scribere nomina puer, quemadmodum moris est, cœperit, ne hanc operam in vocabulis vulgaribus et forte occurrentibus perdat. Protinus enim potest interpretationem linguæ secretioris, quas Græci γλώσσας vocant, dum aliud agitur, ediscere, et inter prima elementa consequi rem, postea proprium tempus desideraturam. Et, quoniam adhuc circa res tenues moramur, ii quoque versus, qui ad imitationem scribendi proponentur, non otiosas velim sententias habeant, sed honestum aliquid monentes. Prosequitur hæc memoria in senectutem, et impressa animo rudi, usque ad mores proficiet. Etiam dicta clarorum

cun effort de pensée. Alors on commencera à former des mots avec les syllabes, et avec des mots on construira des phrases. On ne saurait croire combien on se retarde dans la lecture, en voulant trop se presser. Quand on ose plus qu'on ne peut encore, on s'expose à hésiter, à rester court, à se répéter, et une fois qu'on s'est trompé, on se défie même de ce qu'on sait le mieux. Il est donc essentiel que la lecture soit d'abord correcte, ensuite liée et long-temps posée; jusqu'à ce qu'on puisse concilier, par l'exercice, la rapidité et la correction. Ce que les maîtres recommandent dans la lecture, de regarder à droite, et de porter les yeux en avant, n'est pas seulement fondé sur l'art en lui-même, mais sur la pratique, puisque pendant que vous prononcez ce qui précède, vous avez à voir ce qui suit; et, chose très-difficile, l'attention de l'esprit doit être partagée de manière que tandis que la voix fait son office, l'œil doit faire le sien.

Dès que l'enfant commencera, suivant l'usage, à écrire des noms, on se félicitera d'avoir veillé à ce qu'il ne perde pas son temps sur des mots vulgaires et pris au hasard. Il peut, dès-lors, tout en s'occupant d'autre chose, apprendre les termes peu usités appartenant à ce langage relevé que les Grecs appellent γλώσσας, et acquérir, au milieu des premiers élémens, ce qui, dans la suite, exigerait une étude particulière; et, puisque nous en sommes aux petits détails, je voudrais que les modèles d'écriture qu'on lui donnera continssent non des maximes oiseuses, mais des sentences morales. Le souvenir en reste jusque dans la vieillesse, et, empreint dans une âme encore neuve, il influe utilement sur les mœurs. Rien n'empêche aussi qu'il apprenne, tout en jouant, les paroles mémorables des hommes illustres et des morceaux choi-

virorum, et electos, ex poetis maxime (namque eorum parvis cognitio gratior est) locos ediscere inter lusum licet. Nam et maxime necessaria est oratori, sicut suo loco dicam, memoria, et ea præcipue firmatur atque alitur exercitatione; et in iis, de quibus nunc loquimur, ætatibus, quæ nihil dum ipsæ ex se generare queunt, prope sola est, quæ juvari cura docentium possit.

Non alienum fuerit exigere ab his ætatibus, quo sit absolutius os, et expressior sermo, ut nomina quædam versusque affectatæ difficultatis ex pluribus et asperrime coeuntibus inter se syllabis catenatos, et velut confragosos, quam citatissime volvant: χαλεποί græce vocantur. Res modica dictu; qua tamen omissa, multa linguæ vitia, nisi primis eximuntur annis, inemendabili in posterum pravitate durantur.

CAPUT II.

Utrum utilius domi, an in scholis pueri erudiantur.

Sed nobis jam paulatim accrescere puer, et exire de gremio, ac discere serio incipiat. Hoc igitur potissimum loco tractanda quæstio est, utiliusne sit domi atque intra privatos parietes studentem continere, an frequentiæ scholarum, et velut publicis præceptoribus tradere. Quod quidem, quum iis, a quibus clarissimarum civita-

sis tirés principalement des poètes qui ont plus d'attraits pour les enfans; car la mémoire, ainsi que je le dirai en son lieu, est très-nécessaire à l'orateur, et c'est surtout par l'exercice qu'on la fortifie et qu'on l'entretient. Or, à l'âge dont nous parlons et où l'on ne peut encore rien produire par soi-même, la mémoire est à peu près la seule faculté qui puisse être secondée par le soin des maîtres.

Il ne sera pas indifférent non plus, pour délier la langue des enfans, et leur donner une prononciation distincte, d'exiger qu'ils développent le plus rapidement possible certains mots et certains vers d'une difficulté étudiée, formés de syllabes qui se heurtent entre elles d'une manière choquante, et que les Grecs appellent χαλεποί. Ce soin peut paraître minutieux: cependant, si on l'omet, beaucoup de défauts d'organe, qu'on ne peut déraciner que dans les premières années, acquerront une ténacité incurable pour l'avenir.

CHAPITRE II.

L'éducation privée est-elle préférable à l'éducation publique?

Cependant l'enfant grandit, il quitte le sein paternel, et ses études commencent à devenir sérieuses. C'est ici le lieu de traiter cette question : s'il est plus utile de le faire étudier à la maison que de l'envoyer aux écoles publiques. Je vois que les législateurs les plus célèbres, ainsi que les plus graves auteurs, ont été de ce dernier avis.

tum mores sunt instituti, tum eminentissimis auctoribus, video placuisse.

Non est tamen dissimulandum, esse nonnullos, qui ad hoc prope publico more privata quadam persuasione dissentiant. Hi duas præcipue rationes sequi videntur : unam, quod moribus magis consulant, fugiendo turbam hominum ejus ætatis, quæ sit ad vitia maxime prona; unde causas turpium factorum sæpe exstitisse utinam falso jactaretur! alteram, quod, quisquis futurus est ille præceptor, liberalius tempora sua impensurus uni videtur, quam si eadem in plures partiatur. Prior causa prorsus gravis; nam si studiis quidem scholas prodesse, moribus autem nocere constaret, potior mihi ratio vivendi honeste, quam vel optime dicendi, videretur. Sed mea quidem sententia juncta ista atque indiscreta sunt; neque enim esse oratorem, nisi bonum virum, judico; et fieri, etiam si posset, nolo. De hac re igitur prius.

Corrumpi mores in scholis putant; nam, et corrumpuntur interim, sed domi quoque. Assunt multa ejus rei exempla, tam læsæ hercle, quam conservatæ sanctissime utrobique opinionis. Natura cujusque totum curaque distat. Da mentem ad pejora facilem, da negligentiam formandi custodiendique in ætate prima pudoris : non minorem flagitiis occasionem secreta præbuerint; nam et

Cependant on ne doit pas dissimuler que quelques personnes, cédant à une sorte de conviction particulière, dérogent à cet égard à l'usage presque général. Deux raisons semblent surtout les déterminer : la première, qu'on veille mieux sur les mœurs loin de la tourbe des hommes de cet âge, qui sont naturellement plus enclins aux vices, et dont le contact est souvent la cause des plus honteux dérèglemens : reproche, hélas! qui n'est que trop fondé. La seconde, que le maître, quel qu'il soit, semble devoir dispenser plus libéralement son temps à un seul élève, que s'il est obligé de le partager entre plusieurs. Ce premier motif est grave sans doute; car s'il était constant que les écoles publiques fussent avantageuses aux études, mais nuisibles aux mœurs, il me semblerait de beaucoup préférable d'apprendre à bien vivre que d'apprendre à bien dire ; mais, à mon avis, l'un est tellement inséparable de l'autre, que je ne pense pas qu'on puisse être orateur sans être homme de bien, et, cela fût-il possible, je ne le voudrais pas. Examinons donc d'abord ce premier grief.

On prétend que les mœurs se corrompent dans les écoles, et cela arrive en effet quelquefois; mais ne se corrompent-elles pas aussi dans l'intérieur des familles ? et n'existe-t-il pas beaucoup d'exemples qui, au besoin, détruiraient ou confirmeraient cette opinion des deux côtés ? toute la différence gît dans le naturel et les soins. Supposez un sujet enclin au mal, admettez qu'on aura négligé, dans le premier âge, de former ses mœurs et de les surveiller, la solitude favorisera-t-elle moins ses dés-

esse potest turpis domesticus ille præceptor, nec tutior inter servos malos, quam ingenuos parum modestos conversatio est. At si bona ipsius indoles, si non cæca ac sopita parentum socordia est; et præceptorem eligere sanctissimum quemque, cujus rei præcipua prudentibus cura est, et disciplinam, quæ maxime severa fuerit, licet; et nihilominus amicum gravem virum, aut fidelem libertum, lateri filii sui adjungere, cujus assiduus comitatus etiam illos meliores faciat, qui timebuntur.

Facile erat hujus metus remedium. Utinam liberorum nostrorum mores non ipsi perderemus. Infantiam statim deliciis solvimus : mollis illa educatio, quam indulgentiam vocamus, nervos omnes et mentis et corporis frangit. Quid non adultus concupiscet, qui in purpuris repit? Nondum prima verba exprimit, et jam coccum intelligit, jam conchylium poscit. Ante palatum eorum, quam os, instituimus. In lecticis crescunt : si terram attigerint, e manibus utrinque sustinentium pendent. Gaudemus, si quid licentius dixerint; verba, ne Alexandrinis quidem permittenda deliciis, risu et osculo excipimus. Nec mirum; nos docuimus, ex nobis audierunt. Nostras amicas, nostros concubinos vident, omne convivium obscœnis canticis strepit, pudenda dictu spectantur. Fit ex his consuetudo, deinde natura. Discunt hæc miseri ante quam sciant vitia esse : inde soluti ac fluen-

ordres? En effet, le précepteur de la maison ne peut-il pas être un homme dépravé, et trouvera-t-on plus de sûreté pour l'enfant à vivre au milieu de méchans esclaves que parmi des hommes libres de peu de retenue? Mais si cet enfant est bien né, si les parens ne s'endorment pas dans une coupable insouciance, on peut, et c'est le soin que réclame principalement la prudence, faire choix pour lui d'un précepteur vertueux, et le soumettre aux règles d'une discipline exacte; on peut en outre attacher à ses côtés un ami de mœurs graves ou un affranchi fidèle, dont la surveillance assidue en impose à ceux mêmes dont on redouterait les approches.

Le remède à ces craintes était facile. Plût aux dieux qu'on n'eût pas à nous imputer à nous-mêmes de perdre les mœurs de nos enfans! A peine sont-ils nés, nous les amollissons par toutes sortes de délicatesses. Cette éducation efféminée, que nous déguisons sous le nom d'indulgence, brise tous les ressorts de l'âme et du corps. Que ne convoitera-t-il pas, quand il sera adulte, l'enfant qui rampe dans la pourpre! il ne peut encore exprimer les premiers besoins, que déjà il connaît la graine dont on teint l'écarlate, et joue avec la coquille du *murex*. Nous formons leur palais avant de débrouiller leur organe; ils croissent mollement suspendus dans des litières: essaient-ils de toucher la terre; des mains officieuses les soutiennent de toutes parts. S'il leur échappe quelque impertinence ou quelques-uns de ces mots qu'on se permettrait à peine dans les orgies d'Alexandrie, nous accueillons toutes ces gentillesses d'un sourire ou d'un baiser; et tout cela ne me surprend pas; ce ne sont que de fidèles échos : ils sont témoins de nos impudiques amours; tous nos festins retentissent de chants obscènes, et nous

tes non accipiunt e scholis mala ista, sed in scholas afferunt.

Verum in studiis magis vacabit unus uni. Ante omnia nihil prohibet esse istum, nescio quem, unum etiam cum eo qui in scholis eruditur. Sed etiamsi jungi utrumque non posset, lumen tamen illud conventus honestissimi, tenebris ac solitudini prætulissem; nam optimus quisque præceptor frequentia gaudet, ac majore se theatro dignum putat. At fere minores ex conscientia suæ infirmitatis hærere singulis, et officio fungi quodammodo prædagogorum non indignantur. Sed præstet alicui vel gratia, vel amicitia, vel pecunia, ut doctissimum atque incomparabilem magistrum domi habeat: num tamen ille totum in uno diem consumpturus est? aut potest esse ulla tam perpetua discentis intentio, quæ non, ut visus oculorum, obtutu continuo fatigetur? quum præsertim multo plus secreti studia desiderent; neque enim scribenti, ediscenti, et cogitanti præceptor assistit, quorum aliquid agentibus, cujuscunque interventus impedimento est. Lectio quoque non omnis, nec semper, præeunte vel interpretante eget; quando enim tot auctorum notitia contingeret? ergo modicum tempus

y étalons des spectacles qu'on aurait honte de nommer. De là l'habitude, qui devient en eux comme une autre nature. Les malheureux! ils apprennent tous les vices avant de savoir ce que c'est que des vices. Aussi n'est-ce pas des écoles qu'ils en rapportent, mais bien dans les écoles qu'ils les introduisent, tant ils y arrivent pervertis et gâtés!

Mais les études! Un seul maître, dit-on, donnera mieux ses soins à un seul élève. Et d'abord rien n'empêche que ce maître soit attaché aussi à l'enfant qu'on envoie dans les écoles; que, si ces deux circonstances ne peuvent s'allier, je préfèrerais encore le grand jour d'un honorable entourage aux ténèbres et à la solitude. Remarquez que ce sont toujours les gens les plus capables à qui plaisent les réunions nombreuses, parce qu'ils se jugent dignes d'un grand théâtre, tandis que les hommes médiocres, par la conscience qu'ils ont de leur faiblesse, s'accommodent assez d'un seul élève, et descendent volontiers au rôle de précepteurs; mais j'admets que, par une faveur spéciale, par les droits de l'amitié ou à force d'argent, on puisse avoir chez soi le maître le plus éclairé, un maître enfin incomparable. Pourra-t-il employer toute sa journée au profit d'un seul enfant? ou l'attention de l'élève pourra-t-elle être si continue qu'elle ne se fatigue à la longue, comme la vue quand elle est trop long-temps fixée sur un même objet? D'ailleurs l'étude exige le plus souvent que l'on soit seul, et le maître n'a pas besoin auprès de son élève lorsque celui-ci apprend par cœur, ou qu'il écrit, ou qu'il réfléchit, opérations que dérange toujours l'intervention d'un autre. Toute lecture n'exige pas non plus qu'on la prépare ou qu'on l'explique; autrement, quand parviendrait-on à connaître un si grand nombre d'auteurs? On

est, quo in totum diem velut opus ordinetur; ideoque per plures ire possunt etiam quæ singulis tradenda sunt: pleraque vero hanc conditionem habent, ut eadem voce ad omnes simul perferantur. Taceo de partitionibus et declamationibus rhetorum, quibus certe quantuscunque numerus adhibeatur, tamen unusquisque totum feret; non enim vox illa præceptoris, ut cœna, minus pluribus sufficit; sed ut sol, universis idem lucis calorisque largitur. Grammaticus quoque de ratione loquendi si disserat, quæstiones explicet, historias exponat, poemata enarret : tot illa discent, quot audient.

At enim emendationi prælectionique numerus obstat. Sit incommodum, (nam quid fere undique placet?) mox illud comparabimus commodis. Nec ego tamen eo mitti puerum volo, ubi negligatur : sed neque præceptor bonus majore se turba, quam ut sustinere eam possit, oneraverit; et inprimis ea habenda cura est, ut is omni modo fiat nobis familiariter amicus, nec officium in docendo spectet, sed affectum : ita nunquam erimus in turba. Nec sane quisquam, litteris saltem leviter imbutus, eum, in quo studium ingeniumque perspexerit, non in suam quoque gloriam peculiariter fovebit; sed ut fugiendæ sint magnæ scholæ (cui ne ipsi quidem rei assentior, si ad aliquem merito concurritur), non tamen

n'a donc que peu de temps à donner pour disposer l'ouvrage de tout un jour; et c'est pour cela qu'en instruisant un enfant on peut en instruire plusieurs à la fois. En effet, la plupart des objets d'enseignement sont de nature à se communiquer à tous en même temps. Je ne parle pas des partitions et des déclamations des rhéteurs : quel que soit le nombre de leurs auditeurs, aucun d'eux n'en perdra un mot; car la voix du maître ne ressemble point à un repas où les mêts seraient insuffisans pour le nombre des convives, mais au soleil, qui répand également sur tous le même degré de lumière et de chaleur. Est-ce un grammairien qui disserte sur les lois du langage, qui développe des questions, interprète une histoire ou commente un poëme; autant l'entendront, autant en profiteront.

Mais, dit-on encore, avec tant d'élèves comment trouver le loisir de corriger les compositions et d'expliquer les auteurs? C'est un inconvénient sans doute; et où n'y en a-t-il point? Bientôt nous lui comparerons les avantages. D'abord je n'entends pas qu'on envoie l'enfant dans une école où il soit négligé, et ensuite un bon maître ne se chargerait pas d'un nombre d'élèves au dessus de ses forces. Faisons aussi de ce maître notre intime ami : ce doit être notre premier soin; car alors l'affection fera plus en lui que le devoir, et notre enfant ne sera pas confondu dans la foule. Rapportez-vous-en d'ailleurs à un maître, si légère que soit son instruction, pour donner des soins particuliers, et dans l'intérêt de sa propre gloire, à l'élève en qui il distinguera l'amour de l'étude et d'heureuses dispositions. Au surplus, de ce qu'on doive fuir les écoles trop nombreuses, ce que je n'accorde même pas quand l'habileté du profes-

hoc eo valet, ut fugiendæ sint omnino scholæ. Aliud est enim vitare eas, aliud eligere.

Et si refutavimus quæ contra dicuntur, jam explicemus, quid ipsi sequamur. Ante omnia, futurus orator, cui in maxima celebritate, et in media reipublicæ luce vivendum est, assuescat jam a tenero non reformidare homines, neque illa solitaria et velut umbratili vita pallescere. Excitanda mens et attollenda semper est, quæ in hujusmodi secretis aut languescit, et quemdam velut in opaco situm ducit, aut contra tumescit inani persuasione; necesse est enim sibi nimium tribuat, qui se nemini comparat. Deinde quum proferenda sunt studia, caligat in sole, et omnia nova offendit, ut qui solus didicerit, quod inter multos faciendum est. Mitto amicitias, quæ ad senectutem usque firmissimæ durant, religiosa quadam necessitudine imbutæ; neque enim est sanctius, sacris iisdem, quam studiis initiari. Sensum ipsum, qui communis dicitur, ubi discet, quum se a congressu, qui non hominibus solum, sed mutis quoque animalibus naturalis est, segregarit?

Adde, quod domi ea sola discere potest, quæ ipsi præcipientur; in schola, etiam quæ aliis. Audiet multa quotidie probari, multa corrigi : proderit alicujus objurgata desidia, proderit laudata industria : excitabitur

seur justifie le concours, est-ce une raison pour les fuir toutes? autre chose est de les éviter, autre chose est de les choisir.

Après avoir réfuté les argumens contre les écoles, expliquons ce que nous en pensons nous-mêmes. Appelé à vivre dans tout l'éclat de la célébrité et au grand jour des affaires publiques, l'orateur doit, avant tout, s'accoutumer de bonne heure à ne point redouter l'aspect des hommes, et à ne point s'ensevelir dans l'ombre d'une vie solitaire. Son esprit, fait pour être toujours en activité et se nourrir de pensées généreuses, ou languit dans l'isolement et y contracte une sorte de rouille, ou s'enfle d'une vaine présomption; car on est toujours trop prévenu pour soi-même, quand on ne peut se comparer à personne. Vient-on ensuite à se produire en public? le grand jour blesse, tout paraît nouveau, tout offusque, parce qu'on a appris seul et loin du monde, ce qu'il faut pratiquer au milieu de ses semblables. Parlerai-je de ces amitiés empreintes d'un sentiment presque religieux, et qui durent avec énergie jusque dans la dernière vieillesse? Avoir partagé les mêmes études est un lien non moins sacré que d'avoir été initié aux mêmes mystères. Et cette sorte d'instinct qu'on appelle le *sens commun*, où le prendra notre orateur, s'il a vécu loin de toute société, dont le besoin, si naturel aux hommes, se fait même sentir aux animaux, tout privés qu'ils sont de la parole?

Ajoutez à tout cela qu'on n'apprend chez soi que ce qu'on vous enseigne, et que, dans les écoles, on apprend en outre ce qu'on enseigne aux autres. Chaque jour on entend approuver ou reprendre : c'est la paresse de celui-ci qu'on gourmande, l'application de celui-là

laude æmulatio; turpe ducet cedere pari, pulchrum superasse majores. Accendunt omnia hæc animos; et licet ipsa vitium sit ambitio, frequenter tamen causa virtutum est. Non inutilem scio servatum esse a præceptoribus meis morem, qui, quum pueros in classes distribuerant, ordinem dicendi secundum vires ingenii dabant; et ita superiore loco quisque declamabat, ut præcedere profectu videbatur. Hujus rei judicia præbebantur; ea nobis ingens palmæ contentio: ducere vero classem, multo pulcherrimum. Nec de hoc semel decretum erat : tricesimus dies reddebat victo certaminis potestatem. Ita nec superior successu curam remittebat, et dolor victum ad depellendam ignominiam concitabat. Id nobis acriores ad studia dicendi faces subdidisse, quam exhortationes docentium, pædagogorum custodiam, vota parentum, quantum animi mei conjectura colligere possum, contenderim.

Sed sicut firmiores in litteris profectus alit æmulatio; ita incipientibus, atque adhuc teneris, condiscipulorum quam præceptoris jucundior, hoc ipso quod facilior, imitatio est; vix enim se prima elementa ad spem tollere effingendæ, quam summam putant, eloquentiæ audebunt; proxima amplectuntur magis, ut vites arboribus applicitæ, inferiores prius apprehendendo ramos, in cacumina evadunt. Quod adeo verum est, ut ipsius etiam

qu'on exalte ; on en fait son profit. L'émulation est excitée par des éloges. On attache de la honte à céder à son égal, et de la gloire à surpasser ses aînés. Ainsi tout contribue à enflammer l'esprit, et quoique l'ambition soit en elle-même un vice, elle devient souvent la source des vertus. Je me souviens d'un usage que mes maîtres avaient adopté avec succès : ils distribuaient les enfans par classes, et assignaient les rangs pour parler suivant le degré d'instruction de chacun, en sorte que, plus on avait fait de progrès, plus la place était élevée. Cela était soumis à des jugemens. Avec quelle ardeur on se disputait la palme, et quel honneur pour celui qui était le premier de sa classe ! Cette distribution n'était pas d'ailleurs irrévocablement fixée en une fois. Tous les trente jours, la chance des combats se renouvelait ; par ce moyen, le vainqueur ne s'endormait pas sur ses lauriers, et la douleur était un aiguillon qui excitait le vaincu à laver la honte de sa défaite. Autant que je puis me le rappeler, cette lutte nous donnait plus d'ardeur dans nos compositions que les conseils de nos professeurs, la surveillance de nos maîtres et les vœux de tous nos parens.

Mais autant l'émulation fortifie les progrès chez ceux qui sont déjà avancés dans l'étude des lettres, autant les commençans, d'un âge encore tendre, sont portés plus volontiers à imiter leur condisciples que leurs maîtres, parce que cela leur est plus facile. A peine, en effet, les enfans osent-ils se faire une idée de l'éloquence, dont les hauteurs leur paraissent inaccessibles; ils embrassent de préférence ce qui est à leur portée, comme les vignes appliquées aux arbres s'attachent d'abord aux rameaux inférieurs avant de s'élancer au faîte. Cela est tellement

magistri, si tamen ambitiosis utilia præferet, hoc opus sit, quum adhuc rudia tractabit ingenia, non statim onerare infirmitatem discentium, sed temperare vires suas, et ad intellectum audientis descendere. Nam ut vascula oris angusti superjusam humoris copiam respuunt, sensim autem influentibus, vel etiam instillatis complentur; sic animi puerorum quantum excipere possint, videndum est : nam majora intellectu, velut parum aperto ad percipiendum, animos non subibunt. Utile igitur est habere, quos imitari primum, mox vincere velis; ita, paulatim et superiorum spes erit.

His adjicio, præceptores ipsos non idem mentis ac spiritus in dicendo posse concipere singulis tantum præsentibus, quod illa celebritate audientium instinctos. Maxima enim pars eloquentiæ constat animo : hunc affici, hunc concipere imagines rerum, et transformari quodammodo ad naturam eorum, de quibus loquimur, necesse est. Is porro, quo generosior celsiorque est, hoc majoribus velut organis commovetur; ideoque et laude crescit, et impetu augetur, et aliquid magnum agere gaudet. Est quædam tacita dedignatio, vim dicendi, tantis comparatam laboribus, ad unum auditorem demittere : pudet supra modum sermonis attolli. Et sane concipiat quis mente vel declamantis habitum, vel orantis vocem, incessum, pronuntiationem, illum denique ani-

vrai que le maître lui-même, pour peu qu'il préfère le solide au brillant, a bien soin, quand il manie des esprits encore neufs, de ne pas surcharger leur faiblesse, et de modérer ses forces pour descendre à leur intelligence. Les vases dont l'embouchure est étroite rejettent la liqueur qu'on y verse sans ménagement, et l'on ne parvient à les remplir qu'en l'y introduisant insensiblement et pour ainsi dire goutte à goutte. Il faut de même calculer ce que l'esprit des enfans est susceptible de recevoir; car tout ce qui passera leur intelligence y glissera sans aucun fruit. Il est donc utile qu'ils se proposent des modèles à imiter pour avoir dans la suite des rivaux à vaincre. C'est ainsi qu'ils s'élèveront par degrés à de plus hautes espérances.

Ajoutons à toutes ces considérations que le maître ne peut pas donner à ses paroles la même chaleur, le même enthousiasme, quand il n'a qu'un élève, que lorsqu'il est stimulé par un grand concours. L'âme est en effet le véritable foyer de l'éloquence; elle a besoin d'être vivement affectée, de se créer des images et de s'identifier pour ainsi dire avec les objets qu'on veut peindre. Plus elle est généreuse et élevée par elle-même, plus il lui faut de puissans leviers. C'est pour cela que la louange lui donne plus d'essor, que l'impulsion double son élan, et qu'elle se complaît dans les grands sujets. Au contraire, on dédaigne tacitement de sacrifier à un seul auditeur cette force d'élocution qu'on a acquise au prix de tant de travaux; on rougirait de s'élever avec lui au dessus du ton familier de la conversation. Représentez-vous un homme déclamant avec le ton, les gestes, la démarche et l'agitation de corps et d'esprit d'un orateur, le tout devant un autre homme qui l'écoute : ne serez-vous pas fondé à le pren-

mi et corporis motum, sudorem, ut alia praeteream, et fatigationem, audiente uno; nonne quiddam pati furori simile videatur? Non esset in rebus humanis eloquentia, si tantum cum singulis loqueremur.

CAPUT III.

Qua ratione puerorum ingenia dignoscantur, et quomodo tractanda sint.

Tradito sibi puero, docendi peritus ingenium ejus inprimis naturamque perspiciat. Ingenii signum in parvis praecipuum, memoria est. Ejus duplex virtus, facile percipere, et fideliter continere. Proximum, imitatio: nam id quoque est docilis naturae; sic tamen, ut ea, quae discit, effingat, non habitum forte et incessum, et si quid in pejus notabile est. Non dabit mihi spem bonae indolis, qui hoc imitandi studio petet, ut rideatur: nam probus quoque inprimis erit ille vere ingeniosus; alioqui non pejus duxerim tardi esse ingenii, quam mali. Probus autem ab illo segni et jacente plurimum aberit. Hic meus, quae tradentur, non difficulter accipiet; quaedam etiam interrogabit; sequetur tamen magis, quam praecurret. Illud ingeniorum velut praecox genus, non temere unquam pervenit ad frugem. Hi sunt, qui parva facile faciunt; et audacia provecti, quidquid illic pos-

dre pour un fou? Concluons : il n'y aurait pas d'éloquence dans ce monde, si l'on n'avait jamais à parler qu'en particulier.

CHAPITRE III.

Comment il faut étudier les dispositions des enfans et manier leurs esprits.

Le premier soin d'un maître habile est de s'attacher à connaître à fond l'esprit et le caractère de l'enfant qui lui est confié. Le principal indice de l'esprit, dans le jeune âge, c'est la mémoire, qui consiste à la fois à apprendre aisément et à bien retenir. Ce qui en approche le plus, c'est l'imitation, qui annonce aussi de l'aptitude, pourvu cependant qu'elle se borne à suivre naïvement ses modèles dans l'enseignement, et qu'elle ne s'exerce pas à contrefaire le maintien et la démarche des gens, et ce qui sera remarquable par le ridicule. Je n'aurai pas bonne opinion de celui qui, dans son ardeur imitative, ne cherchera qu'à faire rire aux dépens d'autrui. L'enfant vraiment ingénieux, comme je l'entends, aura avant tout de la candeur; autrement j'aimerais mieux qu'il eût l'esprit lourd que de l'avoir méchant. Mais celui dont je parle, en même temps qu'il sera bon, aura l'esprit vif et éveillé; il comprendra sans beaucoup de peine ce qu'on lui enseignera, interrogera quelquefois, et se piquera plutôt de suivre que d'aller en avant; car ces esprits trop précoces n'arrivent presque jamais à maturité. On les re-

sunt, statim ostendunt. Possunt autem id demum, quod in proximo est; verba continuant; hæc vultu interrito, nulla tardati verecundia, proferunt; non multum præstant, sed cito; non subest vera vis, nec penitus immissis radicibus nititur, ut quæ summo solo sparsa sunt semina, celerius se effundunt, et imitatæ spicas herbulæ inanibus aristis ante messem flavescunt. Placent hæc annis comparata; deinde stat profectus, admiratio decrescit.

Hæc quum animadverterit, prospiciat deinceps, quonam modo tractandus sit discentis animus. Sunt quidam, nisi institeris, remissi, quidam imperia indignantur, quosdam continet metus, quosdam debilitat; alios continuatio extundit, in aliis plus impetus facit. Mihi ille detur puer, quem laus excitet, quem gloria juvet, qui victus fleat. Hic erit alendus ambitu, hunc mordebit objurgatio, hunc honor excitabit; in hoc desidiam nunquam verebor.

Danda est tamen omnibus aliqua remissio; non solum, quia nulla res est, quæ perferre possit continuum laborem; atque ea quoque quæ sensu et anima carent, ut servare vim suam possint, velut alterna quiete reten-

connaît à leur facilité à faire de petites choses : animés d'une certaine audace, ils vous font voir d'abord tout ce qu'ils peuvent, mais ce qu'ils peuvent se réduit à ce qui est à leur portée. Ils enfilent des mots de suite et sans s'interrompre, et les prononcent d'un air assuré sans hésiter et sans rougir; ils ne font pas beaucoup, mais ils font vite. Il n'y a pas en eux de véritable force, leur savoir n'a pas poussé de profondes racines; ils ressemblent à ces semences jetées sur la superficie du sol, qui se développent plus promptement, et dont les petites herbes, sous une vaine apparence d'épis, jaunissent avant la moisson. Cette précocité plaît dans l'enfance, comparée à la faiblesse de l'âge, mais bientôt les progrès s'arrêtent et le charme s'évanouit.

Après avoir fait ces remarques sur l'esprit de l'enfant, il y aura encore à examiner comment son caractère demande à être manié. Il en est qui se relâchent si l'on n'a soin de les tenir en haleine; il en est qui ne peuvent se soumettre à aucun frein. La crainte retient les uns, elle énerve les autres. Ceux-ci ne font rien qu'à force de travail, ceux-là vont plutôt par bonds et par saillies. Pour moi, je veux qu'on me donne un enfant qui soit sensible à la louange, que la gloire enflamme, à qui une défaite arrache des larmes. Les plus nobles passions seront son aliment, un reproche, une réprimande le touchera au vif, l'honneur l'aiguillonnera. Jamais je ne craindrai la nonchalance dans un pareil sujet.

Cependant il faut à tout quelque relâche, non-seulement parce qu'il n'est rien qui soit à l'épreuve d'un travail continuel, et que les choses mêmes privées de vie et de sentiment ont besoin d'une alternative de repos pour se conserver, mais encore parce que l'amour de l'étude

duntur: sed quod studium discendi, voluntate, quæ cogi non potest, constat. Itaque et virium plus afferunt ad discendum renovati ac recentes, et acriorem animum, qui fere necessitatibus repugnat. Nec me offenderit lusus in pueris; est et hoc signum alacritatis. Neque illum tristem, semperque demissum, sperare possum erectæ circa studia mentis fore, quum in hoc quoque, maxime naturali ætatibus illis, impetu jaceat. Modus tamen sit remissionibus, ne aut odium studiorum faciant negatæ, aut otii consuetudinem nimiæ. Sunt etiam nonnulli acuendis puerorum ingeniis non inutiles lusus, quum positis invicem cujusque generis quæstiunculis æmulantur. Mores quoque se inter ludendum simplicius detegunt, modo nulla videatur ætas tam infirma, quæ non protinus quid rectum pravumque sit, discat; tum vel maxime formanda, quum simulandi nescia est, et præcipientibus facillime cedit. Frangas enim citius, quam corrigas, quæ in pravum induruerunt. Protinus ergo, ne quid cupide, ne quid improbe, ne quid impotenter faciat, monendus est puer, habendumque in animo semper illud Virgilianum:

> Adeo in teneris consuescere multum est.

Cædi vero discentes, quamquam et receptum sit et Chrysippus non improbet, minime velim: primum, quia deforme atque servile est, et certe, quod convenit si

dépend uniquement de la volonté, qu'aucune puissance ne peut forcer. Il faut donc être délassé, et pour ainsi dire renouvelé, pour se remettre avec vigueur au travail, et y apporter un esprit dispos et dégagé de toute contrainte. Le jeu ne me déplaît pas dans les enfans : c'est là que se manifeste leur vivacité. Celui que je verrais triste, abattu, et témoin languissant de l'impétuosité si naturelle à cet âge, me donnerait une mauvaise idée de son activité pour l'étude. Cependant il faut une juste mesure dans les récréations. Absolument interdites, elles feraient prendre le travail en aversion ; excessives, elles feraient contracter l'habitude de l'oisiveté. Il y a des amusemens qui sont bons pour exercer l'esprit des enfans, et qui consistent à piquer leur émulation par de petits problèmes de tout genre qu'on leur propose alternativement. Enfin c'est parmi les jeux que les inclinations se décèlent avec le plus de naïveté, et comme il n'est pas d'âge si tendre où l'on n'apprenne promptement à discerner le bien d'avec le mal, il n'y a pas non plus de temps plus favorable pour former les mœurs que celui où, incapable encore de dissimuler, on est docile à la voix du maître ; mais, si l'arbre croît dans une mauvaise direction, vous parviendrez plus tôt à le rompre qu'à le redresser. Hâtez-vous donc d'habituer l'enfant à ne rien faire avec passion, avec méchanceté, avec colère, et ayez toujours présente à l'esprit cette pensée de Virgile :

Tant de nos premiers ans l'habitude a de force!
(Del.)

Loin de nous le châtiment ignominieux qu'on inflige aux enfans, quoique l'usage l'autorise, et que Chrysippe ne le désapprouve pas. D'abord c'est un traitement indécent et servile, puisqu'on est forcé de convenir que ce

ætatem mutes, injuria; deinde, quod si cui tam est mens illiberalis, ut objurgatione non corrigatur, is etiam ad plagas, ut pessima quæque mancipia, durabitur; postremo quod ne opus erit quidem hac castigatione, si assiduus studiorum exactor astiterit. Nunc fere negligentia pædagogorum sic emendari videtur, ut pueri non facere, quæ recta sunt, cogantur, sed, quum non fecerint, puniantur. Denique quum parvulum verberibus coegeris, quid juveni facias, cui nec adhiberi potest hic metus, et majora discenda sunt? Adde quod multa vapulantibus dictu deformia, et mox verecundiæ futura, sæpe dolore vel metu accidunt, qui pudor refringit animum, et abjicit, atque ipsius lucis fugam et tædium dictat. Jam si minor in diligendis custodum et præceptorum moribus fuit cura, pudet dicere, in quæ probra nefandi homines isto cædendi jure abutantur, quam det aliis quoque nonnunquam occasionem hic miserorum metus. Non morabor in parte hac: nimium est quod intelligitur; quare hoc dixisse satis est, in ætatem infirmam, et injuriæ obnoxiam, nemini debere nimium licere.

Nunc quibus instituendus sit artibus, qui sic formabitur, ut fieri possit orator, et quæ in quaque ætate inchoanda, dicere ingrediar.

serait un outrage cruel à tout autre âge; ensuite l'élève assez malheureusement né pour que les réprimandes ne fassent rien sur lui, s'endurcira bientôt aux coups comme le plus vil esclave. Enfin on sera dispensé de recourir à ce moyen en ayant près de l'enfant un surveillant assidu, qui exige qu'il lui soit rendu un compte exact des études. Mais, aujourd'hui, c'est la négligence des maîtres qu'on semble punir dans les enfans; car on ne les châtie pas pour les forcer à bien faire, mais à cause de ce qu'ils n'ont pas fait. Enfin, si vous employez ce genre de correction dans le bas-âge, que ferez-vous quand l'élève sera plus grand, et que vous ne pourrez plus l'en menacer? Cependant il aura des choses bien plus difficiles à apprendre. Ajoutez à cela que la douleur ou la crainte font faire souvent à ceux qu'on traite de la sorte des actions que la pudeur ne permet pas de nommer, et qui les couvrent de honte dans la suite. C'est assez pour flétrir l'âme et la dégrader, et pour faire fuir et détester la lumière. Que sera-ce si l'on n'a apporté qu'un soin médiocre à s'assurer des mœurs des surveillans et des précepteurs! Je rougis de dire à quels excès peuvent se porter des hommes infâmes en abusant de ce honteux châtiment, et combien d'autres désordres prennent aussi leur source dans la crainte même qu'ils inspirent aux malheureux enfans. Je ne m'arrêterai pas plus long-temps sur ce point : on ne m'aura que trop compris. Qu'il me suffise d'avoir fait sentir combien on doit être sobre de mauvais traitemens envers un âge faible et sans défense contre les outrages.

Je vais maintenant parler des divers arts qui sont nécessaires pour former l'orateur, en indiquant par où il doit commencer, à chaque âge.

CAPUT IV.

De grammatica.

PRIMUS in eo, qui legendi scribendique adeptus erit facultatem, grammaticis est locus. Nec refert, de græco an de latino loquar; quamquam græcum esse priorem placet. Utrique eadem via est. Hæc igitur professio, quum brevissime in duas partes dividatur, *recte loquendi* scientiam, et *poetarum enarrationem;* plus habet in recessu, quam fronte promittit. Nam et scribendi ratio conjuncta cum *loquendo* est, et enarrationem præcedit *emendata lectio,* et mixtum his omnibus *judicium* est: quo quidem ita severe sunt usi veteres grammatici, ut non versus modo censoria quadam virgula notare, et libros, qui falso viderentur inscripti, tamquam subdititios summovere familia permiserint sibi; sed auctores alios in ordinem redegerint, alios omnino exemerint numero.

Nec poetas legisse satis est: excutiendum omne scriptorum genus, non propter historias modo, sed verba, quæ frequenter jus ab auctoribus sumunt. Tum nec citra musicen grammatice potest esse perfecta, quum ei de metris rhythmisque dicendum sit : nec si rationem siderum ignoret, poetas intelligat; qui, ut alia mittam,

CHAPITRE IV.

De la grammaire.

Aussitôt que l'élève saura lire et écrire, il faudra le mettre entre les mains du grammairien, grec ou latin, n'importe, puisque tous deux suivent la même route; cependant j'aimerais mieux que l'on commençât par le premier. La grammaire, qu'on divise sommairement en deux parties, *l'art de parler correctement, et l'explication des poètes*, est plus importante au fond qu'elle ne le paraît au premier coup d'œil. En effet, pour bien écrire, il faut savoir bien parler, et pour expliquer les poètes, il faut savoir parfaitement lire. Or, c'est de tout cela que se compose la critique, dont les anciens grammairiens firent un usage si sévère que, non-seulement ils se permirent de marquer les passages qui leur paraissaient défectueux, et de retrancher des ouvrages de plus d'un écrivain ceux qu'ils jugeaient lui avoir été faussement attribués, mais encore ils assignèrent des rangs aux auteurs, en classant les uns et excluant tout-à-fait les autres.

Mais ce n'est pas assez d'avoir lu les poètes, il faut encore approfondir tous les genres d'écrits, non-seulement pour les sujets en eux-mêmes, mais pour les mots, qui tirent souvent leur autorité des écrivains. La grammaire, pour être parfaite, ne peut non plus se passer de la musique, puisqu'elle traite de mesures et de rhythmes. Comment encore, si l'on ignore le système planétaire, comprendra-t-on les poètes, qui, sans parler d'autre

toties ortu occasuque signorum in declarandis temporibus utuntur : nec ignara philosophiæ, quum propter plurimos in omnibus fere carminibus locos, ex intima quæstionum naturalium subtilitate repetitos ; tum vel propter Empedoclem in Græcis, Varronem ac Lucretium in Latinis, qui præcepta sapientiæ versibus tradiderunt. Eloquentia quoque non mediocri est opus, ut de unaquaque earum, quas demonstravimus, rerum dicat proprie et copiose. Quo minus sunt ferendi, qui hanc artem, ut tenuem ac jejunam, cavillantur : quæ nisi oratoris futuri fundamenta fideliter jecerit, quidquid superstruxeris, corruet : necessaria pueris, jucunda senibus, dulcis secretorum comes, et quæ vel sola omni studiorum genere plus habeat operis, quam ostentationis.

Ne quis igitur tamquam parva fastidiat grammatices elementa : non quia magnæ sit operæ, consonantes a vocalibus discernere, ipsasque eas in semivocalium numerum mutarumque partiri; sed quia interiora velut sacri hujus adeuntibus apparebit multa rerum subtilitas, quæ non modo acuere ingenia puerilia, sed exercere altissimam quoque eruditionem ac scientiam possit. An cujuslibet auris est exigere litterarum sonos? non hercule magis quam nervorum.

At grammatici saltem omnes in hanc descendent re-

chose, expriment tant de fois les saisons par le lever et le coucher des astres? Comment, sans le secours de la philosophie, entendra-t-on ces nombreux passages qui se trouvent dans presque tous les poëmes, et qui sont empruntés aux questions les plus abstraites de la physique? Comment pourra-t-on lire Empédocle chez les Grecs, Varron et Lucrèce chez les Latins, qui ont chanté en vers les préceptes de la sagesse? Enfin, la grammaire n'a-t-elle pas besoin d'une certaine dose d'éloquence pour disserter pertinemment et avec abondance de chacune des connaissances dont nous venons de parler? Il y a donc une légèreté intolérable à se moquer de cet art comme d'une frivolité stérile, tandis que, s'il n'a été la base fondamentale de l'éducation de l'orateur, tout ce qu'on aura élevé dessus s'écroulera. La grammaire, indispensable aux enfans, est un délassement pour les vieillards, et fait le charme de la retraite. De toutes les études, c'est peut-être la seule qui ait plus de réalité que d'apparence, plus de solidité que d'éclat.

Ne dédaignons donc pas comme trop peu importans les élémens de la grammaire, non qu'il soit difficile de distinguer les consonnes des voyelles, ou de partager celles-ci en demi-voyelles et en muettes, mais parce que plus on pénètre avant dans les mystères de cette science, plus on y découvre de finesses propres à aiguiser l'intelligence des enfans, comme à exercer l'érudition la plus profonde. En effet, toutes les oreilles sont-elles aptes à apprécier les diverses valeurs des lettres? non, sans doute, pas plus qu'à connaître tous les sons des cordes d'un instrument.

Mais le véritable grammairien se rendra compte de

rum tenuitatem : desintne aliquæ nobis necessariæ litteræ, non quum græca scribimus (tum enim ab iisdem duas mutuamur), sed proprie in latinis? ut in his, *Seruus* et *Uulgus*, Æolicum digamma desideratur, et medius est quidam U et I litteræ sonus (non enim sic *optimum* dicimus, ut *opimum*) et in *Here* neque E plane neque I auditur : an rursus aliæ redundent (præter illam aspirationis notam, quæ si necessaria est, etiam contrariam sibi poscit), ut K, quæ et ipsa quorumdam nominum nota est, et Q, cujus similis effectu specieque, nisi quod paulum a nostris obliquatur, *Kappa* apud Græcos nunc tantum in numero manet : et nostrarum ultima X, qua tamen carere potuimus, si non quæsissemus.

Atque etiam in ipsis vocalibus grammatici est videre, an aliquas pro consonantibus usus acceperit, quia *Iam* sicut *Tam* scribitur, et *Uos* ut *Cos*. At, quæ ut vocales junguntur, aut *unam* longam faciunt, ut veteres scripsere, qui geminatione earum velut apice utebantur, aut *duas* : nisi quis putat etiam ex tribus vocalibus syllabam fieri; quod nequit, si non aliquæ officio consonantium fungantur. Quæret etiam hoc, quomodo duabus demum vocalibus in se ipsas coeundi natura sit, quum consonantium nulla, nisi alteram, frangat. Atqui littera I sibi

toutes ces nuances jusqu'à reconnaître si nous manquons de quelques lettres nécessaires, non lorsque nous écrivons des noms grecs, car alors nous leur empruntons deux lettres, mais dans les mots purement latins, comme *servus* et *vulgus*, où le besoin du digamma éolien se fait sentir. Il est certain aussi qu'il y a comme un son intermédiaire entre les deux lettres U et I, car nous ne prononçons pas *optimum* comme *opimum*, et dans le mot *heri*, on n'entend pleinement ni l'E ni l'I. Le grammairien examinera d'un autre côté si, indépendamment de ce signe d'aspiration ⊢, qu'on ne peut conserver sans admettre aussi le signe opposé ⊣, nous n'avons pas de lettres surabondantes, comme le K, dont on se sert pour quelques noms caractéristiques; le Q, qui répond à peu près pour l'effet et pour la forme, au *kappa* des Grecs, si ce n'est qu'il est plus oblique chez nous, et que les Grecs n'en font maintenant usage que dans les nombres; et enfin la dernière de nos lettres, X, dont nous aurions pu nous passer, si nous n'eussions été la chercher.

Il est aussi de son ressort de voir, à l'égard des voyelles, si l'usage n'en a pas admis quelques-unes à la place de consonnes, puisque l'on écrit *jam* comme *tam* et *quos* comme *cos*. Il saura comment on joint ensemble des voyelles, soit pour en faire une longue, à la manière des anciens, en la doublant, ce qui, chez eux, tenait lieu d'accent, soit pour former une diphthongue. Quant à s'imaginer qu'on peut faire une syllabe de trois voyelles, cela n'est pas possible, à moins que l'une de ces voyelles ne fasse l'office de consonne. Il recherchera comment deux voyelles semblables ont la propriété de s'unir et de se confondre, tandis qu'aucune consonne ne peut

insidit; *Coniicit* enim est ab illo *Iacit* : et U, quomodo nunc scribitur *Uulgus* et *Seruus*. Sciat etiam Ciceroni placuisse *Aiio Maiiam*que geminata I scribere : quod si est, etiam jungetur ut consonans.

Quare discat puer, quid in litteris proprium, quid commune, quæ cum quibus cognatio : nec miretur, cur ex *scamno* fiat *scabellum*, aut a *pinna* (quod est acutum) securis utrinque habens aciem *bipennis* : ne illorum sequatur errorem, qui, quia a pennis duabus hoc esse nomen existimant, *pinnas* avium dici volunt. Neque has modo noverit mutationes, quas afferunt declinatio, aut præpositio, ut *secat secuit, cadit excidit, cœdit excidit, calcat exculcat* : et sic a *lavando lotus*, et inde rursus *illotus*, et mille alia; sed et quæ rectis quoque casibus ætate transierunt : nam ut *Valesii* et *Fusii* in *Valerios Furios*que venerunt; ita *arbos, labos, vapos* etiam et *clamos* ac *lases*, ætatis fuerunt. Et hæc ipsa S littera ab his nominibus exclusa, in quibusdam ipsa alteri successit : nam *mertare* atque *pultare* dicebant: quin *fordeum fœdus*que, pro aspiratione *vav* simili littera utentes : nam contra Græci aspirare solent, ut pro Fundanio Cicero testem, qui primam ejus litteram dicere non posset, irridet. Sed B quoque in locum aliarum dedimus aliquando, unde *Burrhus*, et *Bruges* et *Be-*

s'unir à sa pareille sans que l'une affaiblisse l'autre. Cependant la lettre I s'affaisse sur elle-même dans *conjicit*, formé de *jacit*, et la lettre U dans *vulgus* et *servus*, comme on les écrit à présent. Il remarquera à ce sujet que Cicéron aimait le redoublement de l'I dans *aijo* et *maija*, et qu'en ce cas l'un des deux *ii* devient consonne.

L'enfant doit donc apprendre ce qui est particulier à chaque lettre, ce qui lui est commun avec d'autres, et l'affinité qui existe entre quelques-unes. Il ne s'étonnera plus que de *scamno* on ait fait *scabellum*, ou que de *pinna*, qui, au propre, veut dire *aigu*, on ait fait *bipennis* pour signifier une hache à deux tranchans; il ne tombera pas dans l'erreur de certaines gens qui, persuadés que ce mot de *bipennis* répond à *duabus pennis*, voudraient en conséquence qu'on appelât *pinnas* les ailes des oiseaux. Non-seulement il connaîtra toutes ces anomalies qui tiennent ou à la conjugaison ou à une préposition, comme *secat secuit*, *cadit excidit*, *cœdit excidit*, *calcat exculcat*, et comment de *lavando* on a fait *lotus* et son contraire *illotus*, et mille autres semblables; mais encore il saura comment des cas directs ont changé avec le temps. Ainsi *Valesius* et *Fusius* sont devenus *Valerius* et *Furius*, et on a dit à une certaine époque *arbos*, *labos*, *vapos*, *clamos* et *lases*, et cette même lettre S, que nous avons exclue de tous ces mots, a succédé dans d'autres à la lettre R qu'on y employait autrefois; car les anciens disaient *mertare* et *pultare* pour *mersare* et *pulsare*. Bien plus, on disait jadis *fordeum* et *fœdus* pour *hordeum* et *hœdus*, en se servant de la lettre F ou d'une autre semblable, au lieu d'aspiration; tandis que les Grecs aspirent ordinairement le Φ. Voilà

lena. Nec non eadem fecit ex *duello bellum,* unde *duellios* quidam dicere *bellios* ausi.

Quid *stlocum stlitesque?* Quid T litteræ cum D quædam cognatio? Quare minus mirum, si in vetustis operibus urbis nostræ, et celebribus templis legantur *Alexanter* et *Cassantra.* Quid O atque U permutatæ invicem? ut *Hecoba* et *notrix, Culchides* et *Pulyxena,* scriberentur : ac, ne in Græcis id tantum notetur, *dederont,* ac *probaveront.* Sic ’Οδυσσεὺς, quem ’Οὐδυσσέα fecerunt Æoles, ad *Ulyssem* deductus est. Quid? non E quoque I loco fuit? ut *Menerva,* et *leber,* et *magester,* et *Dijove* et *Vejove,* pro *Dijovi* et *Vejovi?* Sed mihi locum signare satis est; non enim doceo, sed admoneo docturos.

Inde in syllabas cura transibit, de quibus in orthographia pauca annotabo. Tum videbit ad quem hoc pertinet, quot et quæ sint partes orationis; quamquam de numero parum convenit : veteres enim, quorum fuerunt Aristoteles atque Theodectes, *verba* modo et *nomina* et *convinctiones* tradiderunt, videlicet quod in verbis vim sermonis, in nominibus materiam, quia alterum est quod loquimur, alterum de quo loquimur, in convinctionibus autem complexum eorum esse judicaverunt; quas *con-*

pourquoi Cicéron se moque d'un témoin qui ne pouvait prononcer la première lettre du mot *Fundanius*. Le B a tenu lieu aussi d'autres lettres dans certains mots. On a dit *Burrhus*, *Bruges* et *Balæna* pour *Pyrrhus*, *Phryges* et *Phalæna*. De *duello* on a fait *bellum*, d'où quelques-uns ont eu la hardiesse de dire *bellios* pour *duellios*.

Je ne parle pas de *stlocum* et *stlites* pour *locum* et *lites*. Il y a aussi une certaine parenté entre le T et le D. Aussi ne faut-il pas s'étonner si, sur les vieux monumens de notre ville et dans les temples antiques on lit *Alexanter* et *Cassantra*. L'O et le V n'ont-ils pas été souvent aussi employés l'un pour l'autre? On écrivait *Hecoba* et *notrix*, *Culchides* et *Pulixena*, et cela non-seulement dans les mots grecs, mais dans les mots latins *dederont* et *probaveront*. C'est ainsi que d'Ὀδυσσεύς les Éoliens ont fait Οὐδυσσέα, d'où est venu notre *Ulisses*. Enfin l'E n'a-t-il pas été mis à la place de l'I, comme dans *Menerva*, *leber* et *magester*, et *Dijove* et *Vejove* pour *Dijovi* et *Vejovi?* Mais c'est assez d'indiquer ces diverses variations; je ne veux point faire un traité, je ne veux que mettre sur la voie ceux qui sont chargés de l'enseignement.

De là, on fera passer l'enfant aux syllabes, dont je dirai quelque chose quand je parlerai de l'orthographe. Le maître fera voir ensuite quelles sont les parties de l'oraison, et combien il y en a, quoiqu'on soit peu d'accord sur le nombre; car les anciens, et particulièrement Aristote et Théodecte, n'en ont admis que trois, les *verbes*, les *noms* et les *conjonctions;* sans doute parce que les verbes, étant l'expression de la pensée, constituent la force du discours, comme les noms, désignant les objets dont on parle, en forment la matière. Quant aux conjonctions, il leur a paru qu'elles servent de lien,

junctiones a plerisque dici scio, sed hæc videtur ex συνδέσμῳ magis propria translatio. Paulatim a philosophis, ac maxime a stoicis auctus est numerus : ac primum convinctionibus *articuli* adjecti, post *præpositiones*, nominibus *appellatio*, deinde *pronomen;* deinde mixtum verbo *participium*, ipsis verbis *adverbia*. Noster sermo articulos non desiderat, ideoque in alias partes orationis sparguntur. Sed accedit superioribus *interjectio*. Alii tamen ex idoneis duntaxat auctoribus octo partes secuti sunt, ut Aristarchus, et ætate nostra Palæmon, qui *vocabulum*, sive *appellationem* nomini subjecerunt, tamquam species ejus. At ii, qui aliud *nomen*, aliud *vocabulum* faciunt, novem : nihilominus fuerunt, qui ipsum adhuc *vocabulum* ab *appellatione* diducerent, ut esset *vocabulum*, corpus visu tactuque manifestum, *domus, lectus; appellatio*, cui vel alterum deesset, vel utrumque, *ventus, cœlum, Deus, virtus*. Adjiciebant et *asseverationem*, ut *heu*, et *attrectationem*, ut *fasciatim*, quæ mihi non approbantur. *Vocabulum*, an *appellatio* dicenda sit προσηγορία, et subjicienda nomini, nec ne, quia parvi refert, liberum opinaturis relinquo.

Nomina declinare et verba inprimis pueri sciant; neque enim aliter pervenire ad intellectum sequentium

d'assemblage aux verbes et aux noms, ce que rend bien le mot grec σύνδεσμος. Peu à peu, grâce aux philosophes, et surtout aux stoïciens, ce nombre s'est accru ; et d'abord aux conjonctions on a ajouté les articles, puis après les prépositions, puis l'appellation des noms, ensuite le pronom, ensuite le participe, qui tient de la nature du verbe, et enfin les adverbes. Notre langue n'exigeant pas d'articles, ils se trouvent confondus avec les autres parties de l'oraison ; mais à toutes celles que j'ai nommées, il faut joindre encore l'interjection. Quelques-uns néanmoins, comme Aristarque, et de nos jours Palémon, s'attachant uniquement aux meilleurs auteurs, n'en ont admis que huit, n'envisageant ce que nous nommons *vocabulum* ou *appellation*, que comme dépendance du nom, ou espèce d'un genre. Mais ceux qui ont fait une distinction entre le nom et l'appellation, en comptent nécessairement neuf. Il en est qui ont été plus loin, et qui, établissant une différence entre *vocabulum* et *appellation*, veulent que le premier se rapporte seulement aux objets qu'on peut voir ou toucher, comme *maison*, *lit*, etc., et la seconde à ceux qui manquent d'une de ces propriétés ou de toutes deux à la fois, comme *vent*, *ciel*, *Dieu*, *vertu*. Ils ajoutaient aussi deux particules, l'une d'affirmation, comme *heu*, l'autre d'aggrégation, comme *fasciatim*, ce que je n'approuve nullement. Au surplus le mot grec προσηγορία est-il bien traduit par *vocabulum* ou par *appellation*, et doit-on ou ne doit-on pas la considérer comme une dépendance du nom ? La question est peu importante en elle-même, et je laisse chacun maître de la décider à sa guise.

Ce que je veux, c'est que les enfans sachent d'abord décliner les noms et conjuguer les verbes, seul moyen

possunt; quod etiam monere supervacuum fuerat, nisi ambitiosa festinatione plerique a posterioribus inciperent; et, dum ostentare discipulos circa speciosiora malunt, compendio morarentur. At si quis et didicerit satis, et, quod non minus deesse interim solet, voluerit docere quæ didicit, non erit contentus tradere in nominibus tria genera, et quæ sint duobus omnibusve communia. Nec statim diligentem putabo, qui *promiscua*, quæ *epicœna* dicuntur, ostenderit, in quibus sexus uterque per alterum apparet, aut quæ feminina positione *mares*, neutrali *feminas* significant; qualia sunt, *Murœna*, et *Glycerium*.

Scrutabitur mille præceptor acer atque subtilis origines nominum; ut quæ ex habitu corporis *Rufos Longosque* fecerunt (ubi erit aliud secretius, ut *Sullæ*, *Burrhi*, *Galbæ*, *Planci*, *Pansæ*, *Scauri*, taliaque), et ex casu nascentium; hinc *Agrippa*, et *Opiter*, et *Cordus*, et *Posthumus* erunt: et ex iis, quæ post natos eveniunt; unde *Vopiscus*. Jam *Cottæ*, *Scipiones*, *Lænates*, *Serani* sunt, et ex variis causis. Gentes quoque ac loca, et alia multa reperias inter nominum causas. In servis jam intercidit illud genus, quod ducebatur a domino, unde *Marcipores*, *Publiporesque*. Quærat etiam, sitne apud Græcos vis quædam sexti casus, et

de bien se rendre compte de ce qu'ils auront à savoir par la suite. Cette exhortation serait inutile sans l'ambitieuse précipitation de la plupart des maîtres, qui commencent par où l'on doit finir, et qui, pour faire briller leurs élèves par des progrès qui ne sont que spécieux, les retardent en effet en voulant leur abréger les difficultés. Mais le maître qui aura et la capacité requise, et le désir non moins rare d'enseigner tout ce qu'il sait, ne se contentera pas de faire remarquer à son élève qu'il y a trois genres dans les noms, et quels sont les noms qui ont deux genres et même les trois. Je ne croirai pas non plus qu'il ait fait preuve d'une grande habileté, parce qu'il aura fait voir qu'il y a des genres mêlés appelés *épicènes*, dans lesquels les deux sexes se prennent indifféremment l'un pour l'autre; ou qu'il y a des noms masculins dont la terminaison est féminine comme *Murœna*, et des noms féminins dont la terminaison est neutre comme *Glycerium*.

Celui dont je parle scrutera avec sagacité l'origine d'une infinité de noms propres : il démêlera ceux qui proviennent de certains signes corporels ou de certaines complexions, tels que *Cicéron*, *Rufus*, *Longus*; ceux dont l'étymologie a quelque chose de plus obscur, tels que *Sylla*, *Burrhus*, *Galba*, *Plancus*, *Pansa*, *Scaurus* et autres semblables; ceux qui rappellent des accidens qui ont accompagné la naissance, comme *Agrippa*, *Opiter*, *Cordus*, *Posthumus*, ou des accidens qui l'ont suivie, comme *Cotta*, *Scipion*, *Lænas*, *Seranus*; ceux enfin qui tiennent à d'autres causes diverses. On trouve aussi des noms propres tirés de certains peuples, de certaines villes, et enfin de circonstances locales. C'était autrefois un usage, qui depuis est tombé en désuétude, de désigner les esclaves par un

apud nos quoque septimi; nam quum dico, *hasta percussi*, non utor ablativi natura; nec si idem Græce dicam, dativi.

Sed in verbis quoque quis est adeo imperitus, ut ignoret genera, et qualitates, et personas, et numeros? Litterarii pæne ista sunt ludi et trivialis scientiæ. Jam quosdam illa turbabunt, quæ declinationibus non tenentur.

Nam et quædam, *participia*, an *verbi appellationes* sint, dubitari potest, quia aliud alio loco valent, ut *lectus* et *sapiens*. Quædam verba appellationibus similia, ut *fraudator, nutritor*.

Jam, *Itur in antiquam silvam,* nonne propriæ cujusdam rationis est? nam quod initium ejus invenias? cui simile *fletur*: accipimus aliter, ut

Panditur interea domus omnipotentis Olympi;

aliter, ut

.....Totis
Usque adeo turbatur agris!.......

Est etiam quidam tertius modus, ut *urbs habitatur;* unde et *campus curritur, mare navigatur.*

nom composé qui rappelait celui de leurs maîtres. On disait *Marcipores*, *Publipores*, c'est-à-dire *Marci pueri*, les esclaves de Marcus ; *Publii pueri*, les esclaves de Publius. Ce maître recherchera encore si la langue grecque ne possède pas virtuellement un sixième cas, et la nôtre un septième ; car lorsque je dis *hasta percussi*, blessés d'une lance, ce mot *hasta* n'a pas proprement la nature de l'ablatif, de même que le mot τῷ δορὶ n'a pas proprement celle du datif, si je m'exprime en grec.

Quant aux verbes, quel est l'ignorant qui ne sache qu'on y distingue le genre, le mode, la personne et le nombre ? ce sont là nos premiers exercices littéraires, c'est ce qu'il y a de plus vulgaire dans la science ; mais on peut être arrêté par certains verbes dont la conjugaison n'est pas usuelle.

Il est aussi quelques mots qui donnent lieu de douter si ce sont des participes ou des noms, parce qu'ils changent de nature suivant la place qu'ils occupent, comme *lectus* et *sapiens*. Réciproquement, il y a des verbes que l'on prendrait pour des noms, comme *fraudator*, *nutritor*.

N'y a-t-il pas aussi une règle particulière dans la locution passive suivante, *Itur in antiquam sylvam ?* car *itur* n'a pas de première personne. Il en est ainsi de *fletur*, que nous employons de la même manière. C'est encore une autre règle dans ce vers :

Panditur interea domus omnipotentis Olympi ;

et une autre dans celui-ci :

..... Totis
Usque adeo turbatur agris !......

Enfin, il y a une troisième manière d'employer le passif,

Pransus quoque atque *potus* diversum valent, quam indicant. Quid? quod multa verba non totum declinationis ordinem ferunt? quædam etiam mutantur, ut *fero* in præterito : quædam tertiæ demum personæ figura dicuntur, ut *licet*, *viget* : quædam simile quiddam patiuntur *vocabulis in adverbium transeuntibus* : nam ut *noctu* et *diu*, ita *dictu* et *factu*. Sunt enim hæc quoque verba participialia quidem, non tamen qualia *dicto*, *factoque*.

CAPUT V.

De virtutibus et vitiis orationis.

JAM quum omnis oratio tres habeat virtutes, ut *emendata*, ut *dilucida*, ut *ornata* sit (quia dicere apte, quod est præcipuum, plerique ornatui subjiciunt), totidem vitia, quæ sunt supra dictis contraria; emendate loquendi regulam, quæ grammatices prior pars est, examinet. Hæc exigitur *verbis*, aut *singulis*, aut *pluribus*. *Verba* nunc generaliter accipi volo; nam duplex eorum intellectus est; alter, qui omnia, per quæ sermo nectitur, significat, ut apud Horatium,

Verbaque provisam rem non invita sequentur;

comme *urbs habitatur*, d'où on a dit par analogie *campus curritur, mare navigatur.*

Pransus et *potus* ont une signification différente de celle qu'ils indiquent. Que dire aussi de ces verbes en grand nombre qu'on ne conjugue pas dans tous les modes? de quelques-uns dont la conjugaison est irrégulière, comme *fero*, qui fait au prétérit *tuli*, de ceux enfin qui ne s'emploient qu'à la troisième personne, *licet, piget?* Il y a encore des verbes qui offrent des terminaisons semblables à des adverbes; car, comme on dit *noctu* et *diu*, on dit aussi *dictu* et *factu*, et ces deux derniers sont une sorte de participe qu'il ne faut pas confondre pourtant avec *dicto* et *facto*.

CHAPITRE V.

Des qualités et des vices de l'oraison.

Trois qualités constituent l'oraison : il faut qu'elle soit correcte, claire et ornée. Je ne parle pas de la convenance, quoique ce soit la qualité la plus essentielle, parce qu'en général on la confond avec l'ornement. Autant de défauts sont opposés à ces qualités. L'art de parler correctement, qui est la première partie de la grammaire, a pour objet de juger ces défauts. Or, cet art s'exerce ou sur les mots, *verba*, pris isolément, ou sur la connexion de plusieurs mots entre eux. Je prends ici le mot, *verbum*, dans une acception générale; car il s'entend de deux manières : ou il signifie tout ce qui entre dans la contexture d'un discours, et c'est le sens qu'il a dans ce vers d'Horace :

Verbaque provisam rem non invita sequentur;

alter, in quo est una pars orationis, *lego, scribo* : quam vitantes ambiguitatem quidam dicere maluerunt, *voces, dictiones, locutiones.*

Singula sunt aut *nostra*, aut *peregrina;* aut *simplicia,* aut *composita;* aut *propria,* aut *translata;* aut *usitata,* aut *ficta.* Uni verbo vitium sæpius, quam virtus, inest. Licet enim dicamus aliquid proprium, speciosum, sublime, nihil tamen horum, nisi in complexu loquendi serieque, contingit; laudamus enim verba bene rebus accommodata. Sola est quæ notari possit velut *vocalitas*, quæ εὐφωνία dicitur : cujus in eo delectus est, ut inter duo, quæ idem significant ac tantumdem valent, quod melius sonet, malis.

Prima *barbarismi* ac *solœcismi* fœditas absit. Sed quia interim excusantur hæc vitia aut consuetudine, aut auctoritate, aut vetustate, aut denique vicinitate virtutum; nam sæpe a figuris ea separare difficile est : ne quem tam lubrica observatio fallat, acriter se in illud tenue discrimen grammaticus intendat, de quo nos latius ibi loquemur, ubi de figuris orationis tractandum erit. Interim vitium, quod fit in singulis verbis, sit *barbarismus.*

ou il est une partie de l'oraison, un verbe, comme *lego*, *scribo*. Pour éviter cette équivoque, quelques écrivains, en parlant des mots en général, les appellent *voces, dictiones, locutiones.*

Les mots considérés isolément sont nés avec la langue ou lui sont étrangers, sont simples ou composés, propres ou métaphoriques, usités ou nouveaux. Un mot, par lui-même, est bien plus susceptible de défauts que de beautés ; car, lors même que notre langage est exact, élégant, sublime, aucune de ces qualités ne ressort si ce n'est de l'enchaînement et du tissu de l'oraison, puisque ce que nous louons dans les mots, c'est leur convenance parfaite avec les choses. Il n'y a donc en eux qu'une qualité remarquable, c'est la *vocalité* ou l'euphonie. Voilà pourquoi entre deux mots qui ont même signification et même valeur, on choisit celui qui sonne le mieux à l'oreille.

Ce qu'il faut d'abord fuir comme une difformité dans le discours, c'est le *barbarisme* et le *solécisme;* mais comme ces vices trouvent quelquefois leur excuse soit dans l'usage, soit dans l'autorité des exemples, soit dans l'antiquité, soit enfin dans un certain air de ressemblance avec des qualités (car il est souvent difficile de les distinguer des figures), le grammairien qui ne veut pas broncher sur un terrain aussi glissant, doit s'appliquer à bien saisir cette nuance délicate. J'en parlerai plus au long, lorsque je traiterai des figures de l'oraison. Quoi qu'il en soit, le vice qui affecte les mots pris en particulier, s'appelle *barbarisme*.

Occurrat mihi forsan aliquis, quid hic promisso tanti operis dignum? aut quis hoc nescit, alios barbarismos *scribendo* fieri, alios *loquendo?* quia, quod male scribitur, male etiam dici necesse est; qui vitiose dixerit, non utique et scripto peccat. Illud prius *adjectione, detractione, immutatione, transmutatione;* hoc secundum, *divisione, complexione, aspiratione, sono* contineri? Sed, ut parva sint hæc, pueri docentur adhuc, et grammaticos officii sui commonemus. Ex quibus si quis erit plane impolitus, et vestibulum modo artis hujus ingressus, intra hæc, quæ profitentium commentariolis vulgata sunt, consistet : doctiores multa adjicient; vel hoc primum, quod *barbarismum* pluribus modis accipimus. Unum*, in *gente*, quale sit, si quis *Afrum* vel *Hispanum* latinæ orationi nomen inserat, ut ferrum, quo rotæ vinciuntur, dici solet *canthus;* quamquam eo, tamquam recepto, utitur Persius; sicut Catullus *ploxenum* circa Padum invenit, et in oratione Labieni, sive illa Cornelii Galli est, in Pollionem *casnar*, assectator, e Gallia ductum est : nam *mastracam*, quod Sardum est, illudens Cicero ex industria dixit. Alterum *genus barbarismi* accipimus, quod fit animi natura, ut is, a quo insolenter quid, aut minaciter, aut crudeliter dictum sit, barbare locutus existimetur. Tertium est illud vitium *barbarismi*, cujus exempla

Ici peut-être on va se récrier. Est-ce là, dira-t-on, tout l'effet de vos magnifiques promesses? Qui ne sait qu'il y a des barbarismes qu'on fait en écrivant, et d'autres qu'on fait en parlant, par la raison que ce qui est mal écrit doit nécessairement être mal dit, au lieu qu'on peut prononcer d'une manière vicieuse, ce qui d'ailleurs est correctement écrit? Qui ne sait que les premiers ont lieu quand on ajoute ou qu'on retranche, qu'on substitue ou qu'on transpose; et les seconds dans la manière de séparer ou d'assembler les syllabes, d'aspirer ou d'accentuer? Tout cela, je l'avoue, est peu de chose; mais il s'agit de l'enseigner à des enfans, et il est bon de rappeler aux grammairiens leur devoir. Que, parmi ces derniers, il s'en trouve qui n'aient que des connaissances superficielles, ils s'en tiendront aux préceptes qu'on trouve dans les traités incomplets de certains professeurs; les doctes, au contraire, y ajouteront beaucoup; et d'abord ils feront remarquer qu'il y a des barbarismes de plusieurs sortes: l'un, que j'appellerai de localité, si, par exemple, on introduit dans le latin un mot africain ou espagnol, comme le mot *canthus* dont on se sert ordinairement pour désigner la bande de fer qui lie les roues, et que Perse emploie comme un mot reçu. Ainsi dans Catulle on trouve le mot *ploxenum**, qui n'est usité que dans les environs du Pô, et dans l'oraison contre Pollion, qu'elle soit de Labienus ou de Cornelius Gallus, un séducteur amoureux est appelé *casnar*, terme emprunté aux Gaulois. Quant au mot *mastruca*, qui est sarde, Cicéron s'en sert à dessein et par raillerie. Un autre genre de barbarisme est celui qui affecte le caractère: ainsi nous disons d'un homme dont le langage a été emporté, menaçant et

---

* Au lieu de *capsa*, coffre.

vulgo sunt plurima, sibi etiam quisque fingere potest, ut verbo, cui libebit, adjiciat litteram syllabamve; vel detrahat; aut aliam pro alia, aut eamdem alio, quam rectum est, loco ponat. Sed quidam fere in jactationem eruditionis sumere illa ex poetis solent, et auctores, quos praelegunt, criminantur. Scire autem debet puer, haec apud scriptores carminum aut venia digna, aut etiam laude duci : potiusque illa docendi erunt minus vulgata. Nam duos in uno nomine faciebat barbarismos Tinca Placentinus, si reprehendenti Hortensio credimus, *preculam* pro *pergula* dicens, et immutatione, quum *c* pro *g* uteretur; et transmutatione, quum *r* praeponeret *e* antecedenti. At in eadem vitii geminatione *Metieo*, *Fufetieo* dicens Ennius, poetico jure defenditur.

Sed in prosa quoque est quaedam jam recepta immutatio. Nam Cicero *Canopitarum* exercitum dicit, ipsi *Canobon* vocant : et *Tharsomenum* pro *Thrasumeno* multi auctores, etiamsi est in eo transmutatio, vindicaverunt : similiter alia; nam, sive est *assentior;* Sisenna dixit *assentio*, multique et hunc, et analogiam secuti; sive illud verum est, haec quoque pars consensu defenditur. At ille pexus pinguisque doctor, aut illic detractionem, aut hic adjectionem putabit. Quid? quod quaedam, quae singula procul dubio vitiosa sunt,

cruel, qu'il a parlé comme un barbare. Enfin le troisième genre de barbarisme dont les exemples abondent, est celui dont chacun peut se faire une idée exacte, en ajoutant une lettre ou une syllabe à un mot, ou en la retranchant, ou en mettant l'une pour l'autre, ou en la changeant de place. Ceux qui veulent faire parade d'érudition, vont chercher des exemples de barbarismes dans les poètes, et font ainsi le procès aux auteurs qu'ils expliquent; mais on doit apprendre aux enfans que ces incorrections sont souvent excusables chez les écrivains en vers, et quelquefois même sont des beautés. Il vaudra donc mieux choisir des exemples moins ordinaires, comme celui de l'orateur Tinca de Plaisance, qui, s'il faut en croire les reproches d'Hortensius, faisait deux barbarismes dans un seul mot, en disant *precula* pour *pergula*; car il y avait changement de lettre, *c* pour *g*, et transposition, *r* devant *e*. Ennius fait la même faute deux fois dans *Metieo*, *Fufetieo*; mais il en est absous par le privilège de la poésie.

La prose admet aussi quelques altérations dans les mots. Cicéron dit *exercitum Canopitarum*, et cette ville d'Égypte s'appelle *Canobon*. Beaucoup d'auteurs ont écrit *Tharsomenum* pour *Thrasumenum*, quoiqu'il y ait là transposition. Il en est de même de plusieurs autres mots. Car Sisenna a dit le premier *assentio* pour *assentior*, et beaucoup l'ont imité, séduits d'ailleurs par l'analogie; que ce soit à tort ou à raison, tous deux sont maintenant passés en usage. Et cependant un grammairien suffisant et lourd tout à la fois s'imaginera qu'il y a retranchement dans l'un ou addition dans l'autre. Que dire aussi de quelques mots composés qui, prononcés séparément, seraient vicieux, et joints ensemble sont très-corrects?

6.

juncta sine reprehensione dicuntur? Nam *dua* et *tre* et *pondo* diversorum generum sunt barbarismi; at *duapondo* et *trepondo* usque ad nostram ætatem ab omnibus dictum est, et recte dici Messala confirmat. Absurdum forsan videatur dicere, barbarismum, quod est unius verbi vitium, fieri per numeros, aut genera, sicut solœcismum : *scala* tamen et *scopa*, contraque *hordea* et *mulsa*, licet litterarum mutationem, detractionem, adjectionem non habeant, non alio vitiosa sunt, quam quod pluralia singulariter, et singularia pluraliter efferuntur; et *gladia* qui dixerunt, genere exciderunt. Sed hoc quoque notare contentus sum, ne arti, culpa quorumdam pervicacium perplexæ, videar et ipse quæstionem addidisse.

Plus exigunt subtilitatis quæ accidunt *in dicendo* vitia, quia exempla eorum tradi scripto non possunt, nisi quum in versus inciderunt, ut divisio *Europai*, et ei contrarium vitium, quod συναίρεσιν et συναλοιφὴν Græci vocant, nos *complexionem* dicimus : qualis est apud P. Varronem :

Quum te flagranti dejectum fulmine Phaeton.

Nam si esset prosa oratio, easdem litteras enunciare veris syllabis licebat. Præterea quæ fiunt spatio, sive quum syllaba correpta producitur, ut :

Italiam fato profugus;

dua, *tre*, *pondo*, sont des barbarismes de plusieurs genres; cependant *duapondo* et *trepondo* se sont dits jusqu'à nous, et Messala soutient qu'ils sont bien dits. Il peut paraître absurde d'avancer que le barbarisme qui n'est que le vice d'un mot, a lieu aussi par rapport aux nombres et aux genres, comme le solécisme : pourtant ces locutions, *scala* [7] et *scopa*, *hordea*, et *mulsa*, quoiqu'on n'y remarque ni changement, ni retranchement, ni addition de lettres, sont de vrais barbarismes, par cela seul que le pluriel y est transformé en singulier, et le singulier en pluriel; et ceux qui ont dit *gladia* ont fait un barbarisme de genre. Mais je ne pousserai pas plus loin ces remarques, pour ne pas faire naître de nouvelles questions sur un art que l'entêtement de quelques rhéteurs n'a déjà que trop embrouillé.

Il faut plus de sagacité pour distinguer les fautes qui se font en parlant, parce qu'on ne peut guère en donner d'exemples par écrit, si ce n'est lorsqu'elles se rencontrent dans des vers, comme cette diérèse *Europaï* pour *Europæ*, ou le défaut contraire appelé par les Grecs synérèse et synalèphe, que nous traduisons par *complexion*, *union*. Tel est ce vers qu'on trouve dans Varron :

Quum te flagranti dejectum fulmine Phaeton.

Si c'eût été de la prose, il aurait fallu prononcer toutes les lettres, et dire *Phaëton*. Il y a, en outre, des fautes contre la mesure, soit lorsqu'on allonge une syllabe brève, comme :

Italiam fato profugus;

seu longa corripitur, ut *Unius ob noxam et furias;* extra carmen non deprehendas : sed nec in carmine vitia ducenda sunt. Illa vero nonnisi aure exiguntur, quæ fiunt per sonos; quanquam per aspirationem, sive adjicitur vitiose, sive detrahitur, apud nos potest quæri, an in scripto sit vitium, si H littera est, non nota ? Cujus quidem ratio mutata cum temporibus est sæpius. Parcissime ea veteres usi etiam in vocalibus, quum *oedos, ircos*que dicebant. Diu deinde servatum, ne consonantibus aspiraretur, ut in *Graccis* et *triumpis*. Erupit brevi tempore nimius usus, ut *choronæ, chenturiones, præchones* adhuc quibusdam inscriptionibus maneant : qua de re Catulli nobile epigramma est. Inde durat ad nos usque *vehementer,* et *comprehendere,* et *mihi :* et *mehe* quoque pro *me* apud antiquos, tragœdiarum præcipue scriptores, in veteribus libris invenimus.

Adhuc difficilior observatio est per *tenores,* quos quidem ab antiquis dictos *tonores* comperi, ut videlicet declinato a Græcis verbo, qui τόνους dicunt, vel accentus, quas Græci προσῳδίας vocant, quum acuta et gravis, alia pro alia, ponitur, ut in hoc *Camillus,* si acuitur prima : aut gravis pro flexa, ut *Cethegus,* et hic prima acuta ; nam sic media mutatur, aut flexa pro gravi, ut apice circumducta sequente, quam ex duabus syllabis

ou qu'on fait brève une syllabe longue, comme dans *Unius ob noxam et furias*. Mais ces fautes ne peuvent se signaler que dans les vers, et même ce n'y sont pas des fautes. Quant à celles qui tiennent à la simple prononciation, c'est l'oreille seule qui en est juge, quoiqu'on puisse pourtant se demander si dans notre langue une aspiration ajoutée ou supprimée mal à propos n'entraîne pas une faute d'orthographe, en admettant que *h* soit une lettre et non un simple signe, ce qui a subi chez nous de grandes variations avec le temps. Les anciens en usaient très-sobrement, même devant les voyelles; car ils disaient *œdos* et *ircos* pour *hædos* et *hircos* : ensuite, on observa long-temps de ne pas l'aspirer avec des consonnes, et l'on disait *Graccis* et *triumpis*, au lieu de *Gracchis* et *triumphis*. Tout à coup l'usage en devint si excessif qu'on trouve encore aujourd'hui sur quelques vieilles inscriptions *choronæ*, *chenturiones*, *præchones*. Catulle a fait, à ce sujet, une épigramme fort connue*. C'est ainsi que sont venus jusqu'à nous des mots où la lettre *h* s'est conservée, *vehementer*, *comprehendere* et *mihi*. On trouve même dans les anciens livres, et surtout dans les vieux poètes tragiques, *mehe* pour *me*.

Des fautes plus difficiles encore à remarquer, sont celles qui se font contre les tons *tenores*, que je trouve appelés *tonores* par les anciens, sans doute à cause du mot grec τόνους dont ils dérivent, ou contre les accens que les Grecs appellent προσῳδίας. Ces fautes ont lieu lorsqu'on met une syllabe aiguë pour une syllabe grave, et réciproquement, comme si l'on faisait aiguë la première syllabe de *Camillus*; ou quand on emploie l'accent grave au lieu de l'accent circonflexe; comme si l'on pla-

---

* Chommoda dicebat, si quando commoda vellet
Dicere et hinsidias Arrius insidias.

in unam cogentes, et deinde flectentes, dupliciter peccant. Sed id sæpius in Græcis nominibus accidit, ut *Atreus*, quem nobis juvenibus doctissimi senes acuta prima dicere solebant, ut necessario secunda gravis esset; item *Terei Nereique*. Hæc de accentibus tradita. Ceterum jam scio, quosdam eruditos, nonnullos etiam grammaticos, sic docere ac loqui, ut propter quædam vocum discrimina verbum interim acuto sono finiant: ut in illis,

...... Quæ circum littora, circum
Piscosos scopulos......

ne si gravem posuerint secundam, *circus* dici videatur, non *circuitus*. Item *quantum, quale*, interrogantes, gravi; comparantes, acuto tenore concludunt: quod tamen in adverbiis fere solis ac pronominibus vindicant, in ceteris veterem legem sequuntur. Mihi videtur conditionem mutare, quod his locis verba conjungimus. Nam quum dico *circum littora*, tamquam unum enuncio, dissimulata distinctione: itaque tamquam in una voce, una est acuta: quod idem accidit in illo,

çait l'accent tonique sur la première syllabe de *Cethegus*; car alors celle du milieu changerait de nature; ou bien lorsqu'on met un circonflexe pour un grave, au moyen d'un signe qui réunit deux syllabes pour n'en former qu'une seule, ce qui serait doublement vicieux, et ce qui arrive le plus souvent dans les noms grecs, comme *Atreus*. Je me rappelle que dans ma jeunesse, des vieillards fort érudits prononçaient ce mot avec un accent aigu sur la première syllabe, en sorte que la seconde était nécessairement grave : il en était de même des mots *Terei* et *Nerei*. C'était ainsi qu'on accentuait alors. Au reste, je sais qu'aujourd'hui de savans grammairiens veulent que pour éviter toute équivoque sur la signification de certains mots, on les distingue, en appuyant sur la dernière syllabe, comme dans ce passage de Virgile :

......Quæ circum littora, circum
 Piscosos scopulos......

de peur, disent-ils, que si l'on faisait cette syllabe grave, on ne confondît *circum* préposition qui marque un détour, avec l'accucatif de *circus* cirque. C'est par la même raison qu'ils prononcent les mots *quantum*, *quale* avec la dernière syllabe grave, lorsque c'est pour interroger, et qu'ils font cette même syllabe aiguë, lorsque c'est pour comparer. Ce n'est, au surplus, que pour les adverbes et les pronoms qu'ils font cette distinction; dans tout le reste, ils se conforment à l'ancien usage. Pour moi, ce qui me paraît changer la règle, c'est que dans l'exemple cité plus haut les mots sont pour ainsi dire liés entre eux; car lorsque je dis *circum littora*, j'ai l'air de ne prononcer qu'un seul mot sans division, et alors, ainsi que dans un seul mot, on ne fait entendre qu'une syl-

.....Trojæ qui primus ab oris.

Evenit, ut metri quoque conditio mutet accentum : ut

......Pecudes pictæque volucres;

nam *volucres* media acuta legam : quia, etsi brevis natura, tamen positione longa est, ne faciat iambum, quem non recipit versus herous. Separata vero hæc a præcepto non recedent : aut si consuetudo vicerit, vetus lex sermonis abolebitur; cujus difficilior apud Græcos observatio est (quia plura illis loquendi genera, quas διαλέκτους vocant, et quod alias vitiosum, interim alias rectum est), apud nos vero brevissima ratio. Namque in omni voce, *acuta* intra numerum trium syllabarum continetur, sive eæ sunt in verbo solæ, sive ultimæ, et in his aut proxima extremæ, aut ab ea tertia. Trium porro, de quibus loquor, media longa, aut acuta, aut flexa erit; eodem loco brevis utique gravem habebit sonum, ideoque positam ante se, id est ab ultima tertiam, acuet. Est autem in omni voce utique acuta, sed nunquam plus una; nec ultima unquam; ideoque in disyllabis prior. Præterea nunquam in eadem flexa et acuta, quoniam eadem flexa et acuta; itaque neutra claudet vocem latinam. Ea vero, quæ sunt syllabæ unius, erunt acuta, aut flexa, ne sit aliqua vox sine acuta.

labe aiguë. Même chose se remarque dans cet hémistiche :

.......Trojæ qui primus ab oris.

Il arrive aussi que la nécessité de la mesure change l'accent. Telle est cette fin de vers :

.......Pecudes pictæque volucres;

car il faut mettre la tonique sur la seconde syllabe de *volucres*, parce que, quoique cette syllabe soit brève de sa nature, elle devient longue par position, sous peine de faire un ïambe, sorte de mètre que n'admet pas le vers héroïque. Mais tous ces mots pris séparément ne s'écartent pas des principes, ou, si la coutume l'emporte, les anciennes lois du langage disparaîtront. Ces lois sont d'une observation plus difficile chez les Grecs à cause de la diversité des dialectes, et parce que ce qui est vicieux dans l'un est quelquefois correct dans l'autre. Chez nous, les règles de l'accentuation sont en petit nombre et fort simples. Dans toute espèce de mot, sur trois syllabes qui le composent ou qui le terminent, il y en a une d'aiguë, et, de ces trois, c'est toujours la pénultième ou l'antépénultième. Si celle du milieu est longue, elle aura l'accent aigu ou circonflexe; si elle est brève, elle aura toujours le son grave, et alors l'accent tonique passera sur la syllabe qui la précède, c'est-à-dire l'antépénultième. Dans tous les mots donc, il y a une syllabe aiguë, mais pas plus d'une, et ce n'est jamais la dernière, en sorte que dans les mots de deux syllabes, c'est toujours la première. En outre, le même mot ne peut pas avoir un accent circonflexe et un accent aigu, puisque le circonflexe se forme de l'aigu : aussi ni l'un ni l'autre de ces accens ne peut terminer un mot latin

Et illa per sonos accidunt, quæ demonstrari scripto non possunt, vitia oris et linguæ: ἰωτακισμοὺς et λαμβδακισμοὺς, ἰσχνότητας et πλατειασμοὺς, feliciores fingendis nominibus Græci vocant: sicut κοιλοστομίαν, quum vox quasi in recessu oris auditur. Sunt etiam proprii quidam et inenarrabiles soni, quibus nonnunquam nationes reprehendimus. Remotis igitur omnibus, quæ supra diximus, vitiis, erit illa, quæ vocatur, ὀρθοέπεια, id est, emendata cum suavitate vocum explanatio: nam sic accipi potest *recta*.

Cetera vitia omnia ex pluribus vocibus sunt, quorum est *solœcismus*: quamquam circa hoc quoque disputatum est: nam etiam qui complexu orationis accidere eum confitentur, quia tamen unius emendatione verbi corrigi possit, in verbo esse vitium, non in sermone contendunt: quum, sive *amaræ corticis* seu *medio cortice* per genus facit solœcismum (quorum neutrum quidem reprehendo, quum sit utriusque Virgilius auctor; sed fingamus utrumlibet non recte dictum), mutatio vocis alterius, in qua vitium erat, rectam loquendi rationem sic reddit, ut *amari corticis* fiat vel *media cortice*: quod

de plusieurs syllabes. Quant aux mots qui n'en ont qu'une, elle reçoit toujours l'accent aigu ou circonflexe, ce qui prouve qu'il n'y a pas un seul mot sans accent tonique.

Viennent ensuite les prononciations vicieuses, qu'il n'est guère possible de démontrer par écrit, et qui tiennent à des défauts naturels d'organes. Les Grecs, plus heureux que nous à forger des mots, ont des noms particuliers pour désigner ces organes défectueux qui font entendre continuellement des *ii* ou des *ll* (ἰοτακισμοὺς et λαμβδακισμοὺς) ou ceux qui sont grêles (ἰσχνότητας); ou ceux qui sont empâtés (πλατειασμούς) : ils ont aussi un terme (κοιλοστομίαν) qui peint bien l'effet de la voix, quand elle semble sortir du creux de la gorge. Il y a enfin certains sons ou accens propres à certaines nations, et dont elles ne peuvent jamais se corriger. C'est de l'absence de tous ces défauts que se compose une prononciation nette et flatteuse qui constitue ce parler correct que les Grecs appellent ὀρθοέπεια.

Tous les autres vices du langage sont ceux qui affectent un assemblage de mots. De ce nombre est le *solécisme*. Cependant on n'est pas d'accord là-dessus; car ceux mêmes qui reconnaissent que le solécisme gît dans la contexture de la période, arguent de ce qu'on peut le faire disparaître en corrigeant un seul mot, pour prétendre que c'est un vice qui est dans le mot et non dans le tissu de l'oraison. Ainsi, disent-ils, *amaræ corticis* ou *medio cortice* font, l'un ou l'autre, un solécisme de genre. Pour moi, je les respecte tous deux, parce qu'ils sont de Virgile. Mais admettons qu'il y en ait un de mal dit, et qu'en corrigeant le mot où il y a faute, on rende la phrase correcte en mettant *amari corticis* ou *mediâ cortice*, ce n'en sera pas moins une mauvaise subtilité; car

manifestæ calumniæ est : neutrum enim vitiosum separatum est, sed compositione peccatur, quæ jam sermonis est.

Illud eruditius quæritur, an in singulis quoque verbis possit fieri solœcismus; ut si unum quis ad se vocans, dicat *venite*, aut si plures a se dimittens, ita loquatur, *Abi*, aut *Discede*. Nec non quum responsum ab interrogatione dissentit; ut si dicenti, *Quem video?* ita occurras, *Ego*. In gestu etiam nonnulli putant idem vitium inesse, quum aliud voce, aliud nutu vel manu demonstratur. Huic opinioni neque omnino accedo, neque plane dissentio; nam id fateor posse accidere voce una, non tamen aliter, quam si sit aliquid, quod vim alterius vocis obtineat, ad quod vox illa referatur, ut *solœcismus* ex complexu fiat eorum, quibus res significantur, et voluntas ostenditur. Atque ut omnem effugiam cavillationem, fit aliquando in uno verbo, nunquam in solo verbo.

Per quot autem et quas accidat species, non satis convenit. Qui plenissime, quadripertitam volunt esse rationem, nec aliam, quam barbarismi, ut fiat adjectione, ut, *Veni de Susis in Alexandriam* : detractione, *Ambulo viam, Ægypto venio. Ne hoc fecit;* transmutatione, qua ordo turbatur, *Quoque ego. Enim hoc voluit, Autem non habuit* : ex quo genere an sit *igitur*, in initio

amarœ ou *medio* ne sont ni l'un ni l'autre vicieux, pris isolément; ils ne le deviennent qu'à cause du mot auquel ils sont joints, et pèchent dès-lors par la composition, qui est bien le tissu même de l'oraison.

On fait à ce sujet des questions plus sérieuses. Peut-il y avoir solécisme dans un mot seul? Si, par exemple, en appelant à soi une seule personne, on dit : *venite,* ou si, pour en congédier plusieurs, on dit : *abi, discede?* en est-ce un, quand la réponse ne s'accorde pas avec l'interrogation, comme si à ces mots : *quem video?* quelqu'un répondait *ego?* D'autres vont plus loin et pensent qu'il y a solécisme dans le geste, toutes les fois que par un mouvement de la tête ou de la main, on fait entendre le contraire de ce qu'on dit. Je n'adopte ni ne rejette tout-à-fait ces opinions; car j'avoue qu'il peut y avoir solécisme dans un mot seul, mais seulement en ce sens qu'il y a quelque chose à quoi se rapporte ce mot qui lui donne la valeur d'un autre : en sorte que le solécisme est dans la complexion même de ce qui sert à signifier les choses, et de ce qui sert à manifester notre volonté. Enfin, pour éviter toute chicane, je dirai que le solécisme se fait quelquefois dans un seul mot, mais qu'il n'existe jamais matériellement dans ce seul mot.

Combien y a-t-il d'espèces de solécismes, et quelles sont-elles? C'est un point assez débattu. Ceux qui ont le plus largement envisagé cette question, en reconnaissent de quatre sortes, avec la même division que pour les barbarismes : le solécisme qui se fait en ajoutant, comme *veni de Susis in Alexandriam*, celui qui a lieu par retranchement, *Ambulo viam, Ægypto venio, ne hoc fecit;* celui qui résulte d'une inversion qui bouleverse l'ordre naturel, *Quoque ego, Enim hoc voluit, autem*

sermonis positum, dubitari potest, quia maximos auctores in diversa fuisse opinione video, quum apud alios sit etiam frequens, apud alios nunquam reperiatur. Haec tria genera quidam diducunt a soloecismo, et *adjectionis vitium*, πλεονασμόν· *detractionis*, ἔλλειψιν· *inversionis*, ἀναστροφήν vocant; quae si in speciem soloecismi cadant, ὑπερβατὸν quoque appellari eodem modo posse. *Immutatio* sine controversia est, quum aliud pro alio ponitur. Id per omnes orationis partes deprehendimus, frequentissime in verbo, quia plurima huic accidunt, ideoque in eo fiunt *soloecismi* per *genera*, *tempora*, *personas*, *modos*, sive cui *status* eos dici, seu *qualitates* placet, vel sex, vel, ut alii volunt, octo; nam totidem vitiorum erunt formae, in quot species eorum quidque, de quibus supra dictum est, diviseris: praeterea *numeros*, in quibus nos *singularem* ac *pluralem* habemus, Graeci et δυϊκόν. Quamquam fuerunt, qui nobis quoque adjicerent dualem, *scripsere*, *legere*, quod evitandae asperitatis gratia mollitum est, ut apud veteres, pro *male mereris*, *male merere*, ideoque quod vocant *duale*, in illo solo genere consistit; quum apud Graecos et in verbi tota fere ratione, et in nominibus deprehendatur, et sic quoque rarissimus ejus sit usus; apud nostrorum vero neminem haec observatio reperiatur, quin e contrario, *Devenere locos*, et *Conticuere*

non habuit. Quant à *igitur* placé au commencement d'une phrase, on peut douter si c'est un solécisme de ce dernier genre; car je vois que les plus grands auteurs ont pensé diversement à cet égard, puisque les uns l'ont souvent placé ainsi, et que chez les autres on n'en trouve aucun exemple. Quelques écrivains regardent ces trois espèces de solécismes comme autant de figures, et ils appellent en conséquence l'addition d'un mot, *pléonasme;* le retranchement, *ellipse;* l'inversion, *anastrophe;* prétendant que, si ces figures ont l'apparence de solécismes, on en peut dire autant de l'*hyperbate.* Reste donc la quatrième espèce qui constitue indubitablement le solécisme : c'est lorsqu'on met un mot pour un autre. Aucune partie de l'oraison n'est à l'abri de ce genre de solécisme, mais particulièrement le verbe, parce qu'il a de nombreuses modifications. Aussi donne-t-il lieu à des solécismes de genres, de temps, de personnes, de modes, soit qu'on entende par ce dernier mot les différens *états* du verbe ou ses *qualités,* comme on voudra, soit qu'on porte ces états ou qualités à six, ou suivant d'autres, à huit; car il y aura autant de genres de fautes qu'on comptera de divisions dans le mode. Ajoutons encore les nombres. Nous n'en avons que deux, le singulier et le pluriel : les Grecs ont de plus le duel. Quelques-uns, il est vrai, ont prétendu le voir dans nos mots *scripsere, legere,* mais ces finales ont eu seulement pour objet d'adoucir la prononciation, comme on trouve encore chez les anciens *male merere* pour *male mereris.* Ainsi ce qu'on a voulu appeler duel, en latin, ne consiste pas dans autre chose; tandis que chez les Grecs, le duel existe dans presque toutes les combinaisons du verbe et dans les noms, quoiqu'à la vérité ils s'en servent très-

omnes, et *consedere duces*, aperte nos doceant, nihil horum ad duos pertinere; *dixere* quoque, quamquam id Antonius Rufus ex diverso ponit exemplum, de pluribus patronis præco pronunciet. Quid? non Livius circa initia statim primi libri, *Tenuere*, inquit, *arcem Sabini?* et mox, *In adversum Romani subiere?* Sed quem potius ego, quam M. Tullium, sequar? qui in Oratore: « Non reprehendo, inquit, *scripsere; scripserunt* esse verius sentio. »

Similiter in vocabulis et nominibus fit *solœcismus genere*, *numero*, proprie autem *casibus*. Quidquid eorum alteri succedet, huic parti subjungatur licet per *comparationes* et *superlationes;* itemque in quibus *patrium* pro *possessivo* dicitur, vel contra. Nam vitium quod fit per quantitatem, ut *magnum peculiolum*, erunt qui *solœcismum* putent; quia pro nomine integro positum sit diminutum. Ego dubito, an id *improprium* potius appellem; significatione enim deerrat : *solœcismi* porro vitium non est in sensu, sed in complexu. In *participio* per *genus*, et *casum*, ut in vocabulo; per *tempora*, ut in verbo; per *numerum*, ut in utroque, peccatur. *Pronomen* quoque *genus, numerum, casus* habet, quæ omnia recipiunt hujusmodi errorem.

rarement. Mais on n'en remarque l'emploi dans aucun de nos auteurs; au contraire ces locutions *devenere locos*, *conticuere omnes*, *consedere duces*, démontrent qu'elles ne s'appliquaient pas à deux personnes. Il en est de même de *dixere*, quoiqu'Antonius Rufus cite cet exemple pour prouver le contraire; car il est certain que l'huissier prononce ce mot après les plaidoiries des avocats, quel qu'en soit le nombre. Mais quoi! Tite-Live, dès le début du premier livre de ses Décades, ne dit-il pas : *Tenuere arcem Sabini*, et peu après : *In adversum Romani subiere?* Enfin quel témoignage préférerai-je à celui de Cicéron, qui s'exprime ainsi dans son Orateur : «Je ne blâme pas, dit-il, *scripsere*; mais je sens que *scripserunt* est plus dans le génie de la langue.»

Le solécisme se fait également dans les noms appellatifs ou autres, en genre, en nombre et particulièrement en cas : on peut y joindre tout ce qui pèche contre une de ces propriétés dans les comparatifs et les superlatifs, et même l'emploi du nom patronymique au lieu du nom possessif et réciproquement. A l'égard du défaut de proportion, comme dans ces mots *magnum peculiolum*, bien des gens y voient un solécisme, parce que le diminutif est mis au lieu du mot intégral : pour moi, j'y vois plutôt une impropriété; car c'est dans la signification qu'est l'erreur, et, comme je l'ai déjà dit, le solécisme n'est pas dans le sens, mais dans la composition. Le participe peut être défectueux, en genre et cas, comme le nom; en temps, comme le verbe, et en nombre, comme tous les deux. Le pronom comporte aussi le genre, le nombre et les cas, et ces diverses propriétés sont susceptibles de la même faute. Enfin, on fait des solécismes, et l'on en fait plusieurs à la fois, sur toutes

7.

Fiunt *solœcismi* (et quidem plurimi) per partes orationis; sed id tradere satis non est, ne ita demum vitium esse credat puer, si pro alia ponatur alia, ut *verbum*, ubi *nomen* esse debuerit, vel *adverbium*, ubi *pronomen*, et similia. Nam sunt quædam cognata, ut dicunt, id est ejusdem generis, in quibus, qui alia specie, quam oportet, utetur, non minus, quam ipso genere permutato, deliquerit. Nam et *an* et *aut* conjunctiones sunt; male tamen interroges, *hic, aut ille, sit?* et *ne* ac *non* adverbia: qui tamen dicat pro illo, *Ne feceris, Non feceris*, in idem incidat vitium, quia alterum negandi est, alterum vetandi. Hoc amplius *intro* et *intus*, loci adverbia: *Eo* tamen *intus*, et *Intro sum*, solœcismi sunt. Eadem in diversitate *pronominum, interjectionum, præpositionum*, accidunt. Est etiam *solœcismus*, in oratione comprehensionis unius sequentium ac priorum inter se inconveniens positio.

Quædam tamen et faciem *solœcismi* habent, et dici vitiosa non possunt, ut *tragœdia Thyestes*, et *ludi Floralia* ac *Megalesia;* quamquam hæc sequenti tempore interciderunt, nunquam aliter a veteribus dicta. *Schemata* igitur nominabuntur, frequentiora quidem apud poetas, sed oratoribus quoque permissa. Verum *schema* fere habebit aliquam rationem, ut docebimus eo, quem paulo ante promisimus, loco. Sed hoc quoque,

les parties de l'oraison. Mais il ne faut pas se contenter d'enseigner tout cela, car l'enfant croirait qu'il n'y a faute que lorsqu'on met un mot à la place d'un autre, par exemple, un verbe où il faudrait un nom, un adverbe au lieu d'un pronom, et autres substitutions semblables. Or, il y a des mots qui ont une sorte d'affinité, c'est-à-dire qui sont de même espèce, et qui, si on les emploie autrement qu'on ne le doit, constituent une faute non moins grave que si l'on en dénaturait l'essence. Ainsi, *an* et *aut* sont des conjonctions, et cependant ce serait mal parler que de dire dans la forme interrogative : *hic, aut ille, sit?* *Ne* et *non* sont des adverbes ; et pourtant celui qui dirait *non feceris* pour *ne feceris*, ferait la même faute, parce que *non* est un adverbe de négation, et *ne* un adverbe de prohibition. *Intro* et *intus* sont des adverbes de lieu ; et pourtant on ne pourrait pas dire, sans solécismes, *eo intus, intro sum.* Les mêmes infractions aux lois du langage peuvent avoir lieu dans la diversité des pronoms, des interjections, des prépositions. Car le solécisme, considéré dans une période, est le défaut de liaison entre ce qui précède et ce qui suit.

Il y a des manières de s'exprimer qui ont l'apparence de solécismes, et qui pourtant ne sont point incorrectes, telles que *tragœdia Thiestes, ludi floralia, ludi Megalesia* : les anciens ne parlaient pas autrement; dans la suite, l'usage a changé. Il faut donc considérer ces locutions comme des figures plus fréquentes, à la vérité, chez les poètes, mais permises aussi aux orateurs. Au reste, une figure est presque toujours fondée sur une raison quelconque, ainsi que je le démontrerai comme je m'y suis engagé. Aussi telle expression qu'on appelle figure

quod *schema* vocatur, si ab aliquo per imprudentiam factum erit, *soloecismi* vitio non carebit. In eadem specie sunt, sed schemate carent, ut supra dixi, nomina feminina, quibus mares utuntur, et neutralia quibus feminæ. Hactenus de *soloecismo*; neque enim artem grammaticam componere aggressi sumus : sed quum in ordinem incurreret, inhonoratam transire noluimus.

Hoc amplius, ut institutum ordinem sequar, verba aut latina, aut peregrina sunt. *Peregrina* porro ex omnibus prope dixerim gentibus, ut homines, ut instituta etiam multa, venerunt. Taceo de *Tuscis* et *Sabinis*, et *Prænestinis* quoque; nam, ut eorum sermone utentem, Vectium Lucilius insectatur, quemadmodum Pollio deprehendit in Livio *patavinitatem*, licet omnia Italica pro Romanis habeam. Plurima Gallica valuerunt, ut *rheda* ac *petorritum*, quorum altero Cicero tamen, altero Horatius utitur. Et *mappam* quoque, usitatum circo nomen, Pœni sibi vindicant; et *gurdos*, quos pro stolidis accipit vulgus, ex Hispania duxisse originem audivi. Sed hæc divisio mea ad græcum præcipue sermonem pertinet : nam et maxima ex parte romanus inde conversus est, et confessis quoque græcis utimur verbis, ubi nostra desunt, sicut illi a nobis nonnunquam mutuantur. Inde illa quæstio exoritur, an eadem ratione per

n'est-elle au fond qu'un solécisme échappé à l'inadvertance. Je range encore dans les apparences de solécismes ces noms dont j'ai parlé plus haut, qui sont masculins avec une terminaison féminine, ou féminins avec une terminaison neutre. Voilà ce que j'avais à dire sur le solécisme, car je n'ai pas prétendu faire un traité de grammaire; mais comme cet art s'est rencontré naturellement dans mon chemin, je n'ai pas voulu le laisser passer sans en dire un mot.

Maintenant, pour suivre l'ordre par lequel j'avais commencé, les mots, comme je l'ai dit, sont nés avec la langue latine, ou lui sont étrangers. J'appelle étrangers ceux qui nous sont venus de presque toutes les nations, comme il nous en est venu beaucoup d'hommes et beaucoup d'institutions. Je ne parle pas ici des Toscans, des Sabins et des Prénestins mêmes, quoique Lucilius gourmande Vectius, qui se servait de leur langage, de même que Pollion reproche à Tite-Live sa *patavinité* (c'est-à-dire quelque chose qui sentait le terroir de Padoue); car je considère comme Romains tous les peuples qui habitent l'Italie : mais plusieurs mots gaulois ont prévalu, tels que *rheda* et *petorritum*, qu'on trouve l'un dans Cicéron, et l'autre dans Horace. Les Carthaginois revendiquent *mappa*, mot usité dans les jeux du Cirque, et j'ai ouï dire que *gurdus*, qui signifie vulgairement un niais, a une origine espagnole. Au surplus, dans la division que j'ai établie, j'ai particulièrement en vue la langue grecque, parce que c'est d'elle que la nôtre s'est formée en grande partie, et que même nous nous servons au besoin de mots purement grecs, comme aussi quelquefois les Grecs nous font des emprunts : ce qui a donné

casus duci externa, qua nostra, conveniat. Ac si reperias grammaticum veterum amatorem, neget quidquam ex latina ratione mutandum; quia, quum sit apud nos casus ablativus, quem illi non habent, parum conveniat, uno casu nostro, quinque Graecis uti. Quin etiam laudet virtutem eorum, qui potentiorem facere linguam latinam studebant, nec alienis egere institutis fatebantur: inde *Castòrem*, media syllaba producta, pronunciarunt, quia hoc omnibus nostris nominibus accidebat, quorum prima positio in easdem, quas *Castor*, litteras exit; et ut *Palaemo* ac *Telamo* et *Plato* (nam sic eum Cicero quoque appellat) dicerentur, retinuerunt, quia latinum, quod *o* et *n* litteris finiretur, non reperiebant. Ne in *a* quidem atque *s* litteras exire temere masculina graeca nomina recto casu patiebantur, ideoque et apud Caelium legimus, *Pelia Cincinnatus*; et apud Messalam, *bene fecit Euthia*, et apud Ciceronem, *Hermagora*: ne miremur, quod ab antiquorum plerisque *Aenea* et *Anchisa* sit dictus. Nam si ut *Moecenas*, *Suffenas*, *Asprenas* dicerentur, genitivo casu non *e* littera, sed *tis* syllaba terminarentur. Inde *olympo* et *tyranno* acutam mediam syllabam dederunt, quia duabus longis sequentibus primam brevem acui noster sermo non patitur. Sic genitivus *Achilli* et *Ulixi* fecit, sic alia plurima. Nunc recentiores instituerunt graecis nominibus graecas

lieu à cette question, si ces mots étrangers devaient être soumis au même mode de déclinaison que les nôtres. Consultez un grammairien partisan de l'antiquité : il dira qu'on ne doit rien changer à la déclinaison latine, attendu qu'ayant un ablatif que les Grecs n'ont point, il serait ridicule d'adopter leurs cinq cas, et de n'en conserver qu'un des nôtres; il applaudira même à ceux qui, jaloux d'accroître la prépondérance de la langue latine, et trop fiers pour se soumettre à des usages étrangers, ont toujours prononcé *castorem*, en faisant longue la syllabe du milieu, parce que c'est ainsi que se prononce notre accusatif dans tous les noms qui ont le nominatif terminé en *or*; et qui ont persisté à dire *Palœmo*, *Thelamo*, *Plato* (Cicéron appelle ainsi ce dernier), parce qu'ils ne trouvaient pas de nom latin terminé en *on*. Ils répugnaient également à la terminaison en *as* dans les noms grecs masculins; aussi lisons-nous dans Cælius *Pelia Cincinnatus*, et dans Messala *bene fecit Euthia*, et dans Cicéron *Hermagora*. Ne nous étonnons donc plus si la plupart des anciens ont dit *Ænea* et *Anchisa*; car, s'ils eussent écrit ces noms comme *Mecœnas*, *Suffenas*, *Asprenas*, il eût fallu, dans leur système, que le génitif, au lieu de finir en *æ*, se terminât par la syllabe *tis*. C'est par la même raison qu'ils mettaient l'accent aigu sur la pénultième des mots *olympus*, *tyrannus*[*], parce que notre prosodie s'oppose à ce qu'on mette l'accent aigu sur la première syllabe, quand c'est une brève suivie de deux longues. C'est ainsi qu'ils ont dit au génitif *Achilli*, *Ulyssi*, et beaucoup d'autres.

---

[*] Les Grecs mettent l'accent sur la première syllabe dans ὄλυμπος, τύραννος; les Latins, qui leur ont emprunté ces mots, l'ont transporté sur la syllabe suivante.

declinationes potius dare : quod tamen ipsum non semper fieri potest. Mihi autem placet latinam rationem sequi, quousque patitur decor; neque enim jam *Calypsonem* dixerim, ut *Junonem* : quamquam secutus antiquos C. Caesar utitur hac ratione declinandi. Sed auctoritatem consuetudo superavit. In ceteris, quae poterunt utroque modo non indecenter efferri, qui graecam figuram sequi mallet, non latine quidem, sed citra reprehensionem loquetur.

Simplices voces, prima positione, id est, natura sua, constant; compositae, aut praepositionibus subjunguntur, ut *innocens* (dum ne pugnantibus inter se duabus, quale est *imperterritus;* alioqui possunt aliquando continuari duae, ut *incompositus, reconditus,* et, quo Cicero utitur, *subabsurdum*); aut e duobus quasi corporibus coalescunt, ut *maleficus.* Nam ex tribus nostrae utique linguae non concesserim, quamvis *capsis* Cicero dicat compositum esse ex *cape si vis;* et inveniantur, qui *lupercalia* aeque tres partes orationis esse contendant, quasi *luere per caprum;* nam *solitaurilia* jam persuasum est esse *suovetaurilia* : et sane ita se habet sacrum, quale apud Homerum quoque est. Sed haec non tam ex tribus, quam ex particulis trium coeunt. Ceterum etiam ex praepositione et duobus vocabulis dure videtur struxisse Pacuvius:

Les grammairiens modernes ont établi en principe de donner aux noms grecs les déclinaisons grecques, ce qui pourtant n'est pas toujours possible. Quant à moi, j'aime mieux qu'on adopte la déclinaison latine, tant qu'elle n'a rien de choquant; car je ne dirai pas *Calypsonem* comme on dit *Junonem*, quoique C. César, à l'imitation des anciens, décline ainsi ce premier nom. L'usage, en cela, l'a emporté sur l'autorité. Dans tout autre mot qui pourra s'arranger également de l'une ou de l'autre déclinaison, celui qui préfèrera la grecque, ne parlera pas latin, sans qu'on puisse pourtant le reprendre.

Les mots simples ou primitifs sont ceux dont le premier état n'a point changé, et qui sont restés dans leur nature. Les mots composés sont des mots primitifs modifiés, tantôt par une préposition, comme *innocens*, tantôt par deux, qui quelquefois s'accordent mal entre elles, comme *imperterritus*, et quelquefois se suivent sans avoir rien de disparate, comme *incompositus*, *reconditus* et *subabsurdum*, dont se sert Cicéron; ou bien ce sont pour ainsi dire deux corps en un, comme *maleficus*; car je n'accorde pas que notre langue comporte un mot composé de trois, quoique Cicéron dise que *capsis* est formé de *cape si vis*, et qu'il y ait des gens qui prétendent que *lupercalia* est composé de trois parties de l'oraison *luere per caprum*. Pour le mot *solitaurilia*, on ne doute pas qu'il ne vienne de *sus ovis et taurus*, et, en effet, c'est avec ces animaux que se fait ce sacrifice décrit aussi dans Homère[8] : mais ces composés sont moins trois mots que trois particules. Pacuve aussi a forgé des termes avec une préposition et deux mots :

...... Nerei
Repandirostrum, incurvicervicum pecus.

Junguntur autem aut ex duobus latinis integris, ut *superfui*, *subterfugi* (quamquam ex integris an composita sint quæritur); aut ex integro et corrupto, ut *malevolus;* aut ex corrupto et integro, ut *noctivagus;* aut ex duobus corruptis, ut *pedisequus;* aut ex nostro et peregrino, ut *biclinium;* aut contra, ut *epitogium*, et *anticato;* aut ex duobus peregrinis, ut *epirhedium;* nam quum sit præpositio ἐπὶ græca, *rheda* gallicum; nec Græcus tamen, nec Gallus. utitur composito; Romani suum ex utroque alieno fecerunt.

Frequenter autem præpositiones quoque copulatio ista corrumpit : inde *abstulit, aufugit, amisit*, quum præpositio sit *ab* sola; et *coit*, quum sit præpositio *con*: sic *ignavi*, et *erepti*, et similia. Sed res tota magis Græcos decet, nobis minus succedit : nec id fieri natura puto, sed alienis favemus; ideoque quum κυρταύχενα mirati sumus, *incurvicervicum* vix a risu defendimus.

Propria sunt verba, quum id significant, in quod primum denominata sunt; *translata*, quum alium natura intellectum, alium loco præbent.

...... Nerei
Repandirostrum, incurvicervicum pecus.

et cette alliance n'est pas supportable.

Mais il y a des mots latins composés, soit de deux mots entiers, comme *superfui, subterfugi*, encore est-ce une question si ce sont là des mots entiers; soit d'un mot entier et d'un mot corrompu, comme *malevolus*; soit d'un mot corrompu et d'un mot entier, comme *noctivagus*; soit de deux mots corrompus, comme *pedisequus*; soit d'un mot latin et d'un mot étranger, comme *biclinium*, ou l'inverse, comme *epitogium, anticato*; soit enfin de deux mots étrangers, comme *epirhedium*, car dans ce dernier mot la préposition ἐπὶ est grecque, et *rheda* est gaulois, et ni les Grecs ni les Gaulois ne se servent de ce composé. De ces deux emprunts les Romains on fait un mot qui leur appartient.

Souvent aussi on altère les prépositions en les unissant à des mots. C'est ce qui est arrivé à la préposition *ab* dans *abstulit, aufugit, amisit*, à la préposition *cum* dans *coit* : il en est de même dans *ignavi, erepti* et autres semblables. En général, ces mots composés nous réussissent moins qu'aux Grecs, et cela, je crois, tient moins au génie même de notre langue, qu'à notre engoûment pour tout ce qui est étranger : aussi nous admirons le κυρταύχενα des Grecs; et notre *incurvicervicum*, qui rend la même idée, nous ne pouvons l'entendre sans rire.

Passons aux mots propres. On appelle ainsi ceux qui conservent leur signification naturelle et primitive, et on appelle métaphoriques ceux qui reçoivent du lieu où on

Usitatis tutius utimur; *nova* non sine quodam periculo fingimus. Nam si recepta sunt, modicam laudem afferunt orationi; repudiata, etiam in jocos exeunt. Audendum tamen; namque, ut Cicero ait, etiam quæ primo dura visa sunt, usu molliuntur. Sed minime nobis concessa est ὀνοματοποιΐα: quis enim ferat, si quid simile illis merito laudatis, λίγξε βιὸς, et σίζε ὀφθαλμὸς, fingere audeamus? Jam ne *balare* quidem aut *hinnire* fortiter diceremus, nisi judicio vetustatis niterentur.

CAPUT VI.

De verbis propriis ac translatis, usitatis et novis; de quatuor quibus sermo constat.

Est etiam sua loquentibus observatio, sua scribentibus. *Sermo* constat ratione, vetustate, auctoritate, consuetudine. *Rationem* præstat præcipue *analogia*, nonnunquam et *etymologia*. *Vetera* majestas quædam, et, ut sic dixerim, religio commendat. *Auctoritas* ab oratoribus vel historicis peti solet : nam poetas metri necessitas excusat, nisi si quando, nihil impediente in utroque modulatione pedum, alterum malunt; qualia sunt,

les emploie un sens autre que celui qui leur est propre.

Quant aux mots usités, ce sont ceux dont on se sert avec le plus de sécurité. Ce n'est pas sans quelque danger qu'on en fabrique de nouveaux; car, s'ils sont accueillis, ils ajoutent peu de mérite au discours, et s'ils sont rejetés, ils ne donnent que du ridicule. Cependant il faut quelquefois savoir oser, parce que, comme dit Cicéron, ce qui a paru dur au premier aspect, s'adoucit ensuite par l'usage. Mais renonçons à peindre par des mots les effets physiques. Les onomatopées ne sont pas accordées à notre langue. Qui en supporterait du genre de celles qu'on admire si justement dans Homère λίγξε βιός et σίζε ὀφθαλμός? Tout au plus dirait-on avec assurance *balare* ou *hinnire*, si l'on n'avait pour cela le suffrage de l'antiquité?

CHAPITRE VI.

Des mots propres et métaphoriques, usités et nouveaux; des quatre choses principales dont se forme le langage.

Il y a des règles pour bien parler comme il y en a pour bien écrire. Le langage se forme de la raison, du temps, de l'autorité, de l'usage. La *raison* s'appuie principalement sur l'analogie et quelquefois sur l'étymologie. Le *temps* donne à certains mots une sorte de majesté et pour ainsi dire de sanction religieuse. L'*autorité* se tire ordinairement des orateurs et des historiens : je ne parle pas des poètes, parce qu'ils sont obligés de sacrifier à la mesure, si ce n'est lorsque, pouvant également s'arranger de deux manières de parler, ils préfèrent l'une à l'autre,

Imo de stirpe recisum; et.... *Aeriæ quo congessere palumbes;* et.... *Silice in nuda,* et similia; quum summorum in eloquentia virorum judicium pro ratione, et vel error honestus est magnos duces sequentibus. *Consuetudo* vero certissima loquendi magistra, utendumque plane sermone, ut nummo, cui publica forma est.

Omnia tamen hæc exigunt acre judicium, *analogia* præcipue, quam proxime ex græco transferentes in latinum, *proportionem* vocaverunt. Ejus hæc vis est, ut id quod dubium est, ad aliquid simile, de quo non quæritur, referat, ut incerta certis probet, quod efficitur duplici via : *comparatione* similium in extremis maxime syllabis (propter quod ea, quæ sunt e singulis, negantur debere rationem); et *diminutione.* Comparatio in nominibus aut genus deprehendit, aut declinationem. *Genus,* ut si quæratur *funis* masculinum sit, an femininum, simile illi sit *panis; declinationem,* ut si veniat in dubium, *hac domu* dicendum sit, an *hac domo,* et *domuum,* an *domorum,* similia sint *domus, anus, manus. Diminutio* genus modo detegit; et, ne ab eodem exemplo recedam, *funem* masculinum esse *funiculus* ostendit. Eadem in verbis quoque ratio comparationis : ut si quis, antiquos secutus, *fervere* brevi media syllaba dicat, deprehendatur vitiose loqui, quod omnia, quæ *e* et *o* litteris, fatendi modo, terminantur, ea-

pour l'harmonie, telles sont les suivantes :..*imo de stirpe recisum ....aeriæ quo congessere palumbes ....silice in nudâ*, et autres semblables, car alors le jugement des maîtres de l'éloquence tient lieu de la raison ordinaire, et il y a encore de l'honneur à s'égarer sur les traces de pareils guides. Quant à l'usage, c'est le maître le plus sûr, puisqu'on doit se servir du langage comme on se sert de la monnaie qui a un cours avoué et public.

Mais tout cela exige un jugement très-exercé, surtout l'analogie, mot que nous avons emprunté aux Grecs, et qui répond à celui de *proportion*. L'analogie a la puissance de rapporter ce qui est douteux à quelque chose de semblable qui ne l'est pas, c'est-à-dire de prouver l'incertain par le certain. Elle procède de deux manières : ou par la comparaison des désinences (voilà pourquoi les mots qui ne sont que d'une syllabe ne donnent pas prise à l'analogie) ou par les diminutifs. Par la comparaison, on découvre le genre ou la déclinaison des noms : le genre; on veut savoir si *funis* est masculin ou féminin, on le compare à un mot qui finit de même, à *panis*: la déclinaison; on doute s'il faut dire *hac domu* ou *hac domo, domuum* ou *domorum*, on compare *domus* à des mots semblables, *anus, manus*. Par les diminutifs, on trouve seulement le genre; ainsi, pour m'en tenir au même exemple, *funiculus* démontre que *funis* est masculin. La comparaison a également lieu pour les verbes. Si quelqu'un, à l'imitation des anciens, prononçait brève la pénultième syllabe de *fervere*, on lui reprocherait de mal parler, parce que tous les verbes qui ont l'indicatif terminé en *eo*, lorsque l'infinitif de ces verbes est en *ere*, ont toujours ce premier *e* long; ainsi *prandeo, pendeo, spondeo* font à l'infinitif *prandēre, pendēre, spondēre*,

dem, si infinitis *e* litteram media syllaba acceperunt, utique productam habent, *prandeo, pendeo, spondeo, prandere, pendere, spondere.* At quæ *o* solam habent, dummodo per eamdem litteram in infinito exeant, brevia [fiunt, *lego, dico, curro, legere, dicere, currere:* etiamsi est apud Lucilium,

Fervit aqua et fervet : fervit nunc, fervet ad annum.

Sed pace dicere hominis eruditissimi liceat, si *fervit* putat illi simile *currit* et *legit, fervo* dicetur, ut *curro* et *lego*: quod nobis inauditum est. Sed non est hæc vera comparatio; nam *fervit* illi est simile *servit,* quam proportionem sequenti dicere necesse est *fervire,* ut *servire.*

Prima quoque aliquando positio ex obliquis invenitur, ut memoria repeto convictos a me, qui reprehenderant, quod hoc verbo usus essem, *pepigi;* nam id quidem dixisse summos auctores confitebantur, rationem tamen negabant permittere, quia prima positio *paciscor,* quum haberet naturam patiendi, faceret tempore præterito *pactus sum.* Nos, præter auctoritatem oratorum atque historicorum, analogia quoque dictum tuebamur; nam quum in XII tabulis legeremus, *Ni ita pagunt :* inveniebamus simile huic, *cadunt;* inde prima positio, etiamsi vetustate exoleverat, apparebat, *pago,* ut *cado;* unde non erat dubium sic *pepigi* nos dicere, ut *cecidi.*

Sed meminerimus non per omnia duci *analogiæ* posse

tandis que ceux qui n'ont qu'un *o* à l'indicatif, et qui ont aussi l'infinitif en *ere*, comme *lego*, *dico*, *curro*, ont cet *e* bref, *legĕre*, *dicĕre*, *currĕre*, et cela, malgré l'autorité de Lucilius, qui a dit :

Fervit aqua et fervet : fervit nunc, fervet ad annum.

Car, soit dit avec tout le respect que je dois à un homme si érudit, si *fervit* est comme *currit* et *legit*, il faudra dire, *fervo*, comme on dit *curro* et *lego*, ce qui serait inouï. Aussi n'y a-t-il pas là comparaison exacte ; car ce qui ressemble à *fervit*, c'est *servit*, et alors l'analogie conduit nécessairement à dire *fervire* comme *servire*.

On trouve aussi l'indicatif à l'aide des temps obliques. Je me souviens d'avoir ramené à mon avis des personnes qui me reprenaient pour m'être servi du prétérit *pepigi*. Ils convenaient bien que de grands écrivains l'avaient employé ; mais ils pensaient que c'était contraire à la règle, parce que le présent de l'indicatif *paciscor*, ayant la voix passive, faisait au prétérit *pactus sum*; et moi, outre l'autorité des orateurs et des historiens, je me fondais encore sur l'analogie pour défendre mon *pepigi*. En effet, on lit dans les Douze-Tables, *ni ita pagunt*, qui est bien de la même nature que *cadunt*, d'où il paraissait que l'indicatif tombé depuis en désuétude était *pago* comme *cado*, et qu'ainsi il n'y avait pas de doute qu'on dût dire *pepigi* comme *cecidi*.

N'oublions pas néanmoins que l'analogie est loin

rationem, quum sibi ipsa plurimis in locis repugnet. Quædam sine dubio conantur eruditi defendere, ut, quum deprehensum est, *lepus* et *lupus* simili positione quantum casibus numerisque dissentiant, ita respondent, non esse paria, quia *lepus* epicœnum sit, *lupus* masculinum; quamquam Varro in eo libro, quo initia urbis Romæ enarrat, *lupum feminam* dicit, Ennium Pictoremque Fabium secutus. Illi autem iidem, quum interrogantur cur *aper apri*, et *pater patris* faciat; illud nomen simpliciter positum, hoc ad aliquid esse contendunt. Præterea quoniam utrumque a græco ductum sit, ad eam rationem recurrunt, ut πατρὸς *patris*, κάπρου *apri* faciat. Illa tamen quomodo effugient, ut nomina, quamvis feminina, singulari nominativo, *u*, *s*, litteris finita, nunquam genitivo casu in *ris* syllaba terminentur; faciat tamen *Venus, Veneris?* Item quum *e*, *s*, litteris finita, per varios exeant genitivos, nunquam tamen eadem *ris* syllaba terminatos; *Ceres* cogat dici *Cereris?* Quid vero? quæ tota positionis ejusdem, in diversos flexus exeunt? quum *Alba* faciat *Albanos* et *Albenses*, *Volo volui* et *volavi*. Nam præterito quidem tempore varie formari verba, prima persona littera *o* terminata, ipsa analogia confitetur. Siquidem facit *cado cecidi*, *spondeo spopondi*, *pingo pinxi*, *lego legi*, *pono posui*, *frango fregi*, *laudo laudavi*. Non enim, quum primum fingerentur homines, *analogia*

d'être un guide infaillible pour tous les mots, puisqu'on la trouve en défaut dans beaucoup de cas. Il est vrai que les érudits font quelquefois tous leurs efforts pour la défendre. Par exemple, qu'on leur fasse remarquer que *lepus* et *lupus*, qui ont le même nominatif, diffèrent essentiellement dans les cas et dans les nombres, ils répondront que ces deux noms ne sont pas de même nature ; que *lepus* est épicène* et *lupus* masculin, quoique Varron dans son livre sur les commencemens de Rome, fasse *lupum* féminin, à l'exemple d'Ennius et de Fabius Pictor. Demandez à ces mêmes érudits pourquoi *aper* fait *apri*, tandis que *pater* fait *patris* ; ils diront que le premier est un nom positif, et le second un nom de relation ; en outre, comme ces deux mots viennent du grec, ils recourront à cette autre raison, que le latin décline comme le grec : *patris* πατρὸς, *apri* κάπρου. Mais comment s'en tireront-ils quand on leur fera voir que des noms, même féminins, qui ont le singulier nominatif en *us*, n'ont jamais le génitif terminé en *eris*, et que cependant *Venus* fait *Veneris*? que des noms qui ont le nominatif en *es* varient dans le génitif, mais ne prennent jamais cette terminaison *eris*, et qu'on dit *Ceres, Cereris*? Que sera-ce à l'égard des mots qui, avec un nominatif ou un indicatif entièrement semblables, reçoivent des inflexions si diverses? comme *Alba* qui fait *Albanos*, et *Alba* qui fait *Albenses ; volo* qui a pour prétérit *volui*, et *volo* qui a pour prétérit *volavi*. L'analogie reconnaît elle-même que les verbes dont l'indicatif est terminé en *o* à la première personne, varient à l'infini leurs prétérits, puisque *cado* fait *cecidi, spondeo, spopondi, pingo pinxi, lego legi, pono posui, frango*

---

* C'est-à-dire des deux genres, masculin et féminin.

demissa caelo formam loquendi dedit: sed inventa est, postquam loquebantur, et notatum in sermone, quid quoque modo caderet: itaque non ratione nititur, sed exemplo; nec lex est loquendi, sed observatio, ut ipsam *analogiam* nulla res alia fecerit, quam consuetudo. Inhaerent tamen quidam molestissima diligentiae perversitate, ut *audaciter* potius dicant, quam *audacter*, licet omnes oratores aliud sequantur; et *emicavit*, non *emicuit*, et *conire*, non *coire*. His permittamus et *audivisse*, et *scivisse*, et *tribunale*, et *faciliter*, dicere: *frugalis* quoque sit apud illos, non *frugi*; nam quo alio modo fiat *frugalitas?* Iidem *centum millia nummum*, et *fidem Deum*, ostendant duplices solaecismos esse, quando et casum mutant, et numerum: nesciebamus enim, ac non consuetudini et decori serviebamus, sicut in plurimis, quae Tullius in Oratore divine, ut omnia, exsequitur. Sed Augustus quoque in epistolis ad C. Caesarem scriptis emendat, quod is *calidum* dicere, quam *caldum* malit: non quia illud non sit latinum, sed quia sit odiosum, et, ut ipse graeco verbo significavit, περίεργον.

Atqui hanc quidam ὀρθοέπειαν solam putant, quam ego

fregi, laudo laudavi. Il ne faut pas croire que cette science soit tombée des nues, au moment où l'homme a été créé, pour donner une forme déterminée à son langage; elle a été inventée après la parole et après qu'on a eu fait des remarques sur certaines conformités qui se reproduisaient dans certains mots. Ce n'est donc pas sur des règles positives que se fonde l'analogie, mais sur l'exemple; elle n'est donc pas une loi du langage, mais un guide pour l'observation : enfin c'est l'usage plus que toute autre chose qui a donné naissance à l'analogie. Il y a pourtant des gens qui s'obstinent, par un scrupule détestable, à dire encore *audaciter* au lieu d'*audacter*, quoique tous les orateurs emploient ce dernier; *emicavit* au lieu d'*emicuit, conire* au lieu de *coire;* passons-leur donc aussi *audivisse, scivisse, tribunale, faciliter;* souffrons qu'ils disent *frugalis* et non *frugi,* car autrement d'où viendrait *frugalitas**? qu'ils se félicitent, tant qu'ils voudront, d'avoir signalé deux solécismes dans ces locutions, *centum millia nummum* et *fidem Deum,* parce qu'il y a altération de cas et de nombres; nous ne nous en doutions pas en effet, et c'était par pure ignorance que nous nous conformions à l'usage et à la bienséance; en cela, comme en bien d'autres façons de parler que Cicéron discute avec sa supériorité ordinaire dans son Traité de l'Orateur. Auguste aussi, dans ses Lettres à son neveu Caïus César, le blâme de préférer *calidum* à *caldum,* non que le premier ne soit pas latin, dit-il, mais parce qu'il a quelque chose de recherché ; car c'est ce que veut dire le mot grec περίεργον dont il se sert.

Voilà pourtant, suivant certaines personnes, ce qui

---

* Ceci est dit ironiquement pour se moquer des partisans outrés de l'analogie.

minime excludo. Quid enim tam necessarium, quam recta locutio? Immo inhærendum ei judico, quoad licet; diu etiam mutantibus repugnandum; sed abolita atque abrogata retinere, insolentiæ cujusdam est, et frivolæ in parvis jactantiæ. Multum enim litteratus, qui sine aspiratione et producta secunda syllaba salutavit (*avere* est enim), et *calefacere* dixerit potius, quam quod dicimus, et *conservavisse;* his adjiciat *face,* et *dice,* et similia. Recta est hæc via : quis negat? sed adjacet et mollior, et magis trita.

Ego tamen non alio magis angor, quam quod obliquis casibus ducti etiam primas sibi positiones non invenire, sed mutare permittunt; ut quum *ebur* et *robur,* ita dicta ac scripta summis auctoribus, in *o* litteram secundæ syllabæ transferunt; quia sit *roboris* et *eboris, sulfur* autem et *guttur, u* litteram in genitivo servent: ideoque etiam *jecur* et *femur* controversiam fecerunt, quod non minus est licentiosum, quam si *sulfuri* et *gutturi* subjicerent in genitivo litteram *o* mediam, quia esset *eboris* et *roboris;* sicut Antonius Gnipho, qui *robur* quidem et *ebur,* atque etiam *marmur* fatetur esse : verum fieri vult ex his *robura, ebura, marmura.* Quod si animadverterent litterarum affinitatem, scirent sic ab eo, quod est *robur, roboris* fieri, quomodo ab eo, quod est

seul constitue un langage exact. Certes, je suis loin de l'exclure. Quoi de plus nécessaire, en effet, que de s'exprimer d'une manière correcte? Je veux même qu'on s'y attache autant que possible, et qu'on résiste long-temps aux innovations. Mais quand des mots n'ont plus cours, quand ils sont tout-à-fait abrogés, il y a une sorte d'entêtement et de prétention puérile à vouloir les conserver. Ce savant qui en saluant prononçait *avete* sans aspiration, et en allongeant la pénultième syllabe, à la manière des anciens, aurait dit aussi *calefacere* et *conservavisse* plutôt que *calfacere* et *conservasse* comme nous parlons aujourd'hui ; il aurait pu y ajouter *face* et *dice* pour *fac* et *dic*, et autres. C'est un chemin droit, dira-t-on : qui le nie? mais à côté il y en a un plus doux et plus fréquenté.

Ce que j'ai le plus de peine à digérer de la part des partisans de l'analogie, ce n'est pas qu'ils veuillent trouver le nominatif par les temps obliques, c'est qu'ils se permettent de le changer, et qu'ils disent *ebor* et *robor* pour *ebur* et *robur* que les meilleurs écrivains ont toujours dit et écrit de la sorte, et cela sous prétexte qu'ils font au génitif *eboris* et *roboris*. Par la même raison, ils respectent *sulfur* et *guttur*, qui conservent l'*u* au génitif, et chicannent sur *jecur* et *femur*. Or, il n'y a pas moins de témérité dans cette altération, que si l'on substituait l'*o* à l'*u* dans le génitif de *sulfur* et de *guttur*, et qu'on dît *sulforis* et *guttoris*, parce qu'on dit *eboris* et *roboris*. C'est comme Antonius Gniphon [9], qui convient qu'on doit dire *robur*, *ebur*, et même, ajoute-t-il, *marmur*, et qui veut qu'en conséquence ces mots fassent au pluriel *robura*, *ebura*, *marmura*. Mais si on voulait faire attention à l'affinité de certaines lettres, on verrait que de *robur* on a fait *roboris*, comme de *miles li-*

miles limes, *militis limitis*, *judex vindex*, *judicis vindicis*; et quæ supra jam attigi. Quid non similes quoque (ut dicebam) positiones, in longe diversas figuras per obliquos casus exeunt? ut *virgo, Juno; fusus, lusus; cuspis, puppis*, et mille alia? quum illud etiam accidat, ut quædam pluraliter non dicantur; quædam contra singulari numero, quædam casibus careant; quædam a primis statim positionibus tota mutentur, ut *Jupiter*. Quod verbis etiam accidit, ut *fero, tuli*, cujus præteritum perfectum, et ulterius non invenitur. Nec plurimum refert, nulla hæc, an prædura sint; nam quid *progenies* genitivo singulari, quid plurali *spes* faciet? Quomodo autem *quire* et *ruere*, vel in præterita patiendi modo, vel in participia transibunt? Quid de aliis dicam, quum *senatus senatus senatui*, an *senatus senati senato* faciat, incertum sit? Quare mihi non invenuste dici videtur, aliud esse *latine*, aliud *grammatice* loqui. Ac de *analogia* vel nimium.

Etymologia, quæ verborum originem inquirit, a Cicerone dicta est *notatio*, quia nomen ejus apud Aristotelem invenitur σύμβολον, quod est *nota* : nam verbum ex verbo, ductum id est *veriloquium*, ipse Cicero, qui finxit, reformidat. Sunt qui, vim potius intuiti, *originationem* vocent. Hæc habet aliquando usum necessarium, quoties interpretatione res, de qua quæritur, eget, ut

mes, on a fait *militis limitis*, de *judex vindex*, *judicis vindicis* [10], et autres dont j'ai déjà touché quelques mots. D'ailleurs, comme je le disais, n'y a-t-il pas des noms qui, avec la même terminaison au nominatif, présentent de nombreuses anomalies dans les cas obliques? *virgo*, *Juno : fusus*, *lusus ; cuspis*, *puppis*, et mille autres? N'y a-t-il pas même quelques noms qui n'ont pas de pluriel, d'autres pas de singulier? N'y en a-t-il pas qui sont indéclinables, d'autres qui, immédiatement après le nominatif, changent totalement, comme *Jupiter Jovis?* ce qui se voit aussi dans les verbes, comme *fero*, dont le prétérit parfait *tuli* ne se retrouve pas dans les autres temps? De plus, certains mots sont comme s'ils n'avaient pas de cas obliques, tant on répugne à en faire usage ; car, qui oserait employer *progenies* au génitif singulier, et *spes* au génitif pluriel? comment former les préterits passifs et les participes des verbes *quire* et *ruere?* Il en est enfin dont la déclinaison n'est pas encore fixée, jusque-là qu'il est incertain si l'on doit dire *senatus senatus senatui*, ou *senatus senati senato*. Concluons de tout ceci qu'on n'a pas eu tort de dire qu'autre chose est de parler latin, autre chose de parler grammaticalement. Mais en voilà assez et trop peut-être sur l'analogie.

L'étymologie, qui s'occupe de l'origine des mots, et qu'on trouve désignée chez Aristote, sous le nom de σύμβολον, qui veut dire *signe*, est appelée par Cicéron *notatio;* car il se défie du mot *veriloquium*, qu'il a forgé lui-même, et qui répond littéralement à ἐτυμολογία. Des écrivains qui se sont attachés au sens plus qu'à la lettre l'appellent *originatio*. Quoi qu'il en soit, l'étymologie est nécessaire toutes les fois qu'on veut donner l'interprétation d'un mot. Ainsi Cœlius prétendait qu'il était

quum M. Cœlius se esse hominem frugi vult probare, non quia abstinens sit (nam id ne mentiri quidem poterat), sed quia utilis multis, id est, fructuosus, unde sit dicta *frugalitas*. Ideoque in definitionibus assignatur etymologiæ locus. Nonnunquam etiam barbara ab emendatis conatur discernere, ut quum *Triquetram* dici Siciliam, an *Triquedram; meridiem,* an *medidiem* oporteat, quæritur, aliaque, quæ consuetudini serviunt. Continet autem in se multam eruditionem, sive illa ex Græcis orta tractemus, quæ sunt plurima, præcipueque *æolica* ratione (cui est sermo noster simillimus) declinata, sive ex historiarum veterum notitia, nomina hominum, locorum, gentium, urbium requiramus, unde *Bruti, Publicolæ, Pici?* cur *Latium, Italia, Beneventum?* quæ *Capitolium, collem Quirinalem,* et *Argiletum* appellandi ratio?

Jam illa minora, in quibus maxime studiosi ejus rei fatigantur, qui verba paulum declinata, varie et multipliciter ad veritatem reducunt, aut correptis aut porrectis, aut adjectis aut detractis, aut permutatis litteris syllabisve. Inde pravis ingeniis ad fœdissima usque ludibria dilabuntur. Sit enim *consul* a consulendo, vel a judicando; nam et hoc *consulere* veteres appellaverunt; unde adhuc remanet illud, *Rogat boni consulas,* id est, bonum judices; *Senatui* nomen dederit ætas;

homme de bonnes mœurs *frugi*, non pas qu'il fût tempérant, car il ne pouvait s'abuser à ce point, mais parce qu'il était utile à beaucoup de monde, c'est-à-dire fructueux *fructuosus*, d'où vient, disait-il, *frugalitas*. C'est donc dans les définitions qu'on fait particulièrement usage de l'étymologie. Elle sert aussi à distinguer les locutions barbares de celles qui sont correctes : elle examine si, en parlant de la Sicile, on doit la nommer *Triquetram* ou *Triquedram*; si le milieu du jour doit s'appeler *meridies* ou *medidies*, et ainsi d'autres mots que l'usage a corrompus. Au surplus, elle comporte beaucoup d'érudition, soit qu'elle s'exerce sur les mots que nous avons tirés du grec, et qui sont si nombreux, surtout ceux qui sont déclinés suivant le dialecte éolien, avec lequel notre langue a le plus de rapport, soit que, d'après les traditions des anciens historiens, elle recherche l'origine des noms d'hommes, de lieux, de nations, de villes; d'où sont venus les noms de *Brutus*, *Publicola*, *Picus*; pourquoi l'Italie est appelée *Latium*; qui a donné son nom à la ville de *Beneventum*; quelle raison on a eue de dire *le Capitole, le mont Quirinal, l'Argilète*.

Je ne parle pas de ces recherches dans lesquelles se morfondent certains amateurs passionnés de l'étymologie, qui se piquent de ramener à leur véritable origine, par des combinaisons arbitraires, tous les mots un peu altérés, et qui, pour cela, changent les lettres et les syllabes, les font brèves ou longues, en ajoutent ou en retranchent. Cette manie dans les esprits faux dégénère en étranges niaiseries. Ils mettent gravement en question si *consul* vient de *consulere* dans le sens de *pourvoir* ou dans celui de *juger*, parce que les anciens employaient ce mot dans cette double acception, d'où nous est restée

nam iidem *patres* sunt; et *Rex*, *rector* et alia plurima indubitata : nec abnuerim *tegulæ*, *regulæ*que, et similium his, rationem : jam sit et *classis* a calando, et *lepus levipes*, et *vulpes volipes*, etiamne a contrariis aliqua sinemus trahi? ut *lucus*, quia, umbra opacus, parum *luceat*? et *ludus*, quia sit longissime ab lusu? et *Ditis*, quia minime *dives*? etiamne *hominem* appellari, quia sit *humo* natus? (quasi vero non omnibus animalibus eadem origo, aut illi primi mortales ante nomen imposuerint terræ quam sibi), et *verba* ab aere verberato? Pergamus: sic perveniemus eousque, ut *stella*, luminis *stilla* credatur, cujus etymologiæ auctorem, clarum sane in litteris, nominare ea parte qua a me reprehenditur, inhumanum est. Qui vero talia libris complexi sunt, nomina sua ipsi inscripserunt, ingenioseque sibi visus est Caius Granius *cœlibes* dicere, veluti *cœlites*, quod onere gravissimo vacent, idque græco argumento innuit; ἠΐθέους enim eadem de causa dici affirmat. Nec ei cedit Modestus inventione : nam, quia *Cœlo* Saturnus genitalia absciderit, hoc nomine appellatos, qui uxore careant; ait L. Ælius *pituitam*, quia petat vitam. Sed cui non post Varronem sit venia? qui *agrum*, quod in eo *agatur* aliquid; et *graculos*, quia *gregatim volant*, dictos Ciceroni persuadere voluit (ad eum enim scribit); quum alterum ex græco sit manifestum duci, alterum ex vocibus avium.

la formule : *Rogat boni consulas*, c'est-à-dire *bonum judices*; si c'est à cause de leur âge qu'on a appelé les sénateurs de ce nom, car on les appelle aussi *patres :* si *rex* vient de *regere*, et une foule d'autres mots dont l'origine est aussi peu douteuse. Je conviens qu'on peut rechercher la racine des mots *tegula*, *regula* et autres semblables; j'accorde même que *classis* peut venir de *calare*, que *lepus* peut être formé de *levipes*, et *vulpes* de *volipes*; mais sera-ce une raison pour admettre aussi certaines étymologies qu'on fonde sur des antiphrases? croirai-je que *lucus*, bois sacré, vient de *lucet*, précisément parce que dans un bois, l'épaisseur de l'ombre laisse à peine pénétrer le jour, et que *ludus*, école, académie, vient de *lusus*, parce qu'il n'y a rien qui ait moins d'analogie avec le jeu? Faudra-t-il encore que je croie qu'*homo* vient d'*humus*, parce que l'homme est né de la terre, comme si cette origine ne lui était pas commune avec tous les animaux, ou comme si les premiers hommes avaient donné un nom à la terre, avant de s'en donner un à eux-mêmes? ou que je croie que *verbum* est composé des mots *aer verberatus*, parce que les paroles frappent l'air? Ne nous arrêtons pas en si beau chemin, et nous en viendrons à trouver que *stella*, étoile, vient de *luminis stilla*. Celui qui a fait cette belle découverte est pourtant un homme distingué dans les lettres; aussi serait-il inhumain à moi de le nommer, à propos d'un reproche que je lui fais. Il en est qui ont fait des livres sur cette matière, et qui n'ont pas craint d'y mettre leurs noms. Caïus Granius a cru faire un trait de génie en disant que le mot *coelibes*, célibataires, n'était qu'une altération du mot *coelites*, habitans des cieux, parce que les personnes qui ne sont pas mariées sont par-là même

Sed huic tanti fuit vertere, ut *merula*, quia sola volat, quasi *mera volans* nominaretur. Quidam non dubitaverunt etymologiæ subjicere omnem nominis causam : ut ex habitu, quemadmodum dixi, *Longos* et *Rufos*; ex sono, *strepere, murmurare*; etiam derivata, ut a *velocitate* dicitur *velox*; et composita pleraque his similia, quæ sine dubio aliunde originem ducunt, sed arte non egent, cujus in hoc opere non est usus, nisi in dubiis.

Verba a *vetustate* repetita, non solum magnos assertores habent, sed etiam afferunt orationi majestatem

exemptes du plus pesant fardeau; et il se fonde sur ce que le mot grec ἤϊθεος, qui veut dire aussi célibataire, a, selon lui, la même origine. *Modestus* n'est pas en reste pour l'invention, car il prétend que *cœlebs* désigne celui qui n'a point de femme, à cause de *Cœlus*, que Saturne avait rendu impuissant. C'est avec la même sagacité que L. Ælius assigne au mot *pituita* cette plaisante étymologie *quia petat vitam*, parce qu'elle attaque la vie. Mais à qui ne fera-t-on pas grâce après Varron, qui voulait persuader à Cicéron qu'*ager*, champ, vient du mot *agere*, agir, parce qu'on est toujours occupé dans un champ, et que *graculi*, les geais, sont ainsi nommés parce qu'ils volent toujours de compagnie, *gregatim*; tandis qu'il est évident qu'*ager* est tiré du grec, et que *graculus* est pris par onomatopée du cri de ces oiseaux? mais Varron avait tellement la fureur des étymologies, que, selon lui, *merula*, merle, s'appelle ainsi parce qu'il vole seul, *mera volans*. Quelques-uns n'ont pas fait difficulté de comprendre dans l'étymologie toutes les causes attributives des noms; par exemple certaines conformations physiques, d'où sont venus, comme je l'ai dit, les surnoms de *Longus*, *Rufus*, etc.; le son qui, par similitude, a créé les mots *strepere*, *murmurare*. Ils y ont joint les dérivés, comme *velocitas* de *velox*, et même les composés qui, pour la plupart, ressemblent aux dérivés, et qui sont aussi faciles à distinguer, ayant incontestablement quelque primitif d'où ils viennent et pour lesquels il est inutile de recourir à la science des étymologies, qu'on doit réserver pour les cas obscurs et douteux.

Les mots qu'on emprunte au vieux langage, et qui comptent de grands partisans, impriment au style une

aliquam, non sine delectatione; nam et auctoritatem antiquitatis habent, et, quia intermissa sunt, gratiam novitati similem parant. Sed opus est modo, ut neque crebra sint hæc, neque manifesta, quia nihil est odiosius affectatione; nec utique ab ultimis et jam obliteratis repetita temporibus, qualia sunt *topper*, et *antigerio*, et *exantlare*, et *prosapia*, et Saliorum carmina, vix sacerdotibus suis satis intellecta. Sed illa mutari vetat religio, et consecratis utendum est; oratio vero, cujus summa virtus est perspicuitas, quam sit vitiosa, si egeat interprete! Ergo, ut novorum optima erunt maxime vetera, ita veterum maxime nova.

Similis circa *auctoritatem* ratio. Nam, etiamsi potest videri nihil peccare, qui utitur iis verbis, quæ summi auctores tradiderunt, multum tamen refert non solum, quid dixerint, sed etiam quid persuaserint. Neque enim *tuburchinabundum* et *lurchinabundum* jam in nobis quisquam ferat, licet Cato sit auctor; nec *hos lodices*, quamquam id Pollioni placeat; nec *gladiola*, atqui Messala dixit; nec *parricidatum*, quod in Cælio vix tolerabile videtur; nec *collos* mihi Calvus persuaserit: quæ nec ipsi jam dicerent.

Superest igitur *consuetudo*: nam fuerit pæne ridiculum malle sermonem, quo locuti sint homines, quam quo loquantur. Et sane quid est aliud *vetus sermo*, quam

sorte de majesté qui n'est pas sans quelque charme : revêtus de la sanction du temps, ils ont encore l'attrait de la nouveauté, par cela même qu'on n'est plus habitué à les entendre. Mais il en faut user avec mesure et n'en faire un emploi ni trop fréquent, ni trop affecté, car rien ne déplaît comme l'affectation. Gardez-vous aussi d'aller les prendre dans des temps trop reculés et trop obscurs, comme les mots *topper, antigerio, exantlare, prosapia*, et tous les vers des Saliens, inintelligibles pour ces prêtres eux-mêmes. Quant à ceux-ci, la religion défend qu'il y soit rien changé : elle les a consacrés. En un mot, la principale qualité du style, c'est la clarté, et tout discours qui a besoin d'interprétation est vicieux. Employez donc de préférence les mots les plus accrédités parmi les nouveaux et les moins surannés parmi les anciens.

Que le même discernement vous guide par rapport à l'autorité. Avant de se croire fondé à se servir des mots qu'ont employés de grands écrivains, il faut examiner, non pas ce qu'ils ont dit, mais si ce qu'ils ont dit est resté : personne ne tolèrerait à présent *tuburchinabundum*, et *lurchinabundum*, quoique ces mots soient de Caton ; ni *hos lodices*, expression favorite de Pollion ; ni *gladiola*, de Messala ; ni *parricidatum*, qui paraît à peine supportable dans Cœlius. Calvus ne me ferait pas non plus approuver *collos*, et tous ces écrivains eux-mêmes ne parleraient pas ainsi aujourd'hui.

Reste donc l'usage ; car il serait ridicule de préférer la langue qu'on a parlée à celle qu'on parle. Et qu'est-ce que le vieux langage, sinon l'ancienne manière de par-

vetus loquendi consuetudo? Sed huic ipsi necessarium est judicium, constituendumque inprimis, id ipsum quid sit, quod *consuetudinem* vocemus. Quæ si ex eo, quod plures faciunt, nomen accipiat, periculosissimum dabit præceptum, non orationi modo, sed (quod majus est) vitæ. Unde enim tantum boni, ut pluribus quæ recta sunt placeant? Igitur ut *velli*, et *comam in gradus frangere*, et *in balneis perpotare*, quamlibet hæc invaserint civitatem, non erit consuetudo, quia nihil horum caret reprehensione; at *lavamur*, et *tondemur*, et *convivimus* ex consuetudine : sic in loquendo, non si quid vitiose multis insederit, pro regula sermonis accipiendum erit. Nam, ut transeam, quemadmodum vulgo imperiti loquuntur; tota sæpe theatra, et omnem circi turbam exclamasse barbare scimus. Ergo consuetudinem sermonis, vocabo consensum eruditorum; sicut vivendi, consensum bonorum.

CAPUT VII.

De orthographia.

Nunc, quoniam diximus, quæ sit loquendi regula, dicendum, quæ scribentibus custodienda, quod Græci ʼρθογραφίαν vocant, nos *recte scribendi scientiam* nominemus. Cujus ars non in hoc posita est, ut noverimus,

ler? Mais ici une saine critique est nécessaire, et il faut d'abord définir ce qu'on entend par l'usage. Si nous appelons ainsi ce que fait le grand nombre, nous avancerons un précepte dangereux, non-seulement pour le langage, mais, ce qui est plus important, pour les mœurs. Comment espérer, en effet, que ce qui est sensé soit du goût de la majorité? De même donc que si la mode venait de s'épiler, de se boucler les cheveux, de boire avec excès dans le bain, je n'appellerais pas cela l'usage, parce que ce sont des pratiques blâmables, et que l'usage se borne à se raser, à se baigner, à prendre ses repas; ainsi, je ne règlerai pas mon langage sur les locutions vicieuses de la multitude; car, sans parler ici des fautes de langue que commettent journellement les ignorans, n'entendons-nous pas souvent le public, dans les théâtres ou au cirque, pousser des exclamations barbares? J'appellerai donc usage, pour parler, ce qui est unanimement consacré parmi les gens bien nés, comme j'appellerai usage, pour la manière de vivre, ce qui est dans les habitudes des honnêtes gens.

CHAPITRE VII.

De l'orthographe.

Après avoir parlé des règles du langage, passons à celles qu'on doit observer en écrivant. Ce que les Grecs appellent ὀρθογραφία, nous l'appellerons l'art d'écrire correctement. Si cet art ne consistait qu'à connaître de quelles lettres se compose chaque syllabe, il serait au-

quibus quæque syllaba litteris constet (nam id quidem infra grammatici officium est), sed totam, ut mea fert opinio, subtilitatem in dubiis habet : ut longis syllabis omnibus apponere apicem ineptissimum est, quia plurimæ natura ipsa verbi, quod scribitur, patent : sed interim necessarium, quum eadem littera alium atque alium intellectum, prout correpta, vel producta est, facit : ut *malus*, utrum arborem significet, an hominem non bonum, apice distinguitur; *palus* aliud priore syllaba longa, aliud sequenti significat; et quum eadem littera nominativo casu brevis, ablativo longa est, utrum sequamur, plerumque hac nota monendi sumus. Similiter putaverunt illa quoque servanda discrimina, ut *ex* præpositionem si verbum sequeretur *specto*, adjecta secundæ syllabæ *s* littera, si *pecto*, remota scriberemus. Illa quoque servata est a multis differentia, ut *ad*, quum esset præpositio, *d* litteram; quum autem conjunctio, *t* acciperet; item *cum*, si *tempus* significaret, per *q*; si *comitem*, per *c*; si vero *causam*, per *q*, ac duas sequentes *uu*, scriberetur. Frigidiora his alia, ut *quicquid*, *c* quartam haberet, ne interrogare bis videremur : et *quotidie*, non *cotidie*, ut sit, *quot diebus*. Verum hæc jam etiam inter ipsas ineptias evanuerunt.

Quæri solet, in scribendo præpositiones, sonum, quem

dessous même de l'emploi du grammairien; mais c'est dans les choses qui présentent quelque ambiguité qu'éclate, à mon avis, toute sa finesse. Sans doute il est ridicule de distinguer par un accent toutes les syllabes longues, la plupart se reconnaissant suffisamment pour telles, par la nature même du mot qu'on écrit; mais quelquefois cet accent est nécessaire, lorsque la même lettre donne un sens différent, suivant qu'elle est brève ou longue, comme dans *malus*, où l'accent seul indique s'il s'agit d'un *arbre* ou d'un *méchant*, et dans *palus*, qui a deux acceptions diverses, suivant la place qu'occupe l'accent. On doit aussi s'en servir quand la même lettre est brève au nominatif, et longue à l'ablatif, pour ne pas confondre ces deux cas. C'est par cette raison que quelques grammairiens voulaient qu'on distinguât les verbes composés de la préposition *ex*, en liant la lettre *s* à la seconde syllabe, quand le mot primitif commence par une *s*, comme *specto ex-specto*, et en supprimant cette lettre quand le mot commence par un *p*, comme *pecto*. Beaucoup ont observé aussi d'écrire *ad*, quand il est préposition, avec un *d*, et, quand il est conjonction, avec un *t*. C'est par suite du même système qu'ils écrivaient *cùm* par un *q*, quand il marquait le temps, par un *c*, quand il était préposition, et par un *q* suivit de deux *uu*, lorsqu'il était particule causative, et autres petitesses plus insipides encore, comme d'écrire *quidquid* avec un *c* à la quatrième lettre, *quicquid*, de peur qu'on n'eût l'air de faire une double interrogation, et *quotidie* au lieu de *cotidie*, comme plus conforme à l'étymologie *quot diebus*. Mais le temps a fait justice de toutes ces vétilles.

On demande si, en écrivant, il convient de se con-

junctæ efficiunt, an, quem separatæ, observare conveniat; ut quum dico, *obtinuit* (secundam enim *b* litteram ratio poscit, aures magis audiunt *p*) : et *inmunis* (illud enim, quod veritas exigit, sequentis syllabæ sono victum, *m* gemina commutatur). Est etiam in dividendis verbis observatio, mediam litteram consonantem priori, an sequenti syllabæ adjungas. *Aruspex* enim, quia pars ejus posterior a *spectando* est, *s* litteram tertiæ dabit; *abstemius*, quia ex abstinentia temeti composita vox est, primæ relinquet. Nam *K* quidem in nullis verbis utendum puto, nisi quæ significat, etiam ut sola ponatur. Hoc eo non omisi, quod quidam eam, quoties *A* sequatur, necessariam credunt : quum sit *C* littera, quæ ad omnes vocales vim suam perferat. Verum orthographia quoque consuetudini servit, ideoque sæpe mutata est. Nam illa vetustissima transeo tempora, quibus et pauciores litteræ, nec similes his nostris earum formæ fuerunt, et vis quoque diversa; sicut apud Græcos *O* litteræ, quæ interim longa ac brevis, ut apud nos, interim pro syllaba, quam nomine suo exprimit, posita est, ut Latinis veteribus *D* plurimis in verbis ultimam adjectam : quod manifestum est etiam ex columna rostrata, quæ est C. Duellio in foro posita. Interim *G* quoque, ut in pulvinari Solis, qui colitur juxta ædem Quirini, *vesperug;* quod *vesperuginem* acci-

former au son que rendent les prépositions quand elles sont jointes à un mot, ou à celui qui leur est propre, comme dans le mot *obtinuit*, où la raison demande un *b* à la seconde lettre, quoique l'oreille entende *p*, et dans le mot *inmunis*, où cette *n*, qui est la lettre exigible, se trouvant effacée par le son de la syllabe suivante, est changée en une double *m*. Il faut aussi prendre garde, quand on est obligé de partager les mots en écrivant, si la consonne du milieu appartient à la syllabe qui précède, ou à celle qui suit : ainsi, dans *aruspex*, la dernière partie de ce mot venant du verbe *spectare*, la lettre *s* doit être réunie à la troisième syllabe, et dans *abstemius*, mot composé qui désigne l'abstinence de vin, *abstinentia temeti*, la lettre *s* sera laissée à la première syllabe. Quant au *k*, je crois qu'on ne doit jamais s'en servir, si ce n'est seul, car alors il a une signification. Je dis cela, parce qu'il y a des gens qui se persuadent que cette lettre est nécessaire, toutes les fois qu'elle est suivie d'un *a*, comme si nous n'avions pas la lettre *c*, qui communique sa force à toutes les voyelles. Au surplus, l'orthographe est aussi soumise à la mode, et c'est pour cela qu'elle a souvent changé. Car, sans parler de ces temps reculés où la langue n'avait qu'un petit nombre de lettres qui différaient encore de celles dont nous nous servons aujourd'hui, pour la forme et pour la valeur, comme la lettre *o*, qui, chez les Grecs ainsi que chez nous, est tantôt longue et tantôt brève, et quelquefois est employée pour la syllabe qu'elle exprime par son nom, ne savons-nous pas que les anciens Latins terminaient plusieurs mots par un *d*, comme on le voit encore sur la colonne rostrale élevée à Duillius dans le forum, et qu'ils en terminaient d'autres par un *g*, ainsi

pimus. De mutatione etiam litterarum, de qua supra dixi, nihil repetere hic necesse : fortasse enim sicut scribebant, etiam ita loquebantur.

Semivocales non geminare, diu fuit usitatissimi moris : atque e contrario usque ad Accium et ultra, porrectas syllabas geminis, ut dixi, vocalibus scripserunt. Diutius duravit, ut, *e, i*, jungendis, eadem ratione qua Graeci ει, uterentur : ea casibus numerisque discreta est, ut Lucilius praecipit :

> Jam pueri venere : E postremum facito, atque I, Ut puerei plures fiant.

ac deinceps idem,

> Mendaci furique addes E, quum dare furei Jusseris.

Quod quidem quum supervacuum est, quia *i* tam longae quam brevis naturam habet; tum incommodum aliquando. Nam in iis, quae proximam ab ultima litteram *E* habebunt, et *I* longa terminabuntur, illam rationem sequentes, utemur *E* gemina, qualia sunt haec, *aurei, argentei*, et similia : idque iis praecipue, qui ad lectionem instituentur, etiam impedimento erit, sicut in Graecis accidit adjectione *I* litterae, quam non solum dativis casibus in parte ultima ascribunt; sed quibusdam etiam interponunt, ut in ΛΗΙΣΤΗΙ, quia etymologia ex divisione in tris syllabas facta desideret eam litteram.

qu'on le remarque au temple du Soleil, près le palais Quirinus, où on lit *Vesperug* pour *Vesperugo?* Je ne répèterai pas ce que j'ai déjà dit au sujet de certaines lettres qu'ils changeaient en d'autres; car probablement ils écrivaient comme ils parlaient.

Il a été long-temps fort en usage de ne pas doubler les demi-voyelles, et au contraire jusqu'au temps d'Accius et par-delà on marquait, ainsi que je l'ai dit, les syllabes longues en doublant les voyelles. On a conservé plus long-temps encore celui de joindre l'*e* et l'*i*, et de s'en servir comme les Grecs se servent de leur diphthongue ει. On a distingué les cas et les nombres où cela devait se pratiquer, et Lucilius recommande d'écrire au pluriel *puerei*, et non *pueri*,

> Jam pueri venere : E postremum facito, atque I,
> Ut puerei plures fiant.

et d'écrire *mendacei* et *furei* au datif, et non *mendaci* et *furi* :

> Mendaci furique addes E, quum dare furei
> Jusseris.

Mais cela me paraît inutile, parce que l'*i* est aussi bien long que bref de sa nature; ensuite cela peut avoir quelquefois de l'inconvénient. En effet, dans les mots qui ont un *e* pour pénultième, et qui se terminent par un *i*, si on adoptait le redoublement de l'*e*, il faudrait dire *aureei*, *argenteei* et autres mots semblables, ce qui serait fort embarrassant pour ceux qui apprennent à lire. C'est ce qui arrive aux Grecs avec leur ι, qu'ils mettent non-seulement à la fin des datifs, mais quelquefois au milieu même du mot, comme dans ΛΗΙΣΤΗΙ, parce que l'étymologie qui veut la division des syllabes, exige cette lettre.

At syllabam, cujus secundam nunc *E* litteram ponimus, varie per *A* et *I* efferebant, quidam semper ut Græci, quidam singulariter tantum, quum in dativum vel genitivum casum incidissent, unde *pictai vestis*, et *aulai*, Virgilius, amantissimus vetustatis, carminibus inseruit. In iisdem plurali numero *E* utebantur, *hi Syllæ, Galbæ*. Est in hac quoque parte Lucilii præceptum, quod, quia pluribus explicatur versibus, si quis parum credat, apud ipsum in nono requirat.

Quid? quod Ciceronis temporibus, paulumque infra, fere quoties *S* littera media vocalium longarum vel subjecta longis esset, geminabatur? ut *caussæ, cassus, divissiones*: quo modo et ipsum et Virgilium quoque scripsisse, manus eorum docent. Atqui paulum superiores etiam illud, quod nos gemina *S* dicimus, *jussi*, una dixerunt. Etiam *optimus, maximus*, ut mediam *I* litteram, quæ veteribus *U* fuerat, acciperent, Caii primum Cæsaris inscriptione traditur factum. *Here*, nunc *E* littera terminamus : at veterum comicorum adhuc libris invenio, *Heri ad me venit* : quod idem in epistolis Augusti, quas sua manu scripsit, aut emendavit, deprehenditur. Quid? non Cato Censorius, *dicam* et *faciam, dicem* et *faciem* scripsit? eumdemque in ceteris, quæ similiter cadunt, modum tenuit? quod et ex veteribus ejus libris manifestum est, et a Messala in libro

Quant à leur diphthongue *ai*, dont nous avons changé la seconde lettre en *e*, les anciens en variaient la prononciation par *a* et *i*, quelques-uns, toujours à la manière des Grecs, quelques autres seulement au singulier, pour le génitif et le datif. Aussi trouve-t-on dans Virgile, qui était passionné pour l'antiquité, *pictai vestis* et *aquai*; mais au pluriel on mettait un *e* au lieu de l'*i*, et on disait *hi Galbæ, Syllæ,* etc. Lucilius a également réduit cela en préceptes, et il y a consacré plusieurs vers, qu'on peut lire en consultant son neuvième livre.

Sans remonter si haut, du temps de Cicéron, et même un peu après, ne doublait-on pas la lettre *s*, soit qu'elle fût entre deux voyelles longues, soit qu'elle en fût précédée, comme *caussæ, cassus, divissiones?* car c'est ainsi que Virgile et lui écrivaient : leurs manuscrits autographes en font foi. Et, un peu avant eux, le mot *jussi*, que nous écrivons avec deux *ss*, ne s'écrivait qu'avec une, *jusi*. On prétend que c'est à une inscription de C. César que nous devons de dire aujourd'hui *optimus, maximus*, que les anciens prononçaient *optumus, maxumus*. Nous disons maintenant *here**, et je lis dans nos anciens comiques *heri ad me venit*, et je retrouve *heri* dans des lettres qu'Auguste a écrites ou corrigées de sa main. Caton le Censeur n'écrivait jamais *dicam, faciam*, mais *dicem* et *faciem*, et il terminait ainsi tous les futurs de la même conjugaison. On peu s'en convaincre par les anciens livres qui nous restent de lui, et par le témoignage de Messala dans son Traité sur la lettre *s*. Je vois dans beaucoup de manuscrits *sibe* et

---

* *Heri* est pourtant resté.

de *S* littera positum. *Sibe* et *quase*, scriptum in multorum libris est; sed an hoc voluerint auctores, nescio. T. Livium ita his usum, ex Pediano comperi, qui et ipse eum sequebatur: hæc nos *I* littera finimus.

Quid dicam *vortices* et *vorsus*, ceteraque ad eumdem modum, quæ primo Scipio Africanus in *E* litteram secundam vertisse dicitur? Nostri præceptores *cervom servom*que, *U* et *O* litteris scripserunt, quia subjecta sibi vocalis in unum sonum coalescere, et confundi nequiret; nunc *U* gemina scribuntur, ea ratione, quam reddidi: neutro sane modo vox, quam sentimus, efficitur. Nec inutiliter Claudius Æolicam illam ad hos usus litteram adjecerat. Illud nunc melius, quod *cui*, tribus, quas proposui, litteris enotamus; in quo pueris nobis, ad pinguem sane sonum, *qu* et *oi* utebantur, tantum ut ab illo *qui* distingueretur.

Quid? quæ scribuntur aliter, quam enunciantur? Nam et *Gajus C* littera notatur, quæ inversa Ɔ mulierem declarat, quia tam *Cajas* esse vocitatas, quam *Cajos*, etiam ex nuptialibus sacris apparet. Nec *Gneus* eam litteram in prænominis nota accipit, qua sonat; et *columa*, exempta *n* littera, et *consules*, geminata *s* littera, *coss.*, legimus; et *Subura*, quum tribus litteris notatur, *C* tertiam ostendit. Multa sunt generis hujus; sed hæc quo-

quase; je ne sais si c'est conforme à l'intention des auteurs; mais Pedianus m'apprend que Tite-Live n'écrivait pas autrement, et lui-même a suivi Tite-Live. Nous terminons à présent ces mots par un *i, sibi, quasi.*

Que dirai-je de *vortices, vorsus* et autres mots semblables, dans lesquels Scipion l'Africain passe pour avoir le premier substitué l'*e* à l'*o ?* Nos maîtres, dans mon enfance, écrivaient *cervom* et *servom* avec un *u* et un *o*, parce que deux mêmes voyelles, à la suite l'une de l'autre, ne pouvaient se confondre et se réunir en un même son. Maintenant ces mots s'écrivent avec un double *u*, par la raison que je viens de dire; mais ni l'une ni l'autre méthode ne satisfait l'oreille, nous sentons qu'il manque quelque chose, et ce n'était pas sans raison que Claudius avait voulu, pour ce cas, adopter le digamma éolien. Une réforme plus heureuse de nos jours, c'est d'écrire *cui* au datif, au lieu de *quoi*, si épais à prononcer, et qu'on nous faisait écrire quand nous étions enfans, pour le distinguer du nominatif *qui.*

Que dire enfin de ces mots qui s'écrivent autrement qu'ils ne se prononcent? Par exemple, la lettre majuscule *C* signifie *Gajus*, et cette même lettre renversée Ɔ désigne une femme; car on voit par nos cérémonies nuptiales que ce nom se donnait aux femmes comme aux hommes. *Gneus* ne répond nullement, pour la prononciation, à la lettre dont on se sert pour indiquer ce prénom. Nous lisons *columa* pour *columna*, et *coss.* avec deux *ss* pour *consules;* enfin ces trois lettres *suc*, terminées par un *c*, veulent dire *subura* par abréviation.

que vereor ne modum tam parvæ quæstionis excesserint. Judicium autem suum grammaticus interponat his omnibus : nam hoc valere plurimum debet.

Ego, nisi quod consuetudo obtinuerit, sic scribendum quidque judico, quomodo sonat. Hic enim usus est litterarum, ut custodiant voces, et velut depositum reddant legentibus : itaque id exprimere debent, quod dicturi sumus.

Hæ fere sunt emendate loquendi scribendique partes; duas reliquas, significanter ornateque dicendi, non equidem grammaticis aufero; sed, quum mihi officia rhetoris supersint, majori operi reservo.

Redit autem illa cogitatio, quosdam fore, qui hæc, quæ diximus, parva nimium, et impedimenta quoque majus aliquid agendi, putent. Nec ipse ad extremam usque anxietatem, et ineptas cavillationes descendendum; atque his ingenia concidi et comminui, credo. Sed nihil ex grammatica nocuerit, nisi quod supervacuum est. An ideo minor est M. Tullius orator, quod idem artis hujus diligentissimus fuit, et in filio, ut epistolis apparet, recte loquendi usquequaque asper quoque exactor! aut vim C. J. Cæsaris fregerunt editi *de analogia* libri? aut ideo minus Messala nitidus, quia quosdam totos libellos non verbis modo singulis, sed etiam litteris dedit? Non ob-

Il y aurait encore à faire beaucoup de remarques de ce genre, mais je craindrais d'excéder les bornes dans une question d'aussi mince intérêt. C'est au grammairien à interposer son jugement, qui est le guide essentiel en tout ceci.

Pour moi, j'estime qu'à moins que l'usage n'en ait autrement ordonné, tous les mots doivent s'écrire comme ils se prononcent. Les lettres ont été imaginées pour représenter fidèlement les paroles, et les rendre comme un dépôt au lecteur. Elles doivent donc exprimer ce que nous dirions.

Voilà à peu près tout ce qui constitue l'art de parler et d'écrire correctement. Je ne veux pas ravir aux grammairiens les deux autres parties de cet art, qui consistent dans la clarté et l'ornement; mais je me réserve d'en parler lorsque je traiterai des devoirs du rhéteur.

Il me revient en pensée que quelques personnes pourraient trouver tout ce que je viens de dire trop minutieux, et de nature même à nuire à des études plus sérieuses. Je suis loin de croire aussi qu'on doive se mettre à la torture pour descendre à de misérables subtilités, qui ne sont bonnes qu'à fatiguer l'esprit et à le rapetisser; mais je crois en même temps qu'il n'y a de nuisible dans la grammaire que ce qui est superflu. Cicéron est-il un moindre orateur, parce qu'il s'est montré fort curieux de cet art, et qu'il a été envers son fils un censeur très-pointilleux du langage, ainsi qu'on le voit dans ses Lettres? Les livres publiés par César sur l'analogie ont-ils ôté quelque chose à la trempe vigoureuse de son génie? Messala est-il un écrivain moins élégant pour avoir fait de petits traités sur les mots en particulier et

stant hæ disciplinæ per illas euntibus, sed circa illas hærentibus.

CAPUT VIII.

De lectione pueri.

SUPEREST lectio; in qua puer ut sciat, ubi suspendere spiritum debeat, quo loco versum distinguere, ubi claudatur sensus, unde incipiat, quando attollenda vel summittenda sit vox, quid quoque flexu, quid lentius, celerius, concitatius, lenius dicendum; demonstrari nisi in opere ipso non potest. Unum est igitur, quod in hac parte præcipiam: ut omnia ista facere possit, intelligat. Sit autem inprimis lectio virilis, et cum suavitate quadam gravis; et non quidem prosæ similis, quia carmen est, et se poetæ canere testantur; non tamen in canticum dissoluta, nec plasmate, ut nunc a plerisque fit, effeminata; de quo genere optime C. J. Cæsarem prætextatum adhuc accepimus dixisse, *Si cantas, male cantas; si legis, cantas.* Nec prosopopœias, ut quibusdam placet, ad comicum morem pronuntiari velim; esse tamen flexum quemdam, quo distinguantur ab iis, in quibus poeta persona sua utetur.

même sur les lettres? Toutes ces connaissances ne nuisent pas à ceux qui s'en servent comme de degrés pour monter plus haut, mais seulement à ceux qui s'y arrêtent et qui s'y bornent.

CHAPITRE VIII.

Du choix des lectures pour les enfans.

Il reste à parler de la lecture. Elle a pour objet d'apprendre quand on doit s'arrêter pour reprendre haleine; où l'on doit partager le vers; où le sens finit; où il commence; quels sont les endroits où il faut élever la voix, ceux où il faut baisser le ton; ce qui doit être prononcé avec une inflexion lente ou rapide, véhémente ou douce: choses qui ne peuvent guère se démontrer que dans la pratique. Je me bornerai donc à recommander que l'enfant comprenne bien ce qu'il lit, pour pouvoir exécuter tout cela. Qu'on l'accoutume surtout à lire d'une voix mâle, qui ait à la fois de la gravité et de la douceur. Et puisqu'il s'agit de vers, et que les poètes nous disent eux-mêmes qu'ils chantent, l'intonation devra être différente que pour la prose, sans dégénérer pourtant en une modulation factice et efféminée, défaut trop ordinaire aujourd'hui. C'était à propos de cette manière de lire, que César, jeune encore, disait avec tant de raison : *Si vous chantez, vous chantez mal; si vous lisez, pourquoi chantez-vous ?* Je n'aime pas non plus qu'à l'exemple de quelques personnes, on déclame, en comédien, ce que le poète fait dire à ses personnages; seulement, une certaine différence dans l'inflexion est nécessaire

Cetera admonitione magna egent, inprimis, ut tenerae mentes, tracturaeque altius quidquid rudibus et omnium ignaris insederit, non modo, quae diserta, sed vel magis quae honesta sunt, discant : ideoque optime institutum est, ut ab *Homero* atque *Virgilio* lectio inciperet, quamquam ad intelligendas eorum virtutes firmiore judicio opus est : sed huic rei superest tempus; neque enim semel legentur. Interim et sublimitate heroici carminis animus assurgat, et ex magnitudine rerum spiritum ducat, et optimis imbuatur.

Utiles *Tragoediae*; alunt et *Lyrici*; si tamen in his non auctores modo, sed etiam partes operis elegeris; nam et Graeci licenter multa, et *Horatium* in quibusdam nolim interpretari. *Elegia* vero, utique quae amat, et hendecasyllabi, et quibus sunt commata *Sotadeorum* (nam de Sotadeis ne praecipiendum quidem est) amoveantur, si fieri potest; si minus, certe ad firmius aetatis robur reserventur. *Comoediae*, quae plurimum conferre ad eloquentiam potest, quum per omnes et personas et affectus eat, quem usum in pueris putem paulo post suo loco dicam. Nam quum mores in tuto fuerint, inter praecipue legenda erit. De *Menandro* loquor; nec tamen excluserim alios : nam latini quoque auctores afferent uti-

pour distinguer ces passages de ceux où le poète parle lui-même.

Un avis plus important à donner, c'est de veiller à ce que des esprits encore neufs, qui reçoivent si profondément les premières impressions dans l'âge de l'inexpérience, n'étudient que les beaux modèles, et ceux surtout où la décence n'est jamais blessée. C'est donc fort sagement qu'on fait commencer la lecture par Homère et Virgile; je sais fort bien que des enfans n'ont pas le jugement assez formé pour apprécier le mérite de ces poètes; mais ils auront du temps pour cela, et ils ne les liront pas qu'une fois. En attendant, la majesté du poëme héroïque élèvera leur âme, la grandeur du sujet échauffera leur imagination, et ils ne puiseront que d'excellens principes.

La lecture des Tragiques est utile, et celle des Lyriques est substantielle aussi, pourvu cependant qu'on fasse un choix dans les auteurs, et dans certaines parties de ces auteurs. Les Grecs se sont permis bien des écarts licentieux en ce genre, et je ne me chargerais pas d'expliquer Horace dans plusieurs endroits. Quant à l'élégie, qui ne roule que sur l'amour, quant à ces poëmes hendécasyllabes, où se trouvent des fragmens obscènes (car pour les poëmes entièrement obscènes, il n'en faut point parler), on ne saurait trop soigneusement les écarter des enfans, ou au moins faut-il les réserver pour un âge plus avancé. Je dirai bientôt, et dans son lieu, l'usage qu'on doit faire avec eux de la comédie, qui, par la peinture générale des hommes et des passions, peut être d'une grande ressource pour l'éloquence. Une fois que les mœurs seront en sûreté, c'est une des principales lectures que je recommande, surtout celle de Ménandre,

litatis aliquid. Sed pueris quæ maxime ingenium alant, atque animum augeant, prælegenda, ceteris, quæ ad eruditionem modo pertinent longa ætas spatium dabit.

Multum autem veteres etiam Latini conferunt, quamquam plerique plus ingenio, quam arte valuerunt; inprimis copiam verborum, quorum in tragœdiis gravitas, in comœdiis elegantia, et quidam velut ἀττικισμὸς inveniri potest. *Œconomia* quoque in his diligentior, quam in plerisque novorum erit, qui omnium operum solam virtutem sententias putaverunt. Sanctitas certe, et ut sic dicam, virilitas ab his petenda, quando nos in omnia deliciarum vitia, dicendi quoque ratione, defluximus. Denique credamus summis oratoribus, qui veterum poemata, vel ad fidem causarum, vel ad ornamentum eloquentiæ assumunt. Nam præcipue quidem apud Ciceronem, frequenter tamen apud Asinium etiam, et ceteros, qui sunt proximi, vidimus *Ennii, Accii, Pacuvii, Lucilii, Terentii, Cæcilii*, et aliorum inseri versus, summa non eruditionis modo gratia, sed etiam jucunditatis; quum poeticis voluptatibus aures a forensi asperitate spirent, quibus accedit non mediocris utilitas, quum sententiis eorum, velut quibusdam testimoniis, quæ proposuere, confirment. Verum priora illa ad pueros magis, hæc sequentia ad robustiores pertinebunt; quum grammatices amor,

sans toutefois exclure les autres ; car les comiques latins ne seront pas non plus sans intérêt. Mais faisons d'abord lire aux enfans ce qui peut leur nourrir l'esprit et leur inspirer de nobles sentimens. Pour tout ce qui tient à l'érudition, ils auront du temps devant eux.

On tirera également un grand parti de nos anciens poètes dramatiques, surtout pour l'élocution, quoiqu'en général ils brillent plus par l'esprit que par l'art. Il y a de la force et de la dignité dans leurs tragédies : leurs comédies sont écrites avec élégance, et respirent une sorte d'atticisme. Ils se sont montrés plus soigneux dans l'économie de leurs pièces, que la plupart des modernes, qui font consister tout le mérite des leurs dans le brillant des pensées. C'est chez eux qu'il faut se retremper à la chasteté, et, pour ainsi dire, à la virilité du style, aujourd'hui que, plongés dans tous les genres de raffinement, en proie à tous les vices, cette lèpre morale a gagné jusqu'à l'éloquence. Enfin croyons-en les grands orateurs qui, pour le succès de leurs causes ou l'ornement de leurs plaidoyers, ont fait tant d'excursions dans le domaine des anciens poètes. Ne voyons-nous pas, en effet, surtout chez Cicéron, souvent aussi chez Asinius et autres orateurs qui sont plus près de nous, des citations tirées d'Ennius, d'Accius, de Pacuvius, de Lucile, de Térence, de Cæcilius, etc.? Et cette érudition poétique, quand elle est avouée par le goût, ne délasse-t-elle pas agréablement l'oreille de la sècheresse des discussions judiciaires? Les orateurs en recueillent aussi cet avantage, que les sentences des poètes deviennent des espèces de témoignages à l'appui de ce qu'ils avancent. Au surplus, c'est ce que j'ai dit plus haut qui est pour les enfans; le reste est pour un âge

et usus lectionis, non scholarum temporibus, sed vitæ spatio terminentur.

In prælegendo grammaticus et illa quidem minora præstare debebit, ut partes orationis reddi sibi soluto versu desideret, et pedum proprietates, quæ adeo debent esse notæ in carminibus, ut etiam in oratoria compositione desiderentur; deprehendatque quæ barbara, quæ impropria, quæ contra legem loquendi sunt posita; non ut ex his utique improbentur poetæ (quibus, quia plerumque metro servire coguntur, adeo ignoscitur, ut vitia ipsa aliis in carmine appellationibus nominentur; *metaplasmos* enim, et *schematismos*, et *schemata*, ut dixi, vocamus, et laudem virtutis necessitati damus), sed ut commoneat artificialium, et memoriam agitet. Id quoque inter prima rudimenta non inutile, demonstrare quot quæque verba modis intelligenda sint. Circa *glossemata* etiam, id est, voces minus usitatas, non ultima ejus professionis diligentia est. Enimvero jam majore cura doceat *tropos* omnes, quibus præcipue, non poema modo, sed etiam oratio ornatur; *schemata* utraque, id est, *figuras*, quæque λέξεως, quæque διανοίας vocantur: quorum ego, sicut troporum tractatum, in eum locum differo, quo mihi de ornatu orationis dicendum erit.

Præcipue vero illa infigat animis, quæ in œconomia virtus, quæ in decoro rerum; quid personæ cuique con-

plus avancé; car le goût des lettres et la lecture ne sont pas limités au temps des études; ils n'ont de bornes que celles de la vie.

Il est de petits soins que le grammairien ne doit pas négliger dans la première explication des poètes, comme de faire faire à l'enfant la construction des mots, en décomposant le vers, et de lui apprendre les propriétés des pieds, dont la connaissance est d'autant plus essentielle dans la versification, qu'elle se fait désirer même dans les compositions oratoires; de lui faire remarquer tout ce qui sera barbare, impropre ou contraire aux règles de la langue, non pour en faire un reproche aux poètes, car, obligés de s'asservir à la mesure, ils ont droit à l'indulgence, et elle est poussée si loin à leur égard, que leurs fautes sont déguisées sous des noms honorables, et qu'on loue comme des perfections ces sacrifices faits à la nécessité; mais pour avertir l'enfant que ce sont autant de licences de l'art, et pour avoir occasion de lui rappeler les règles. Il fera bien aussi de lui montrer, dès le commencement, de combien d'acceptions diverses les mots sont susceptibles, et il regardera comme un des premiers devoirs de sa profession de l'initier à l'intelligence des termes qui sont peu usités. Il lui enseignera scrupuleusement tous les tropes qu'on emploie pour donner de l'éclat à la poésie et à la prose, ainsi que les deux espèces de figures qui se rapportent, l'une à la diction, l'autre aux pensées. Je remets à parler de ces figures et des tropes, en général, lorsque je traiterai des ornemens du discours.

Mais ce qu'un grammairien ne saurait trop signaler à l'attention de son élève, pour le lui graver dans l'es-

venerit; quid in sensibus laudandum, quid in verbis; ubi copia probabilis, ubi modus.

His accedet enarratio historiarum, diligens quidem illa, non tamen usque ad supervacuum laborem occupata: nam receptas, aut certe claris auctoribus memoratas, exposuisse satis est. Persequi quidem quod quisque unquam vel contemptissimorum hominum dixerit, aut nimiae miseriae, aut inanis jactantiae, est, et detinet atque obruit ingenia, melius aliis vacatura. Nam qui omnes, etiam indignas lectione, schedas excutit, anilibus quoque fabulis accommodare operam potest. Atqui pleni sunt ejusmodi impedimentis grammaticorum commentarii, vix ipsis, qui composuerunt, satis noti. Nam *Didymo,* quo nemo plura scripsit, accidisse compertum est, ut, quum historiae cuidam, tamquam vanae, repugnaret, ipsius proferretur liber, qui eam continebat. Quod evenit praecipue in fabulosis usque ad deridicula, quaedam etiam pudenda; unde improbissimo cuique pleraque fingendi licentia est, adeo ut de libris totis, et auctoribus, ut succurrit, mentiatur tuto, quia inveniri, qui nunquam fuere, non possunt : nam in notioribus frequentissime deprehenduntur a curiosis : ex quo mihi inter virtutes grammatici habebitur, *aliqua nescire.*

prit, c'est l'art de distribuer toutes les parties d'un drame, de donner à chaque chose la couleur qui lui est propre, d'observer les mœurs et les caractères; c'est la beauté des sentimens et des expressions; quand il convient d'être abondant en paroles, quand il convient d'en être sobre.

A tout cela se joindra l'explication de l'histoire, qu'il faut sans doute faire soigneusement, mais en élaguant tout ce qui est inutile. En fait d'histoire, il suffit de connaître ce qui est reçu ou rapporté par des auteurs célèbres. S'attacher, en ce genre, à ce qu'ont pu dire de misérables écrivains, serait ineptie ou vaine gloriole. Cela n'est bon qu'à embarrasser et surcharger l'esprit, qu'on exercerait plus utilement à toute autre chose. Quiconque peut perdre son temps à lire d'indignes rapsodies, pourrait s'arranger aussi des contes de vieilles femmes. Cependant les commentaires des grammairiens sont pleins de ces sottises dont eux-mêmes ne pourraient rendre raison. On sait ce qui arriva à Didyme, le plus malheureusement fécond de tous; on racontait devant lui une histoire, qu'il traitait de conte frivole; on lui montra un livre de lui qui la contenait tout au long. Mais c'est surtout dans les récits fabuleux que cet abus est poussé jusqu'à l'extravagance, quelquefois même jusqu'au cynisme; comme alors on se croit permis de tout feindre, des écrivains sans conscience vont jusqu'à supposer des livres, des auteurs, et ils mentent en toute sûreté, parce qu'on ne peut pas les convaincre d'imposture sur ce qui n'exista jamais, tandis que sur des choses connues, on s'expose à être relevé par les érudits. Je mets donc au rang des qualités d'un grammairien d'ignorer certaines choses.

CAPUT IX.

De primis grammatici officiis.

Et finitæ quidem sunt partes duæ, quas hæc professio pollicetur, id est, *ratio loquendi*, et *enarratio auctorum* : quarum illam *methodicen*, hanc *historicen* vocant. Adjiciamus tamen eorum curæ quædam dicendi primordia, quibus ætates nondum rhetorem capientes instituant. Igitur *Æsopi fabellas*, quæ fabulis nutricularum proxime succedunt, narrare sermone puro, et nihil se supra modum extollente, deinde eamdem gracilitatem stylo exigere condiscant : versus primo solvere, mox mutatis verbis interpretari; tum paraphrasi audacius vertere, qua et breviare quædam, et exornare, salvo modo poetæ sensu, permittitur. Quod opus, etiam consummatis professoribus difficile, qui commode tractaverit, cuicumque discendo sufficiet.

Sententiæ quoque, et *chriæ*, et *ethologiæ* subjectis dictorum rationibus apud grammaticos scribantur, quia initium ex lectione ducunt; quorum omnium similis est ratio, forma diversa; quia *sententia* universalis est vox, *ethologia* personis continetur. *Chriarum* plura genera traduntur; unum simile sententiæ, quod est positum in

CHAPITRE IX.

Des premiers devoirs du grammairien.

Nous venons de terminer les deux parties de la grammaire, c'est-à-dire l'*art de parler* et *l'explication des auteurs*; la première se nomme aussi *méthodique*, et la seconde *historique*. Ajoutons-y cependant quelques élémens de composition auxquels on peut former les enfans, à l'âge où ils ne sont point encore en état de suivre les leçons du rhéteur. On leur apprendra d'abord à réciter dans un langage pur, naturel et simple, les fables d'Ésope, qui suivent de près les contes des nourrices; puis à les écrire dans un style correct, en leur conservant le même caractère de simplicité; on leur fera décomposer les vers, et on les leur fera expliquer en changeant les mots. Bientôt on leur permettra de paraphraser avec plus de hardiesse, et tantôt d'abréger, tantôt d'amplifier, en conservant toutefois le sens du poète. L'enfant qui se livrera avec succès à ce travail, qui a ses difficultés même pour des professeurs exercés, apprendra dans la suite tout ce qu'il voudra.

C'est encore près des grammairiens que l'enfant s'exercera à ces petits développemens où l'on rend compte de certaines paroles remarquables, développemens dont la lecture fournira l'occasion, et qu'on appelle, en termes de l'art, *sentences*, *chries*, *éthologie*. Tout cela est la même chose au fond, et ne diffère que par la forme. La *sentence* est une vérité universelle; l'*éthologie* s'applique

voce simplici, *Dixit ille,* aut *Dicere solebat* : alterum, quod est in respondendo, *Interrogatus ille*, vel, *Quum hoc ei dictum esset, respondit* : tertium huic non dissimile, *Quum quis* non *dixisset,* sed *aliquid fecisset.* Etiam in ipsorum factis esse chriam putant, ut *Crates, quum indoctum puerum vidisset, pædagogum ejus percussit;* et aliud pæne par ei, quod tamen eodem nomine appellare non audent, sed dicunt χριῶδες : ut, *Milo quem vitulum assueverat ferre, taurum ferebat.* In his omnibus et declinatio per eosdem ducitur casus, et tam factorum, quam dictorum ratio est.

Narratiunculas a poetis celebratas, notitiæ causa, non eloquentiæ, tractandas puto. Cetera majoris operis ac spititus latini præceptores relinquendo necessaria grammaticis fecerunt; Græci magis operum suorum et onera et modum norunt.

CAPUT X.

An oratori futuro necessaria sit plurium artium scientia.

Hæc de *Grammatica,* quam brevissime potui, non ut omnia dicerem sectatus, quod infinitum erat, sed ut

aux personnes. Quant aux *chries*, il y en a de plusieurs sortes : l'une est une espèce de sentence, et consiste dans ce simple énoncé : *il disait*, ou *il avait coutume de dire*, etc.; l'autre a pour objet une réponse : *interrogé pourquoi*, ou *comme on lui demandait pourquoi*, etc., *il répondit;* la troisième, qui rentre dans les deux autres, car on croit généralement que la *chrie* embrasse aussi les actions, a trait non pas à ce qu'a dit quelqu'un, mais à ce qu'il a fait; tel est cet exemple : *Cratès, ayant vu un enfant ignorant, se mit à battre le précepteur;* et cet autre à peu près semblable qu'on n'ose pourtant pas appeler du même nom, et qu'on exprime par le diminutif *chriode : Milon, s'étant habitué à porter tous les jours le même veau, finit à la longue par porter un taureau.* Dans tous ces exemples, on procède par des déclinaisons aux mêmes cas, et on rend également compte des actions et des paroles.

Quant aux petites narrations, si fréquentes chez les poètes, il est bon de les connaître, mais il n'en faut pas faire usage pour l'éloquence. Il y a encore d'autres exercices plus importans et de plus longue haleine, dont les grammairiens se trouvent chargés, parce que les rhéteurs latins les leur ont abandonnés. Les Grecs connaissent mieux la gravité et la mesure de leurs devoirs.

CHAPITRE X.

La connaissance de plusieurs arts est-elle nécessaire à l'orateur?

Voilà ce que j'avais à dire sur la grammaire. Je l'ai fait le plus brièvement possible; ne m'attachant pas à

maxime necessaria : nunc de ceteris artibus, quibus instituendos, prius quam tradantur rhetori, pueros existimo, strictim subjungam, ut efficiatur orbis ille doctrinæ, quam Græci ἐγκύκλιον παιδείαν vocant. Nam iisdem fere annis aliarum quoque disciplinarum studia ingredienda sunt; quæ, quia et ipsæ artes sunt, et esse perfectæ sine orandi scientia non possunt, nec rursus ad efficiendum oratorem satis valent solæ; an sint huic operi necessariæ, quæritur. Nam quid, inquiunt, ad agendam causam, dicendamve sententiam pertinet scire quemadmodum in data linea constitui triangula æquis lateribus possint? Aut quo melius vel defendet reum, vel reget consilia, qui citharæ sonos nominibus et spatiis distinxerit? Enumerent etiam fortasse multos, quamlibet utiles foro, qui nec geometren audiverint, nec musicos, nisi hac communi voluptate aurium, intelligant.

Quibus ego primum hoc respondeo, quod et M. Cicero scripto ad Brutum libro frequentius testatur, non eum a nobis institui oratorem, qui sit, aut fuerit; sed imaginem quamdam concepisse nos animo perfecti illius, ex nulla parte cessantis. Nam et sapientem formantes eum, qui sit futurus consummatus undique, et, ut dicunt, mortalis quidam deus, non modo cognitione cœlestium vel mortalium putant instruendum; sed per quædam parva sane, si ipsa demum æstimes, ducunt, sicut

tout dire, ce qui aurait été infini, mais à ne rien omettre d'essentiel. Ajoutons maintenant un mot sur les autres connaissances que je crois indispensable de donner aux enfans avant qu'ils ne passent entre les mains du rhétheur, pour embrasser ce cercle de doctrines que les Grecs appellent encyclopédie, ἐγκύκλιον παιδείαν. C'est, en effet, à peu près dans le même temps qu'il faudra commencer l'étude de ces sciences, sans lesquelles l'art oratoire serait incomplet, et qui, à leur tour, ne suffisent pas pour faire un orateur. On demande si elles lui sont essentielles. A quoi sert, dit-on, pour plaider une cause, ou pour exprimer son avis, de savoir comment dans une ligne donnée on peut tirer des triangles équilatéraux? défendra-t-on mieux un accusé, éclairera-t-on mieux une délibération, parce qu'on saura distinguer les sons d'un instrument par leurs noms ou leurs intervalles? Ensuite on cite bon nombre d'avocats, utiles au barreau, qui n'ont jamais entendu parler de géométrie, et qui ne connaissent la musique que par le plaisir qu'elle fait généralement à tout le monde.

A cela je répondrai d'abord, ce que Cicéron déclare si souvent dans le traité qu'il a dédié à Brutus, qu'on ne doit pas former un orateur sur le modèle de ceux qui existent ou qui ont existé, mais s'en faire l'idée d'un être accompli de tous points, et qui ne laisse rien à désirer. Quand les philosophes veulent faire un sage qui soit un jour le type de la perfection, qui soit, comme ils le disent, une espèce de divinité revêtue d'un corps mortel, non contens de l'initier aux sciences les plus sublimes, ils lui enseignent, chemin faisant, de petites choses assez insignifiantes par elles-mêmes, comme sont entre

exquisitas interim ambiguitates; non quia *Ceratinæ* aut *Crocodilinæ* possint facere sapientem, sed quia illum ne in minimis quidem oporteat falli. Similiter oratorem, qui debet esse sapiens, non geometres faciet, aut musicus, quæque his alia subjungam; sed hæ quoque artes, ut sit consummatus, juvabunt. Nisi forte antidotum quidem, atque alia, quæ morbis aut vulneribus medentur, ex multis, atque interim contrariis quoque inter se effectibus, componi videmus, quorum ex diversis fit illa mixtura una, quæ nulli earum similis est, quibus constat, sed proprias vires ex omnibus sumit; et muta animalia mellis illum inimitabilem humanæ rationi saporem, vario florum ac succorum genere perficiunt. Nos mirabimur, si oratio, qua nihil præstantius homini dedit providentia, pluribus artibus eget; quæ, etiam quum se non ostendunt in dicendo, nec proferunt, vim tamen occultam suggerunt, et tacitæ quoque sentiuntur. « Fuit aliquis sine his disertus : » at ego oratorem volo. « Non multum adjiciunt; » sed utique non erit totum, cui vel parva deerunt; et optimum quidem hoc esse conveniet, cujus etiamsi in arduo spes est, nos tamen præcipiamus omnia, ut saltem plura fiant. Sed cur deficiat animus? Natura enim perfectum oratorem esse non prohibet, turpiterque desperatur, quidquid fieri potest.

autres ces argumens ambigus imaginés à plaisir pour exercer la sagacité. Ce n'est pas que ces raisonnemens captieux, ces arguties d'école telles que les *Cératines* et les *Crocodilines* puissent jamais faire un sage; mais c'est qu'un sage ne doit être pris au dépourvu sur rien, même dans des bagatelles. Ainsi un orateur, à qui la sagesse n'est pas moins nécessaire, ne deviendra pas tel, sans doute, parce qu'il sera géomètre ou musicien, ou parce qu'il possèdera toute autre science; mais ce seront autant de pas pour arriver à la perfection. C'est ainsi que l'antidote et les autres remèdes préparés contre les maladies et les blessures se composent de substances diverses et quelquefois contraires, dont la variété forme une mixtion qui n'a plus de rapport avec aucun de ses élémens constitutifs, et qui tire toute sa vertu de leur ensemble; c'est ainsi que les abeilles composent du suc des différentes fleurs un miel dont la saveur ne peut être imitée par aucun procédé humain. Et nous nous étonnerions que le talent de la parole, ce don par excellence que la Providence a fait à l'homme, exige la réunion de plusieurs arts, qui, sans se manifester ouvertement dans le discours, lui communiquent cependant une force secrète dont l'influence se fasse sentir! Quelques-uns, dira-t-on, sont devenus diserts sans tous ces secours? D'accord. Mais c'est un orateur que je demande. Ces connaissances réunies n'ajoutent pas beaucoup à l'art? Cela peut être; mais un tout n'est complet qu'autant qu'il n'y manque pas les plus petites parties, et il n'y a de perfection qu'à ce prix. Que si c'est porter trop haut nos prétentions, nous n'en devons pas moins prescrire tout, pour obtenir le plus possible. Mais pourquoi nous découragerions-nous? La nature ne s'oppose

CAPUT XI.

De musica.

Atque ego vel judicio veterum poteram esse contentus. Nam quis ignorat musicen, ut de hac primum loquar, tantum jam illis antiquis temporibus non studii modo, verum etiam venerationis habuisse, ut iidem musici et vates et sapientes judicarentur (mittam alios) *Orpheus* et *Linus*, quorum utrumque diis genitum, alterum vero, quod rudes quoque atque agrestes animos admiratione mulceret, non feras modo, sed saxa etiam silvasque duxisse, posteritatis memoriæ traditum est. Et Timagenes auctor est, omnium in litteris studiorum antiquissimam musicen exstitisse : et testimonio sunt clarissimi poetæ, apud quos inter regalia convivia laudes heroum ac deorum ad citharam canebantur. Iopas vero ille Virgilii nonne canit

.....Errantem Lunam, Solisque labores? etc.

Quibus certe palam confirmat auctor eminentissimus, musicen cum divinarum etiam rerum cognitione esse

point à ce qu'il y ait un orateur parfait, et l'on doit rougir de désespérer de ce qui est humainement possible.

CHAPITRE XI.

De la musique.

Je pourrais m'en tenir ici au jugement des anciens. Qui ignore, en effet, que la musique, pour parler d'abord de cet art, était, dans les temps antiques, tellement cultivée et en si haute vénération, que l'on confondait sous le même nom les musiciens, les poètes et les sages ? Témoins, sans m'occuper des autres, Orphée et Linus, qu'on prétendait tous deux issus des dieux; on raconte même du premier, sans doute à cause de l'empire qu'il exerça sur des esprits encore grossiers et sauvages, que non-seulement il apprivoisait les bêtes féroces, mais qu'il entraînait à sa suite les rochers et les forêts. Timagène avance que de tous les arts de l'imagination, la musique est le plus ancien, et son témoignage se trouve confirmé par les poètes les plus célèbres, qui ne manquent jamais de faire chanter sur la lyre, à la table des rois, les louanges des dieux et des héros. Iopas, dans Virgile, ne chante-t-il pas

> De la reine des nuits la course vagabonde
> Et les feux éclipsés du grand astre du monde ?
> (Del.)

Par où cet excellent écrivain nous fait voir que la musique était jadis inséparable de la connaissance des

conjunctam. Quod si datur, erit etiam oratori necessaria, siquidem, ut diximus, hæc quoque pars, quæ, ab oratoribus relicta, a philosophis est occupata, nostri operis fuit, ac sine omnium talium scientia non potest esse perfecta eloquentia.

Atque claros nomine sapientiæ viros, nemo dubitaverit studiosos musices fuisse; quum Pythagoras, atque eum secuti, acceptam sine dubio antiquitus opinionem, vulgaverint, mundum ipsum ejus ratione esse compositum; quam postea sit lyra imitata. Nec illa modo contenti dissimilium concordia, quam vocant ἁρμονίαν, sonum quoque his motibus dederunt. Nam Plato, quum in aliis quibusdam, tum præcipue in Timæo, ne intelligi quidem, nisi ab iis qui hanc quoque partem disciplinæ diligenter perceperint, potest.

Quid de philosophis loquor, quorum fons ipse Socrates jam senex institui lyra non erubescebat? Duces maximos et fidibus et tibiis cecinisse traditum, et exercitus Lacedæmoniorum musicis accensos modis. Quid autem aliud in nostris legionibus cornua ac tubæ faciunt? quorum concentus quanto est vehementior, tantum Romana in bellis gloria ceteris præstat. Non igitur frustra Plato civili viro, quem πολιτικὸν vocant, necessariam musicen credidit. Et ejus sectæ, quæ aliis severissima, aliis asperrima videtur, principes in hac fuere

mouvemens célestes, ce qu'on ne peut admettre sans reconnaître en même temps qu'elle est nécessaire à l'orateur, d'autant plus qu'ainsi que je l'ai dit, cette partie, abandonnée comme tant d'autres par les orateurs, et dont les philosophes se sont emparés, fut toujours de notre domaine réel, puisque sans tout cela il manquerait quelque chose à l'éloquence.

Comment douter que les hommes les plus renommés par leur sagesse n'aient été passionnés pour la musique, quand on voit Pythagore et ses disciples répandre l'opinion, accréditée certainement bien long-temps avant eux, que la lyre avait été composée à l'imitation du système du monde ; lorsque, non contens de ce rapport entre des choses d'une nature si différente, ce qu'ils appellent *harmonie*, ils prétendent encore que les sphères célestes se meuvent en rendant des sons? Platon, lui-même, dans quelques-uns de ses écrits, mais notamment dans le Timée, n'est intelligible que pour ceux qui ont fait une étude approfondie de la musique.

Mais que parlé-je des philosophes? Leur maître à tous, Socrate, a-t-il rougi, dans sa vieillesse, de prendre des leçons de lyre? Nous voyons dans l'histoire que les plus grands capitaines jouaient de la flûte et d'autres instrumens, et que les armées des Lacédémoniens s'enflammaient aux accens de la musique. Les clairons et les trompettes ne produisent-ils pas le même effet sur nos légions. La véhémence de leurs accords semble être en proportion avec la supériorité des armes romaines. C'est donc avec raison que Platon a cru que la musique était nécessaire à l'homme qui s'occupe de la science du gouvernement qu'il appelle πολιτικόν. Les chefs mêmes de cette

sententia, ut existimarent, sapientum aliquos nonnullam operam his studiis accommodaturos. Et Lycurgus, durissimarum Lacedæmoniis legum auctor, musices disciplinam probavit. Atque eam natura ipsa videtur ad tolerandos facilius labores velut muneri nobis dedisse; siquidem et remigem cantus hortatur; nec solum in iis operibus, in quibus plurium conatus, præeunte aliqua jucunda voce, conspirat; sed etiam singulorum fatigatio quamlibet se rudi modulatione solatur.

Laudem adhuc dicere artis pulcherrimæ videor, nondum tamen eam oratori conjungere. Transeamus igitur id quoque, quod grammatice quondam ac musice junctæ fuerunt : siquidem Archytas atque Aristoxenus etiam subjectam grammaticen musicæ putaverunt; et, eosdem utriusque rei præceptores fuisse, quum Sophron ostendit, mimorum quidem scriptor, sed quem Plato adeo probavit, ut suppositos capiti libros ejus, quum moreretur, habuisse tradatur; tum Eupolis, apud quem Prodamus et musicen et litteras docet; et Maricas, qui est Hyperbolus, *nihil se ex musicis scire, nisi litteras,* confitetur. Aristophanes quoque non uno libro sic institui pueros antiquitus solitos esse demonstrat : et apud Menandrum, in *Hypobolimæo,* senex, reposcenti filium patri velut rationem impendiorum, quæ in educationem contulerit, opponens, psaltis se et geometris multa dicit

secte, qui paraît si sévère aux uns, si dure aux autres, ont été d'avis que quelques sages pouvaient se livrer à cette étude, et Lycurgue, ce législateur si austère de Lacédémone, a approuvé l'enseignement de la musique. Que dis-je? La nature elle-même semble nous en avoir fait présent pour nous aider à supporter plus facilement nos peines. C'est le chant qui encourage les rameurs; et non-seulement dans les travaux qui exigent le concours de plusieurs efforts, le charme d'une seule voix les anime tous; mais chacun isolément trouve l'oubli de ses fatigues dans des airs grossièrement modulés.

Jusqu'à présent je parais n'avoir fait que l'éloge d'un très-bel art, mais sans avoir encore démontré ses rapports avec l'éloquence. Passons rapidement aussi sur l'alliance autrefois reconnue entre la musique et la grammaire; elle était telle, qu'Architas et Aristoxène pensaient que l'étude de la grammaire était comprise dans celle de la musique. C'étaient aussi les mêmes maîtres qui enseignaient l'une et l'autre science, suivant le témoignage de Sophron, ce poète mimique dont Platon faisait ses délices, et dont on trouva, dit-on, les livres sous le chevet du lit de ce philosophe lorsqu'il mourut. Eupolis confirme ce témoignage en mettant en scène Prodamus, qui enseigne à la fois la musique et les lettres, et Maricas, c'est-à-dire Hyperbolus, avoue que de toutes les parties de la musique, il ne connaît que la grammaire proprement dite. Aristophane démontre dans plus d'un ouvrage qu'autrefois ces deux arts entraient dans l'éducation des enfans, et dans l'*Hypobolimée* de Ménandre, un vieillard, opposant à un père qui redemande son fils, le remboursement de ses dépenses, dit qu'il lui en a coûté beaucoup en maîtres de musique et en géomètres. C'est à cette idée

dedisse. Unde etiam ille mos, ut in conviviis post cœnam circumferretur lyra; cujus quum se imperitum Themistocles confessus esset, ut verbis Ciceronis utar, *habitus est indoctior.* Sed veterum quoque Romanorum epulis fides ac tibias adhibere moris fuit : versus quoque Saliorum habent carmen : quæ quum omnia sint a Numa rege instituta, faciunt manifestum, ne illis quidem, qui rudes ac bellicosi videntur, curam musices, quantam illa recipiebat ætas, defuisse. Denique in proverbium usque Græcorum celebratum est, *Indoctos a Musis atque a Gratiis abesse.*

Verum quid ex ea proprie petat futurus orator, disseramus. Numeros *musice* duplices habet, in *vocibus,* et in *corpore :* utriusque enim rei aptus quidam modus desideratur. *Vocis rationem* Aristoxenus musicus dividit in ῥυθμὸν et μέλος ἔμμετρον : quorum alterum *modulatione, canore* alterum ac *sonis* constat. Num igitur non hæc omnia oratori necessaria? quorum unum ad gestum, alterum ad collocationem verborum, tertium ad flexus vocis, qui sunt in agendo quoque plurimi, pertinet. Nisi forte in carminibus tantum et in canticis exigitur structura quædam et inoffensa copulatio vocum, in agendo supervacua est; aut non compositio et sonus in oratione quoque varie, pro rerum modo, adhibetur, sicut in musice. Namque et voce et modulatione gran-

qu'on se faisait de la musique qu'il faut sans doute attribuer l'usage de se passer la lyre à la fin des repas. Thémistocle, ayant confessé qu'il n'en savait pas jouer, passa pour ignorant, suivant les propres expressions de Cicéron. A la table des anciens Romains, on admettait aussi les flûtes et les instrumens à cordes. Aujourd'hui encore les vers des Saliens se chantent; et, comme ces divers usages remontent aux institutions de Numa, il en faut conclure que nos ancêtres, encore grossiers, et exclusivement portés à la guerre, donnaient à l'étude de la musique autant de soins que le comportait l'ignorance de ces premiers siècles. Enfin il est passé en proverbe chez les Grecs que les ignorans n'ont commerce ni avec les Muses ni avec les Grâces.

Examinons maintenant l'utilité spéciale que l'orateur peut retirer de la musique. La musique a deux sortes de nombres, qui s'appliquent l'un à la voix, l'autre aux mouvemens du corps : tous deux sont assujétis à des règles. Le musicien Aristoxène divise les parties de la voix en *rhythme* et en *mélodie* cadencée. Le premier consiste dans la mesure, l'autre dans le chant et les sons. Tout cela n'est-il pas évidemment nécessaire à l'orateur? La mesure se rapporte au geste, le chant ou la mélodie à l'arrangement des mots, les sons ou la cadence aux inflexions de la voix, qui varient à l'infini dans le discours. Croit-on que ce soit seulement dans les vers et les chansons qu'on exige un certain arrangement, une combinaison harmonieuse de mots, et que tout cela soit superflu pour l'orateur? comme si, à l'exemple du musicien, il ne variait point les couleurs et le ton de sa composition, suivant les sujets qu'il traite. Oui, de même que la musique, à l'aide des modulations du chant, ex-

dia elate, jucunda dulciter, moderata leniter canit; totaque arte consentit cum eorum, quæ dicuntur, affectibus. Atqui in orando quoque intentio vocis, remissio, flexus, pertinet ad movendos audientium affectus: aliaque et collocationis, et vocis, ut eodem utar verbo, modulatione concitationem judicum, alia misericordiam petimus; quum etiam organis, quibus sermo exprimi non potest, affici animos in diversum habitum sentiamus.

Corporis quoque decens et aptus motus, qui dicitur εὐρυθμία, est necessarius, nec aliunde peti potest; in quo pars actionis non minima consistit: qua de re sepositus nobis est locus.

Age, si habebit inprimis curam vocis orator, quid tam musices proprium? Sed ne hæc quidem præsumenda pars est: ut uno interim contenti simus exemplo C. Gracchi, præcipui suorum temporum oratoris, cui concionanti consistens post eum musicus, fistula, quam τονάριον vocant, modos, quibus deberet intendi, ministrabat. Hæc ei cura inter turbidissimas actiones, vel terrenti optimates, vel jam timenti fuit.

Libet propter quosdam imperitiores, etiam *crassiore*, ut vocant, *musa*, dubitationem hujus utilitatis eximere.

prime tour-à-tour avec élévation, avec douceur, avec mollesse, les sentimens généreux, agréables ou tendres; et s'efforce de rendre, avec toutes les puissances de son art, les sensations qu'elle doit peindre; ainsi l'éloquence tire parti des diverses intonations de la voix, de ses cadences, de ses inflexions, pour émouvoir les passions d'un auditoire : n'est-ce pas, en effet, avec un tout autre accent, avec une toute autre modulation de la voix, pour me servir ici du même terme, qu'on enflamme l'indignation de ses juges, ou qu'on éveille leur pitié? Comment nier ces influences, quand de simples instrumens, qui ne sont qu'une image imparfaite de la parole, produisent sur nous tant d'impressions différentes?

L'orateur doit régler ses mouvemens et ses gestes pour former un ensemble harmonieux, ce que les Grecs expriment par le mot εὐρυθμία; et c'est encore à la musique qu'il faut emprunter cette partie si intéressante de l'action, dont je traiterai séparément ailleurs.

Si, enfin, il est vrai que l'orateur doive avoir un soin particulier de sa voix, quelle chose est plus du ressort de la musique? Mais, sans anticiper sur ce sujet, contentons-nous d'un seul exemple, de celui de C. Gracchus, le plus grand orateur de son temps. Toutes les fois qu'il parlait en public, un musicien se tenait derrière lui, et, sur une flûte appelée τονάριον, lui donnait le ton convenable. Il eut toujours cette attention, au milieu même des actes les plus turbulens de son tribunat, lorsqu'il se rendit si redoutable aux patriciens, ou qu'il eut tout à craindre d'eux.

Je veux bien ici, pour quelques ignorans tout-à-fait étrangers au commerce des Muses, lever jusqu'au moin-

Nam poetas certe legendos oratori futuro concesserint: num igitur hi sine musice? at si quis tam cæcus animi est, ut de aliis dubitet; illos certe, qui carmina ad lyram composuerunt. Hæc diutius forent dicenda, si hoc studium velut novum præciperem. Quum vero antiquitus usque a Chirone atque Achille ad nostra tempora apud omnes, qui modo legitimam disciplinam non sint perosi, duraverit, non est committendum, ut illa dubia faciam, defensionis sollicitudine.

Quamvis autem satis jam ex ipsis, quibus sum modo usus, exemplis, credam esse manifestum, quæ mihi, et quatenus musice placeat; apertius tamen profitendum puto, non hanc a me præcipi, quæ nunc in scenis effeminata, et impudicis modis fracta, non ex parte minima, si quid in nobis virilis roboris manebat, excidit; sed qua laudes fortium canebantur, quaque et ipsi fortes canebant, nec *psalteria* et *spadicas*, etiam virginibus probis recusanda; sed cognitionem rationis, quæ ad movendos leniendosque affectus plurimum valet. Nam et Pythagoram accepimus, concitatos ad vim pudicæ domui afferendam juvenes, jussa mutare in spondeum modos tibicina, composuisse: et Chrysippus etiam nutricum, quæ adhibetur infantibus, allectationi, suum quoddam carmen assignat. Est etiam non inerudite ad

dre doute sur les avantages de la musique. On m'accordera que l'orateur ne peut se dispenser de lire les poètes. Eh bien! le pourra-t-il sans la musique? Que si l'on est assez aveugle pour contester cette vérité à l'égard des poètes en général, au moins sera-t-on forcé de la reconnaître à l'égard des poètes lyriques. Mais à quoi bon s'arrêter plus long-temps sur ce point? Est-ce donc une étude nouvelle que je veux prescrire? Elle est consacrée de toute antiquité depuis Chiron et Achille jusqu'à nos jours, chez tous les maîtres de l'art, dépositaires des saines doctrines; et ce serait commettre une si belle cause que de la rendre douteuse par trop de sollicitude à la défendre.

Quoique j'aie assez fait connaître, par les exemples que j'ai cités, quelle est la musique que j'approuve, et dans quelles bornes je la renferme, je crois devoir déclarer ici ouvertement que je recommande, non cette musique luxurieuse qui ne fait entendre aujourd'hui sur nos théâtres que des sons impudiques ou efféminés, et qui a tant contribué à détruire ce qui pouvait nous rester d'énergie et de virilité; mais cette musique mâle qui célébrait les louanges des héros, et que les héros eux-mêmes s'honoraient de chanter; non ces instrumens voluptueux qu'on ne devrait pas même permettre aux filles honnêtes, mais l'étude et la connaissance des moyens qu'emploie la musique pour exciter les passions généreuses et apaiser les mouvemens déréglés. Voici ce qu'on raconte de Pythagore : Des jeunes gens dont les sens avaient été troublés par les sons enivrans d'une flûte, se disposaient à porter la violence et le déshonneur dans une maison respectable : ce philosophe parvint à les calmer en faisant changer le mode de l'instrument en une

declamandum ficta materia, in qua ponitur tibicen, qui sacrificanti Phrygium cecinerat, acto illo in insaniam et per præcipitia delato, accusari, quod causa mortis exstiterit; quæ si dici debet ab oratore, nec dici citra scientiam musices potest, quomodo non, hanc quoque artem necessariam esse operi nostro, vel iniqui consentiant?

CAPUT XII.

De geometria.

IN *geometria* partem fatentur esse utilem teneris ætatibus; agitari namque animos, atque acui ingenia, et celeritatem percipiendi venire inde, concedunt : sed prodesse eam, non ut ceteras artes, quum perceptæ sint, sed quum discatur, existimant : ea vulgaris opinio est. Nec sine causa summi viri etiam impensam huic scientiæ operam dederunt : nam quum sit *geometria* divisa in numeros atque formas, numerorum quidem notitia non oratori modo, sed cuicumque primis saltem litteris erudito, necessaria est : in causis vero vel frequentissime versari solet; in quibus actor, non dico, si circa summas trepidat, sed si digitorum saltem incerto

mesure grave et modérée. Chrysippe assigne un chant particulier aux nourrices pour bercer les enfans. Il y a dans les écoles un thème de déclamation assez ingénieux : on suppose qu'un joueur de flûte a fait entendre le chant phrygien pendant un sacrifice; le prêtre entre en fureur à ces accens, et se tue; le musicien est accusé comme auteur de sa mort. Qu'un orateur ait à plaider une pareille cause, je le demande : le pourra-t-il, s'il ne sait la musique? Mes adversaires seront donc forcés de convenir que cet art entre nécessairement dans l'objet que je me suis proposé.

CHAPITRE XII.

De la géométrie.

On convient que sous quelques rapports la géométrie est utile à l'enfance; on accorde qu'elle exerce l'esprit, qu'elle l'aiguise et le rend plus prompt à concevoir; mais on veut qu'à la différence des autres sciences, qui sont utiles quand on les a acquises, la géométrie ne serve à quelque chose que pendant qu'on l'apprend. Voilà l'opinion du vulgaire; mais ce n'est pas ainsi qu'en ont jugé tant de grands hommes qui ont donné des soins particuliers à cette étude. En effet, la géométrie traite des nombres et des dimensions; or, la connaissance des nombres n'est pas seulement nécessaire à l'orateur, mais à quiconque a les premiers élémens des lettres; on en fait fréquemment usage au barreau, et un avocat qui hésite sur un produit, ou qui seulement montre de l'in-

aut indecoro gestu a computatione dissentit, judicatur indoctus. Illa vero linearis ratio, et ipsa quidem cadit frequenter in causas; nam de terminis mensurisque sunt lites, sed habet majorem quamdam aliam cum arte oratoria cognationem.

Jam primum ordo est *geometriæ* necessarius, nonne et *eloquentiæ?* ex prioribus geometria probat insequentia, et certis incerta; nonne id in dicendo facimus? quid? illa propositarum quæstionum conclusio, non tota fere constat syllogismis? propter quod plures invenias, qui dialecticæ similem, quam qui rhetoricæ, fateantur hanc artem: verum et orator, etiamsi raro, non tamen nunquam, probabit dialectice. Nam et syllogismis, si res poscet, utetur, et certe *enthymemate,* qui rhetoricus est syllogismus: denique probationum, quæ sunt potentissimæ, γραμμικαὶ ἀποδείξεις vulgo dicuntur: quid autem magis oratio, quam probationem petit?

Falsa quoque verisimilia *geometria* ratione deprehendit: fit hoc et in numeris per quasdam, quas ψευδογραφίας vocant, quibus pueri ludere solebamus. Sed alia majora sunt; nam quis non ita proponenti credat; quorum locorum extremæ lineæ eamdem mensuram colligunt, eorum spatium quoque, quod his lineis continetur, par sit necesse est? At id falsum est: nam plurimum refert, cujus sit formæ ille circuitus; reprehensique a

certitude ou de la gaucherie dans la manière de compter avec ses doigts, donne aussitôt mauvaise opinion de son talent. Quant à la géométrie linéaire, souvent aussi elle trouve son application dans les causes, car on a tous les jours des procès sur les limites et sur les mesures : elle a de plus une certaine affinité avec l'art oratoire.

Et d'abord l'ordre est de l'essence de la géométrie, n'en est-il pas de même de l'éloquence? La géométrie prouve les conséquences par les prémisses, et l'incertain par le certain, n'est-ce pas ce que nous faisons dans le discours? Eh quoi! tout problème, en géométrie, ne se résout-il pas presque entièrement par des syllogismes, ce qui fait qu'en général on lui trouve plus d'analogie avec la dialectique qu'avec la rhétorique? Or, l'orateur peut être dans le cas, assez rare il est vrai, d'établir dialectiquement ses preuves, et alors il fera usage des syllogismes; mais, à coup sûr, il emploiera toujours l'enthymème, qui n'est autre que le syllogisme de la rhétorique. Enfin, les plus puissantes des preuves sont celles qu'on appelle *démonstrations géométriques*, γραμμικαὶ ἀποδείξεις, et quelle est la fin principale de tout discours, si ce n'est de prouver?

La géométrie démontre aussi, par la méthode, la fausseté de quelques propositions vraies en apparence. Cela a lieu dans les nombres, au moyen de certains calculs, défectueux au fond, et appelés ψευδογραφίας, mais qui trompent par un air de vérité; de mon temps, on exerçait l'esprit des enfans à ces petits jeux. Mais il est des choses plus sérieuses. Par exemple, qui ne croirait à l'exactitude de cette proposition : soient donnés deux lieux dont les lignes extrêmes renferment la même me-

geometris sunt historici, qui magnitudines insularum satis significari navigationis ambitu crediderunt : nam ut quæque forma perfectissima, ita capacissima est. Ideoque illa circumcurrens linea, si efficiet orbem, quæ forma est in planis maxime perfecta, amplius spatium complectetur, quam si quadratum paribus oris efficiat : rursus quadrata triangulis, triangula ipsa plus æquis lateribus, quam inæqualibus. Sed alia forsitan obscuriora; nos facillimum etiam imperitis sequamur experimentum. Jugeri mensuram, ducentos et quadraginta longitudinis pedes esse, dimidioque in latitudinem patere, non fere quisquam est, qui ignoret; et qui sit circuitus, et quantum campi claudat, colligere expeditum. At centeni et octogeni in quamque partem pedes, idem spatium extremitatis, sed multo amplius clausæ quatuor lineis areæ faciunt : id si computare quem piget, brevioribus numeris idem discat; nam deni in quadrum pedes, quadraginta per oram, intra centum erunt : at si quini deni per latera, quini in fronte sint, ex illo, quod amplectuntur, quartam deducent eodem circumductu. Si vero porrecti utrimque undeviceni singulis distent, non plures intus quadratos habebunt, quam per quot longitudo ducetur : quæ circumibit autem linea, ejusdem spatii erit, cujus ea, quæ centum continet : ita quidquid formæ quadrati detraxeris, amplitudini

sure, l'espace contenu entre ces lignes sera égal. Eh bien! cela est faux; car il reste à savoir quelle est la forme du contour, et des historiens ont été repris par les géomètres, pour avoir cru que la dimension des îles était suffisamment indiquée par le circuit de la navigation. En effet, plus une forme est parfaite, plus elle a de capacité. Si donc la circonférence figure un cercle qui est la ligne plane la plus parfaite, elle embrassera un plus grand espace, que si elle trace un carré d'une égale circonférence. A son tour, le carré en renfermera plus que le triangle, et le triangle à côtés égaux, plus que le triangle à côtés inégaux. Il y a encore d'autres démonstrations semblables et plus abstraites. Bornons-nous à un exemple qui sera compris de tout le monde. Personne n'ignore que la mesure d'un arpent est de 240 pieds en longueur, et de moitié (120) en largeur, d'où il est aisé de juger quel est son contour et quelle est sa surface. Mais supposons un carré de 180 pieds sur toutes ses faces : il aura la même circonférence que l'arpent, et contiendra néanmoins beaucoup plus d'étendue. S'il en coûte trop de faire ce calcul, on peut s'en convaincre en opérant sur un plus petit nombre. Dix pieds en carré, font 40 pieds de tour et 100 pieds de superficie; mais 15 pieds en longueur, sur 5 en largeur, ont la même circonférence, et donnent un quart de moins en surface; et 19 pieds en long sur un seulement en large, n'ont pas plus en superficie qu'il n'ont en longueur, et cependant le contour est le même que celui du carré, qui contient 100 pieds. Ainsi tout ce que vous ôterez à la forme du quarré, sera de moins en surface; donc il peut arriver qu'un moindre espace soit renfermé dans un plus grand circuit. Ceci est pour les terrains planes; car

quoque peribit : ergo etiam id fieri potest, ut majore circuitu minor loci amplitudo claudatur. Hoc in planis : nam in collibus vallibusque etiam imperito patet plus soli esse, quam cæli.

Quid? quod se eadem geometria tollit ad rationem usque mundi? in qua, quum siderum certos constitutosque cursus numeris docet, discimus nihil esse inordinatum atque fortuitum : quod ipsum nonnunquam pertinere ad oratorem potest. An vero, quum Pericles Athenienses solis obscuratione territos, redditis ejus rei causis, metu liberavit : aut, quum Sulpicius ille Gallus in exercitu L. Paulli de lunæ defectione disseruit, ne velut prodigio divinitus facto militum animi terrerentur, non videtur esse usus oratoris officio? Quod si Nicias in Sicilia scisset, non eodem confusus metu pulcherrimum Atheniensium exercitum prodidisset : sicut Dion, quum ad destruendam Dionysii tyrannidem venit, non est tali casu deterritus. Sint extra, licet, usus bellici; transeamusque, quod Archimedes unus obsidionem Syracusarum in longius traxit : illud utique jam proprium est ad efficiendum quod intendimus, plurimas quæstiones, quarum difficilior alia ratione explicatio est, ut de ratione dividendi, de sectione in infinitum, de celeritate augendi, linearibus illis probationibus solvi solere; ut, si est oratori, quod proximus demonstrabit

pour les collines et les vallées, il est clair qu'elles sont plus étendues en sol qu'elles n'ont d'espace aérien.

La géométrie fait plus encore : elle s'élève jusqu'à la connaissance des mouvemens célestes ; et, nous démontrant par ses calculs le cours certain et régulier des astres, elle nous apprend que rien dans ce monde n'est désordonné ni fortuit ; et cela même peut quelquefois être du domaine de l'orateur. Lorsque Périclès rassura les Athéniens qu'effrayait une éclipse de soleil, en leur expliquant les causes de ce phénomène ; quand Sulpicius Gallus, au milieu de l'armée de Paul-Émile, annonça une éclipse de lune, afin que les soldats n'en fussent point alarmés comme d'un prodige ; l'un et l'autre ne firent-ils pas alors l'office d'orateurs ? Si Nicias eût eu ces connaissances, il n'aurait pas été accessible à une pareille peur, et n'aurait pas perdu en Sicile la belle armée d'Athéniens qu'il y commandait : il aurait fait comme Dion, qu'un phénomène de ce genre n'arrêta pas, quand il vint renverser la tyrannie de Denys. Mais laissons ces exemples puisés dans les annales militaires ; ne parlons pas non plus d'Archimède, dont le génie seul fit traîner en longueur le siège de Syracuse : et tenons-nous en à cet argument qui exprime toute ma pensée, que ce n'est qu'à l'aide des procédés linéaires de la géométrie qu'on parvient à résoudre la plupart des questions qui seraient difficilement expliquées d'une autre manière, telles que la division, la section à l'infini, la puissance des progressions, etc. Que si, comme je le

liber, de omnibus rebus dicendum, nullo modo sine geometria esse possit orator.

CAPUT XIII.

De pronunciatione et gestu.

DANDUM aliquid comœdo quoque, dum eatenus, qua pronunciandi scientiam futurus orator desiderat: non enim puerum, quem in hoc instituimus, aut femineæ vocis exilitate frangi volo; aut seniliter tremere: nec vitia ebrietatis effingat; nec servili vernilitate imbuatur; nec amoris, avaritiæ, metus discat affectum; quæ neque oratori sunt necessaria, et mentem, præcipue in ætate prima teneram adhuc et rudem, inficiunt: nam frequens imitatio transit in mores. Ne gestus quidem omnis ac motus a comœdis petendus est: quamquam enim utrumque eorum ad quemdam modum præstare debet orator; plurimum tamen aberit a scenico, nec vultu, nec manu, nec excursionibus nimius: nam si qua in his ars est dicentium, ea prima est, ne ars esse videatur.

Quod est igitur in his doctoris officium? inprimis

démontrerai dans le livre suivant, un orateur doit être en état de parler sur tous les sujets, comment espérer le devenir sans la géométrie?

CHAPITRE XIII.

Du théâtre considéré comme école de déclamation et de geste.

Il est utile aussi de donner quelque attention à l'art du comédien, pourvu qu'on s'arrête au talent de la prononciation que l'orateur doit posséder. Je ne veux pas qu'on habitue mon élève à rendre des sons grêles et aigus comme une femme, ou à chevrotter comme un vieillard; ni qu'il imite les allures de l'ivrognerie ou les bouffonneries des esclaves; ni qu'il apprenne à peindre les angoisses de l'amour, de l'avarice, de la peur : tout cela n'est pas nécessaire à l'orateur, et peut, au contraire, surtout dans le premier âge, gâter un cœur encore neuf et sans expérience; car la fréquente imitation agit à la longue sur les mœurs. Il ne faut pas non plus qu'il emprunte aux acteurs tous leurs gestes et tous leurs mouvemens. Quoique les uns et les autres doivent être, jusqu'à un certain point, réglés dans l'orateur, il se tiendra, sous ce rapport, à une grande distance du comédien, et fuira toute espèce d'exagération dans les traits du visage, dans le développement des bras, et dans le maintien. Tout cela sans doute exige un certain art dans celui qui parle; mais le premier de tous est de n'en pas laisser apercevoir.

Quel sera donc le premier devoir d'un maître à cet

vitia, si qua sunt, oris, emendet; ut expressa sint verba, ut suis quaeque litterae sonis enuncientur: quarumdam enim vel exilitate, vel pinguitudine nimia laboramus; quasdam velut acriores parum efficimus et aliis, non dissimilibus sed quasi hebetioribus, permutamus. Quippe *ρ* litterae, qua Demosthenes quoque laboravit, *λ* succedit, quarum vis est apud nos quoque: et quum *c* ac similiter *g* non valuerunt, in *t* ac *d* molliuntur. Nec illas quidem circa *s* litteram delicias hic magister feret; nec verba in faucibus patietur audiri, nec oris inanitate resonare: nec, quod minime sermoni puro conveniat, simplicem vocis naturam pleniore quodam sono circumlinire, quod Graeci καταπεπλασμένον dicunt: sic appellatur cantus tibiarum, quae, praeclusis, quibus clarescunt, foraminibus, recto modo exitu graviorem spiritum reddunt. Curabit etiam, ne extremae syllabae intercidant; ut par sibi sermo sit; ut quoties exclamandum erit, lateris conatus sit ille, non capitis; ut gestus ad vocem, vultus ad gestum accommodetur. Observandum erit etiam, ut recta sit facies dicentis, ne labra distorqueantur, ne immodicus hiatus rictum distendat; ne supinus vultus, ne dejecti in terram oculi, inclinata utrolibet cervix. Nam frons pluribus generibus peccat. Vidi multos, quorum supercilia ad singulos vocis conatus allevarentur, aliorum constricta, aliorum etiam

égard? D'abord, de corriger des vices de prononciation, s'il en existe, et de faire prononcer les mots de manière que toutes les lettres conservent le son qui leur est propre. Il en est qu'on a de la peine à prononcer; les unes à cause de leur trop grande ténuité, les autres parce qu'elles sont trop pleines. Quelques-unes sont trop dures, nous les effleurons à peine et nous les changeons en d'autres dont le son est à peu près semblable, mais émoussé. Ainsi à la lettre ρ qui donna tant de tablature à Démosthène, succéda λ, et ces deux lettres s'échangent aussi chez nous. Il en est de même du *c* et du *t*, que nous amollissons en *g* et en *d*. Le maître ne souffrira pas que l'élève s'arrête avec complaisance et comme en sifflant sur la lettre *s*, ni que ses mots s'entendent du gosier, ou retentissent dans sa bouche, ni, ce qui est contraire à la pureté du langage, qu'un mot simple de sa nature soit prononcé avec un éclat emphatique, défaut que les Grecs appellent καταπεπλασμένον, du nom qu'on donne à l'effet que produisent les flûtes, lorsqu'en bouchant les trous destinés aux tons aigus, on leur fait rendre, par une issue directe, un son grave et plein. Il veillera à ce que les dernières syllabes ne soient pas tronquées, pour que tout se fasse entendre également : s'agira-t-il de forcer la voix; que l'effort parte des poumons et non de la tête; que le geste soit en harmonie avec les paroles, et l'expression de la physionomie avec le geste. Il recommandera à son élève de se présenter toujours d'une manière décente, de ne point tordre ses lèvres, d'éviter les ouvertures de bouche immodérées, de ne pas se tenir le visage en l'air ou les yeux fixés en terre, ni laisser aller sa tête de côté et d'autre. Le front est aussi le siège de plus d'un défaut. J'ai vu des gens

dissidentia, quum altero in verticem tenderent, altero paene oculus ipse premeretur. Infinitum autem, ut mox dicemus, in his quoque rebus momentum est; et nihil potest placere, quod non decet.

Debet etiam docere comoedus, quomodo narrandum, qua sit auctoritate suadendum, qua concitatione consurgat ira, qui flexus deceat miserationem. Quod ita optime faciet, si certos ex comoediis elegerit locos, et ad hoc maxime idoneos, id est, actionibus similes. Iidem autem non ad pronunciandum modo utilissimi, verum ad augendam quoque eloquentiam maxime accommodati erunt. Et haec, dum infirma aetas majora non capiet: ceterum, quum legere orationes oportebit, quum virtutes earum jam sentiet, tum mihi diligens aliquis ac peritus assistat; neque solum lectione formet, verum etiam ediscere electa ex his cogat, et ea dicere stantem clare et quemadmodum agere oportebit, ut protinus pronunciatione vocem et memoriam exerceat.

Ne illos quidem reprehendendos putem, qui paulum etiam palaestricis vacaverint. Non de his loquor, quibus pars vitae in oleo, pars in vino, consumitur; qui corporis cura mentem obruerunt; hos enim abesse ab eo, quem instituimus, quam longissime velim; sed nomen est idem iis, a quibus gestus motusque formantur; ut

qui, à chaque éclat de voix, haussaient leurs sourcils, d'autres qui les fronçaient; j'en ai vu qui, tandis qu'ils en tenaient un élevé, de l'autre, se pressaient l'œil au point de le fermer. Tout cela est d'une conséquence infinie, comme je le ferai bientôt voir, car rien de ce qui est contre les bienséances ne saurait plaire.

C'est aussi du comédien qu'on apprendra comment il faut narrer, avec quelle autorité on persuade, avec quelle impétuosité éclate la colère, quel accent convient au langage de la pitié. Pour peindre d'autant mieux ces diverses affections, on choisira dans des comédies les passages qui se prêtent le plus à leur développement, et qui offrent le plus d'analogie avec les actions du barreau. Ces morceaux de choix, en même temps qu'ils formeront à la prononciation, seront d'une grande utilité pour l'éloquence. Voilà pour l'âge où l'intelligence ne pourra pas s'élever plus haut; car lorsqu'il s'agira de lire des discours dont l'élève sera en état d'apprécier les qualités, je veux qu'il soit assisté d'un maître vigilant et habile qui, non content de les lui faire lire, le force à apprendre par cœur les endroits les plus remarquables de ces discours, et à les débiter debout et à haute voix; ensorte qu'il exerce à la fois, par la prononciation, et son organe et sa mémoire.

Je ne crois pas non plus qu'on doive blâmer un usage modéré de la *palestrique*, je ne dis pas auprès de ces hommes dont une partie de l'existence se consume dans l'huile, et l'autre dans le vin, et qui, par le soin exclusif qu'ils donnent à leur corps, ont anéanti toutes les facultés de leur esprit; mon élève ne sera jamais trop éloigné de cette espèce de gens. Mais on désigne aussi sous le nom de *palestriques* les maîtres qui nous en-

recta sint brachia, ne indoctæ rusticæve manus, ne status indecorus, ne quâ in proferendis pedibus inscitia, ne caput oculique ab alia corporis inclinatione dissideant. Nam neque hoc esse in parte pronunciationis negaverit quisquam, neque ipsam pronunciationem ab oratore secernet : et certe, quod facere oporteat, non indignandum est discere, quum præsertim hæc *chironomia*, quæ est, ut nomine ipso declaratur, *lex gestus*, et ab illis temporibus heroicis orta sit, et a summis Græciæ viris, et ab ipso etiam Socrate probata, a Platone quoque in parte civilium posita virtutum, et a Chrysippo in præceptis de liberorum educatione compositis non omissa. Nam Lacedæmonios quidem etiam saltationem quamdam, tamquam ad bella quoque utilem, habuisse inter exercitationes accepimus; neque id veteribus Romanis dedecori fuit : argumentum est, sacerdotum nomine ac religione durans ad hoc tempus saltatio, et illa *in tertio Ciceronis de Oratore libro* verba Crassi, quibus præcipit, ut orator utatur *laterum inclinatione forti ac virili, non a scena et histrionibus, sed ab armis, aut etiam a palæstra*, cujus etiam disciplinæ usus in nostram usque ætatem sine reprehensione descendit. A me tamen nec ultra pueriles annos retinebitur, nec in his ipsis diu; neque enim gestum oratoris componi ad similitudinem saltationis volo, sed subesse aliquid ex hac exercitatione

seignent à régulariser nos gestes et nos mouvemens, à donner de l'à-plomb à nos bras, de la grâce à nos mains, de la décence à notre attitude ; à ne pas porter gauchement nos pieds en avant, et à ne pas tenir la tête et les yeux dans une autre ligne que le reste du corps ; et qui peut nier que tout cela ne fasse partie de la prononciation qui est inséparable du talent de l'orateur ? Il ne faut donc pas dédaigner d'apprendre ce qu'il importe de pratiquer, surtout puisque cette *chironomie*, qui est, comme l'indique son nom, la loi du geste, remonte jusqu'aux temps héroïques, et a été approuvée par tous les grands hommes de la Grèce et par Socrate lui-même ; puisque Platon la met au nombre des qualités civiles, et que Chrysippe ne l'a point omise dans ses préceptes sur l'éducation. Nous lisons dans l'histoire que les Lacédémoniens comprenaient, dans leurs exercices, un genre de danse qu'ils jugeaient utile à la guerre. Les anciens Romains eux-mêmes ne rougissaient pas de s'y livrer, témoin cette danse que l'autorité du sacerdoce et la religion ont fait durer jusqu'à nos jours ; témoin ce que dit Crassus dans le troisième livre de Cicéron *de Oratore*, quand il recommande à l'orateur de prendre une attitude mâle et forte, non telle que se la donnent les histrions sur la scène, mais telle qu'on la contracte dans le métier des armes et au gymnase, dont les exercices se sont perpétués jusqu'à nous, sans qu'on se soit avisé d'y trouver à redire. Cependant, je n'y retiendrai pas mon élève au delà de l'enfance, ni long-temps même pendant ses jeunes années. Je ne veux pas que le maintien d'un orateur soit calqué sur celui d'un danseur : je veux qu'il lui reste des leçons qu'il aura prises une grâce, une aisance qui l'accompagne partout à son insu.

puerili, unde nos non id agentes furtim decor ille discentibus traditus prosequatur.

CAPUT XIV.

An plura eodem tempore doceri prima ætas possit.

Quæri solet an, etiamsi discenda sint hæc, eodem tempore tamen tradi omnia et percipi possint. Negant enim quidam, quia confundatur animus, ac fatigetur tot disciplinis in diversum tendentibus, ad quas nec mens, nec corpus, nec dies ipse sufficiat : et, si maxime hæc patiatur ætas robustior, tamen pueriles annos onerari non oporteat. Sed non satis perspiciunt, quantum natura humani ingenii valeat; quæ ita est agilis et velox, sic in omnem partem, ut ita dixerim, spectat, ut ne possit quidem aliquid agere tantum unum, in plura vero, non eodem die modo, sed eodem temporis momento, vim suam impendat. An vero citharœdi non simul et memoriæ, et sono vocis, et pluribus flexibus, serviunt, quum interim alios nervos dextra percutiunt, alios læva trahunt, continent, præbent; ne pes quidem otiosus certam legem temporum servat? et hæc pariter omnia. Quid? nos agendi subita necessitate deprehensi, nonne alia dicimus, alia providemus,

CHAPITRE XIV.

Les enfans ont-ils la faculté d'apprendre plusieurs choses à la fois.

On demande si, en supposant cette variété de connaissances nécessaire à l'orateur, il est possible qu'elles soient enseignées et apprises toutes en même temps. Quelques personnes le nient sous prétexte qu'il y aurait alors confusion dans l'esprit, et qu'il succomberait sous le poids de tant d'études diverses auxquelles ni la volonté, ni le corps, ni le temps même ne pourraient suffire; et que, si l'on peut le supporter dans la force de l'âge, ce n'est pas une raison pour en surcharger l'enfance. Mais ceux qui argumentent ainsi ne réfléchissent pas assez sur la puissance de l'esprit humain: ils est d'une nature si souple et si active, il a tellement la faculté d'embrasser tout, pour ainsi dire, d'un seul coup d'œil, que, loin de ne pouvoir s'occuper que d'une chose, il s'applique volontiers à plusieurs, non-seulement dans le même jour, mais dans le même instant. Voyez les joueurs d'instrumens : ne sont-ils pas obligés à la fois de se servir de leur mémoire, de régler leur voix, de soigner leurs cadences, tandis que, pendant ce temps, ils pincent des cordes de la main droite, et, de la gauche en tirent, en contiennent ou en essaient d'autres; leurs pieds mêmes ne restent pas oisifs, occupés qu'ils sont à marquer la mesure. Il en est ainsi de tout. Que nous

quum pariter inventio rerum, electio verborum, compositio, gestus, pronunciatio, vultus, motusque desiderentur? Quæ si, velut sub uno conatu, tam diversa parent simul, cur non pluribus curis horas partiamur? quum præsertim reficiat animos ac reparet varietas ipsa, contraque sit aliquanto difficilius in labore uno perseverare, ideo et stylus lectione requiescit, et ipsius lectionis tædium vicibus levatur. Quamlibet multa egerimus, quodam tamen modo recentes sumus ad id quod incipimus. Quis non obtundi possit, si per totum diem cujuscumque artis unum magistrum ferat? mutatione recreabitur, sicut in cibis, quorum diversitate reficitur stomachus, et pluribus, minore fastidio, alitur.

Aut dicant isti mihi, quæ sit alia ratio discendi. *Grammatico* soli deserviamus? deinde *geometræ* tantum, omittamus interim quod didicimus? mox transeamus ad *musicum*, excidant priora? et, quum *latinis* studebimus litteris, non respiciamus ad *græcas*? et, ut semel finiam, nihil faciamus, nisi novissimum? Cur non idem suademus agricolis, ne arva simul et vineta, et oleas, et arbustum colant? ne pratis, et pecoribus, et hortis, et alvearibus accommodent curam? Cur ipsi aliquid forensibus negotiis, aliquid desideriis amicorum, aliquid rationibus domesticis, aliquid curæ corporis,

nous trouvions dans la nécessité d'improviser une défense, n'avons-nous pas à dire et à prévoir à l'instant mille choses? invention de moyens, choix d'expressions, composition, geste, prononciation, physionomie, mouvemens, tout est à créer. Si pourtant tout cela naît spontanément d'un seul effort, comment ne pourrait-on pas, dans l'espace de plusieurs heures, se partager entre des études diverses? surtout si l'on considère que la variété ranime et répare les forces de l'esprit, tandis que rien ne le rebute comme un travail uniforme. Ainsi on se délasse de la composition par la lecture; et réciproquement de la lecture par la composition. Eût-on déjà fait beaucoup de choses, on n'en est pas moins tout frais pour en recommencer une autre. Qui pourrait tenir à écouter tout un jour les leçons d'un même maître, dans un art quelconque? Il faut donc du changement à l'esprit pour le récréer, comme il faut la diversité des mets à notre estomac pour réveiller l'appétit.

Qu'on me dise donc quelle sera la méthode contraire pour apprendre. Faudra-t-il n'étudier que la grammaire, puis que la géométrie, et oublier, dans l'intervalle, ce qu'on aura appris? passer de là à la musique et perdre encore le fruit de ses premières études? s'occuper ensuite de littérature latine, sans jeter un regard sur les lettres grecques? en un mot, ne s'appliquer qu'à ce qu'on entreprendra en dernier? Que ne conseille-t-on aussi aux agriculteurs de ne pas cultiver en même temps leurs champs, leurs vignes, leurs oliviers, leurs arbres, et de ne pas donner des soins simultanés aux prairies, aux bestiaux, aux jardins, aux abeilles? Pourquoi nous-mêmes donnons-nous chaque jour quelques heures aux affaires du barreau, au commerce de nos amis, à nos in-

nonnihil voluptatibus quotidie damus? quarum nos una res quælibet nihil intermittentes fatigaret : adeo facilius est multa facere, quam diu!

Illud quidem minime verendum est, ne laborem studiorum pueri difficilius tolerent; neque enim ulla ætas minus fatigatur : mirum sit forsitan, sed experimentis deprehendas; nam et dociliora sunt ingenia, priusquam obduruerunt : id vel hoc argumento patet, quod intra biennium, quam verba recte formare potuerunt, quamvis nullo instante, omnia fere loquuntur : at novitiis nostris, per quot annos sermo latinus repugnat? magis scias, si quem jam robustum instituere litteris cœperis, non sine causa dici παιδομαθεῖς eos, qui in sua quidque arte optime faciant. Et patientior est laboris natura pueris, quam juvenibus : videlicet, ut corpora infantium nec casus, quo in terram toties deferuntur, tam graviter affligit, nec illa per manus et genua reptatio, nec post breve tempus continui lusus, et totius diei discursus, quia pondus illis abest, nec se ipsi gravant; sic animi quoque, credo, quia minore conatu moventur, nec suo nisu studiis insistunt, sed formandos se tantummodo præstant, non similiter fatigantur. Præterea, secundum aliam ætatis illius facilitatem, velut simplicius docentes sequuntur, nec quæ jam egerint,

térêts domestiques, au soin de notre corps, et tant à nos plaisirs? Cependant une seule de ces occupations nous fatiguerait si l'on n'y donnait quelque relâche : tant il est vrai qu'il est plus aisé de faire plusieurs choses, que de faire la même long-temps!

Ne craignons pas non plus que les enfans ne puissent supporter le travail attaché aux études. Il n'est pas d'âge où l'on se fatigue moins. Cela a l'air d'un paradoxe, mais l'expérience le démontre. L'esprit est d'une souplesse merveilleuse, avant que les années aient endurci nos organes. Je n'en veux pour preuve que la facilité avec laquelle, sans y être contraints, les enfans, une fois qu'ils savent former les mots, les apprennent et les emploient presque tous, dans l'espace de deux ans. Que de temps, au contraire, ne faut-il pas aux esclaves récemment achetés, pour se familiariser avec notre langue! Essayez de montrer les lettres à un homme déjà formé, et vous reconnaîtrez combien est juste l'épithète de $\pi\alpha\iota\delta o\mu\alpha\theta\varepsilon\tilde{\iota}\varsigma$ (instruits dès l'enfance), que les Grecs donnent à ceux qui excellent dans leur art. On supporte mieux aussi les exercices violens dans les premières années que dans la jeunesse; voyez, en effet, les enfans. Ils font, à chaque instant, des chutes sans se blesser; ils se roulent sur leurs mains, sur leurs genoux, jouent continuellement, courent et s'agitent du matin au soir, sans qu'il y paraisse, parce qu'ils sont légers et ne pèsent pas sur eux - mêmes. L'esprit participe en eux, je crois, de la même nature : comme il est mû par un moindre effort, qu'il ne s'applique pas avec contention, et qu'il est seulement disposé à recevoir les formes qu'on veut lui donner, il est moins sujet aussi à se lasser. Ajoutez à cela un autre privilège de cet âge, qui est de suivre avec docilité l'enseignement, sans jamais

metiuntur. Abest illis etiam adhuc laboris judicium: porro, ut frequenter experti sumus, minus afficit sensus fatigatio, quam cogitatio.

Sed ne temporis quidem unquam plus erit, quia his ætatibus omnis in audiendo profectus est. Quum ad stylum secedet, quum generabit ipse aliquid atque componet; tum inchoare hæc studia vel non vacabit, vel non libebit. Ergo quum grammaticus totum diem occupare non possit, nec debeat, ne discentis animum tædio avertat; quibus potius studiis hæc temporum velut subseciva donabimus? Nam nec ego consumi studentem in his artibus volo : nec moduletur, aut musicis modis cantica excipiat, nec utique ad minutissima geometriæ opera descendat. Non comœdum in pronunciando, nec saltatorem in gestu facio, quæ si omnia exigerem, suppeditabat tamen tempus; longa est enim, quæ discit ætas, et ego non de tardis ingeniis loquor. Denique cur in his omnibus, quæ discenda oratori futuro puto, eminuit Plato? qui, non contentus disciplinis quas præstare poterant Athenæ, non pythagoreorum, ad quos in Italiam navigaverat, Ægypti quoque sacerdotes adiit, atque eorum arcana perdidicit.

Difficultatis patrocinia præteximus segnitiæ; neque enim nobis operis amor est; nec, quia sit honesta, atque pulcherrima rerum eloquentia, petitur ipsa, sed ad vilem

mesurer ce qu'il a déjà fait; car il manque du jugement qui fait apprécier le travail; or, comme je l'ai souvent éprouvé, ce n'est pas tant la fatigue en elle-même qui nous effraie, que l'idée que nous nous en faisons.

Enfin, c'est l'époque où l'on aura le plus de temps à donner à ces études, parce qu'à cet âge on profite surtout à écouter; au lieu que lorsque l'élève en sera venu à écrire, à produire par lui-même et à composer, peut-être alors n'aura-t-il pas le loisir ou la volonté de commencer ces études. Comme donc le grammairien ne peut ni ne doit occuper la journée tout entière, de peur que le dégoût ne s'empare de son élève, à quelles occupations pourrions-nous de préférence consacrer les heures intermédiaires? Je ne veux pas, d'ailleurs, qu'il se consume sur ces arts; ni qu'il sache la musique au point de composer des airs; ni qu'il descende aux opérations les plus minutieuses de la géométrie; je ne veux pas que sa prononciation soit celle d'un comédien, ni son maintien celui d'un danseur, quoique le temps ne manquât pas pour toutes ces connaissances, si je les exigeais parfaites dans l'orateur; car l'âge d'apprendre dure long-temps, et je ne m'adresse pas à des esprits lourds. Enfin pourquoi Platon a-t-il excellé dans ces arts dont l'étude me paraît nécessaire à l'orateur? C'est que, non content des sciences qu'il avait étudiées à Athènes, non content de celles qu'il avait puisées chez les pythagoriciens, vers lesquels il s'était rendu en Italie, il alla encore trouver les prêtres d'Égypte, et se fit initier à leurs mystères.

Avouons-le, c'est notre paresse qui nous exagère les difficultés. Ce n'est pas l'amour du travail qui nous guide; nous ne nous attachons pas à l'éloquence, parce que c'est en soi la plus honorable et la plus belle des occupations

usum et sordidum lucrum accingimur. Dicant sine his in foro multi, et acquirant; dum sit locupletior aliquis sordidæ mercis negociator, et plus voci suæ debeat præco : ne velim quidem lectorem dari mihi, quid studia referant computaturum. Qui vero imaginem ipsam eloquentiæ divina quadam mente conceperit, quique illam, ut ait non ignobilis tragicus, reginam rerum orationem ponet ante oculos, fructumque non ex stipe advocationum, sed ex animo suo, et contemplatione ac scientia petet, perpetuum illum, nec fortunæ subjectum; facile persuadebit sibi, ut tempora quæ spectaculis, campo, tesseris, otiosis denique sermonibus, ne dicam somno, et conviviorum mora, conterunt, geometræ potius ac musico impendat; quanto plus delectationis habiturus, quam ex illis ineruditis voluptatibus! dedit enim hoc Providentia hominibus munus, ut honesta magis juvarent. Sed nos hæc ipsa dulcedo longius duxit. Hactenus ergo de studiis, quibus antequam majora capiat, puer instituendus est; proximus liber velut novum sumet exordium, et ad rhetoris officia transibit.

de l'esprit; nous nous y adonnons dans des vues basses et étroites et dans l'espoir d'un gain sordide. Eh bien! soit. Que le plus grand nombre, au barreau, soit peu touché de la dignité de sa profession, et cherche seulement à s'enrichir, mais on m'accordera qu'il n'est marchandise si vile qui ne procure encore plus de richesses à celui qui la débite, et qu'un crieur public gagne plus avec sa voix que ces indignes orateurs. Quant à moi, je ne voudrais pas même pour lecteur, d'un homme qui calculerait ce que doivent rapporter les études. Mais celui qui se sera formé de l'éloquence une image toute divine: celui qui, pour me servir de l'expression d'un illustre tragique, l'aura toujours devant les yeux, comme la reine des affaires de ce monde; celui qui n'attendra pas son salaire de la bourse de ses cliens, et qui ne cherchera sa récompense que dans sa propre satisfaction et dans la science elle-même, récompense que le temps ni la fortune ne pourront lui ravir; celui-là, dis-je, se persuadera facilement qu'il vaut mieux employer à la géométrie et à la musique le temps qu'on perd dans les spectacles, dans les assemblées, dans les jeux, dans les conversations oiseuses, dans les festins, dans le sommeil même, et il y trouvera plus de charme qu'à tous ces vains plaisirs où l'esprit n'a point de part: car c'est un des bienfaits de la Providence d'avoir attaché plus de douceur aux jouissances honnêtes. Mais je m'aperçois que cette douceur même m'a entraîné plus loin que je ne voulais. Jusqu'ici, je n'ai parlé que des études qui conviennent à l'enfant, avant d'en entreprendre de plus importantes. Le livre suivant ouvrira en quelque sorte une nouvelle carrière. Je vais passer aux devoirs du rhéteur.

LIBER II.

CAPUT I.

Quando sit rhetori tradendus puer.

Tenuit consuetudo, quæ quotidie magis invalescit, ut præceptoribus eloquentiæ, latinis quidem semper, sed etiam græcis interim, discipuli serius quam ratio postulat, traderentur: ejus rei duplex est causa; quod et rhetores, utique nostri, suas partes omiserunt, et grammatici alienas occupaverunt. Nam et illi declamare modo, et scientiam declamandi ac facultatem tradere, officii sui ducunt, idque intra deliberativas judicialesque materias; nam cetera, ut professione sua minora, despiciunt, et hi non satis credunt, excepisse, quæ relicta erant (quo nomine gratia quoque iis est habenda), sed ad prosopopœias usque, et ad suasorias, in quibus onus dicendi vel maximum est, irrumpunt. Hinc ergo accidit, ut, quæ alterius artis prima erant opera, facta sint alterius novissima: et ætas, altioribus jam disciplinis debita, in schola minore subsideat, ac rheto-

LIVRE II.

CHAPITRE I.

Quand il faut confier l'enfant au rhéteur.

C'est un usage qui a prévalu, et qui chaque jour s'accrédite davantage, de mettre les enfans entre les mains des rhéteurs latins, toujours, et des rhéteurs grecs, quelquefois, plus tard que la raison ne semble l'exiger. Cela provient à la fois de ce que nos professeurs d'éloquence ont négligé les parties d'enseignement qui leur sont propres, et de ce que nos grammairiens ont usurpé celles qui leur étaient étrangères. En effet, les premiers, bornant leur office à des pièces de déclamation et aux soins d'en enseigner l'art, se renferment encore dans les matières délibératives et judiciaires, dédaignant le reste comme au dessous de leur profession; et les seconds, non contens d'avoir recueilli ce qui était abandonné par les rhéteurs, de quoi il faut pourtant leur savoir gré, ont envahi jusqu'aux prosopopées et aux délibérations, qui sont ce qu'il y a de plus pénible dans les exercices oratoires. Il est arrivé de là que ce qui devait être enseigné en premier lieu dans un art, l'est en dernier dans un autre, et qu'à l'âge où il doit se livrer à de plus hautes études, l'élève se trouve arrêté dans une classe inférieure

ricen apud grammaticos exerceat. Ita, quod est maxime ridiculum, non ante ad declamandi magistrum mittendus videtur puer, quam declamare jam sciat.

Nos suum cuique professioni modum demus. Et grammatice, quam in latinum transferentes, *litteraturam* vocaverunt, fines suos norit, præsertim tantum ab hac appellationis suæ paupertate, intra quam primi illi constitere, provecta : nam tenuis a fonte, assumptis poetarum historicorumque viribus, pleno jam satis alveo fluit; quum præter rationem recte loquendi, non parum alioqui copiosam, prope omnium maximarum artium scientiam amplexa sit; et *rhetorice*, cui nomen vis eloquendi dedit, officia sua non detrectet, nec occupari gaudeat pertinentem ad se laborem, quæ, dum opere cedit, jam pæne possessione depulsa est. Nec infitiabor, ex iis aliquem, qui *grammaticen* profitentur, eousque scientiæ progredi posse, ut ad hæc quoque tradenda sufficiat; sed quum id aget, rhetoris officio fungetur, non suo.

Nos porro quærimus, quando iis, quæ *rhetorice* præcipit, percipiendis puer maturus esse videatur : in quo quidem non id est æstimandum, cujus quisque sit ætatis, sed quantum in studiis jam effecerit : et, ne diutius disseram, quando sit rhetori tradendus, sic optime finiri credo, quum poterit. Sed hoc ipsum ex superiore pen-

et fait sa rhétorique sous des grammairiens. Ainsi, par un préjugé ridicule, on croit ne devoir envoyer un enfant chez le rhéteur que lorsqu'il est déjà exercé à la composition.

Hâtons-nous de circonscrire chaque profession dans sa sphère. Que la grammaire, qui proprement ne traite que des lettres, apprenne à connaître ses limites : elle ne les a que trop reculées, si l'on en juge par la pauvreté de son étymologie, que les premiers grammairiens s'attachèrent seulement à justifier; faible en effet dans sa source, elle a peu à peu puisé des forces chez les historiens et les poètes, et coule maintenant à plein bord, puisque, indépendamment de l'art de parler correctement, qui est déjà assez étendu par lui-même, elle a embrassé presque toutes les autres connaissances. Que, de son côté, la rhétorique, qui tire son nom de l'éloquence même, ne décline pas ses devoirs, et qu'elle ne s'applaudisse pas de voir passer ses attributions dans d'autres mains; car, pour s'être soustraite au travail, elle s'est presque vue chassée de ses domaines. Je ne nierai pas que, parmi ceux qui professent la grammaire, il en est qui peuvent arriver à un degré de savoir tel, qu'ils suffisent à certaines études de la rhétorique; mais alors ils feront les fonctions de rhéteurs et non celles de grammairiens.

Maintenant on demande à quelle époque un enfant paraîtra mûr pour ce qu'enseigne la rhétorique. Je réponds que pour cela ce n'est pas l'âge qu'il faut considérer, mais les progrès de l'enfant, en un mot, et pour trancher toute discussion, le confier au rhéteur dès qu'on le pourra; ce qui dépend au surplus de la question que nous avons traitée plus haut; car si le grammairien pousse

det quæstione : nam si grammatices munus usque ad *suasorias* prorogatur, tardius rhetore opus est. Si rhetor prima operis sui officia non recusat, a narrationibus statim, et laudandi vituperandique opusculis, cura ejus desideratur. An ignoramus antiquis hoc fuisse ad augendam eloquentiam genus exercitationis, ut *theses* dicerent, et *communes locos*, et cetera citra complexum rerum personarumque, quibus veræ fictæque controversiæ continentur? Ex quo palam est, quam turpiter deserat eam partem rhetorices institutio, quam et primam habuit, et diu solam. Quid autem est ex iis, de quibus supra dixi, quod non tum in alia, quæ sunt rhetorum propria, tum certe in illud judiciale causæ genus incidat? An non in foro narrandum est? qua in parte nescio an sit vel plurimum. Non laus ac vituperatio certaminibus illis frequenter inseritur? Non communes loci, sive qui sunt in vitia directi, quales legimus a Cicerone compositi; seu quibus quæstiones generaliter tractantur, quales sunt editi a Quinto quoque Hortensio : ut, *Sitne parvis argumentis credendum*, et *pro testibus*, et *in testes*, in mediis litium medullis versantur? Arma sunt hæc quodammodo præparanda semper, ut iis, quum res poscet, utaris : quæ qui pertinere ad orationem non putabit, is ne statuam quidem inchoari credet, quum ejus membra fundentur. Neque

l'enseignement jusqu'aux compositions du genre délibératif qui forment les premiers exercices sous un maître d'éloquence, il ne sera pas nécessaire de l'envoyer si tôt chez le rhéteur; mais si celui-ci ne répudie pas les premiers devoirs de son emploi, ses soins deviendront indispensables, dès que l'enfant pourra s'essayer à des narrations et à de petites compositions du genre démonstratif. Ignorons-nous que les anciens regardaient comme un exercice propre à développer l'éloquence, de soutenir des thèses, de traiter des lieux communs, de développer des questions purement spéculatives où l'on introduisait des controverses vraies ou feintes? C'est donc évidemment une honte d'avoir abandonné cette partie de la rhétorique qui fut long-temps la principale et même la seule base de son institution. Est-il d'ailleurs un seul des exercices dont je viens de parler qui ne se rattache essentiellement à tout ce qui est du ressort des rhéteurs, et qui ne trouve son application dans les matières judiciaires? N'a-t-on pas à narrer au barreau, et la narration n'importe-t-elle pas là plus qu'ailleurs? N'a-t-on pas souvent, dans les plaidoyers, à départir la louange ou le blâme? ne fait-on pas entrer dans la substance même des procès, des lieux communs qui tantôt sont dirigés contre les vices, comme on en lit dans Cicéron, tantôt traitent des questions générales, comme celles qu'a laissées Q. Hortensius : *Si l'on doit se déterminer sur des preuves légères; pour les témoins; contre les témoins.* Ce sont autant d'armes qu'il faut, pour ainsi dire, avoir toutes prêtes, afin de s'en servir au besoin. Si l'on croit qu'elles ne sont d'aucun secours pour une composition oratoire, que ne croit-on aussi qu'une statue de métal n'est pas même commencée, quand toutes les parties en

hanc, ut aliqui putabunt, festinationem meam sic quisquam calumnietur, tamquam eum, qui sit rhetori tradendus, abducendum protinus a grammaticis putem. Dabuntur illis tum quoque tempora sua; neque erit verendum, ne binis præceptoribus oneretur puer : non enim crescet, sed dividetur, qui sub uno miscebatur, labor : et erit sui quisque operis magister utilior : quod adhuc obtinent Græci, a Latinis omissum est, et fieri videtur excusate, quia sunt, qui labori isti successerint.

CAPUT II.

De moribus et officiis præceptoris.

Ergo quum ad eas in studiis vires pervenerit puer, ut, quæ prima esse præcepta rhetorum diximus, mente consequi possit, tradendus ejus artis magistris erit, quorum inprimis inspici mores oportebit; quod ego non idcirco potissimum in hac parte tractare sum aggressus, quia non in ceteris quoque doctoribus idem hoc examinandum quam diligentissime putem, sicut testatus sum libro priore; sed quod magis necessariam ejus rei mentionem facit ætas ipsa discentium. Nam et adulti fere pueri ad hos præceptores transferuntur, et apud eos juvenes etiam facti perseverant, ideoque major adhi-

sont fondues? Qu'on n'aille pas cependant, comme quelques-uns seront disposés à le faire, m'accuser de trop de précipitation, ni de vouloir, en faisant suivre à l'enfant les leçons du rhéteur, le retirer immédiatement des mains du grammairien. Tous deux trouveront leur emploi dans la journée, sans qu'il y ait surcharge pour l'enfant, car il ne s'agit pas d'un surcroît de travail : seulement je sépare ce qui était confondu, et chaque maître devient plus utile, appliqué exclusivement à sa partie, avantage qu'obtiennent encore les rhéteurs grecs, et qu'ont négligé les Latins, avec une apparence d'excuse, puisque d'autres leur ont succédé dans cette tâche.

CHAPITRE II.

Des mœurs et des devoirs d'un professeur.

Dès que l'enfant sera parvenu dans ses études au point de pouvoir bien comprendre les premiers préceptes de la rhétorique dont nous avons parlé, il faudra le confier aux maîtres de l'art. Mais ayons soin, avant tout, de nous assurer de leurs mœurs. Si je me détermine à traiter spécialement ce point, ce n'est pas que je croie qu'on doive être moins scrupuleux dans le choix des maîtres qui précèdent, ainsi que je l'ai suffisamment témoigné dans le premier livre[*], mais parce qu'ici l'âge même des étudians en exige une mention particulière. En effet, les enfans sont déjà presque adultes, quand ils passent sous le rhéteur, et l'âge de la puberté les trouve encore près d'eux. Il est donc bien important de veiller

[*] Chapitres 1, 2 et 3.

benda tum cura est, ut et teneriores annos ab injuria sanctitas docentis custodiat, et ferociores a licentia gravitas deterreat. Neque vero satis est summam praestare abstinentiam, nisi disciplinae severitate convenientium quoque ad se mores astrinxerit.

Sumat igitur ante omnia parentis erga discipulos suos animum, ac succedere se in eorum locum, a quibus sibi liberi tradantur, existimet : ipse nec habeat vitia, nec ferat. Non austeritas ejus tristis, non dissoluta sit comitas, ne inde odium, hinc contemptus oriatur. Plurimus ei de honesto ac bono sit sermo : nam quo saepius monuerit, hoc rarius castigabit. Minime iracundus; nec tamen eorum, quae emendanda erunt, dissimulator : simplex in docendo; patiens laboris; assiduus potius, quam immodicus. Interrogantibus libenter respondeat, non interrogantes percontetur ultro. In laudandis discipulorum dictionibus nec malignus, nec effusus; quia res altera taedium laboris, altera securitatem parit. In emendando quae corrigenda erunt, non acerbus, minimeque contumeliosus; nam id quidem multos a proposito studendi fugat, quod quidam sic objurgant, quasi oderint. Ipse aliquid, immo multa, quotidie dicat, quae secum audita referant. Licet enim satis exemplorum ad imitandum ex lectione suppeditet, tamen *viva illa*, ut dicitur, *vox* alit plenius, praecipueque ejus praeceptoris,

à ce que, dans leurs tendres années, la pureté du maître les préserve de toute atteinte, et qu'à l'âge où les passions se déclarent, sa gravité les détourne de toute licence ; et ce n'est pas assez qu'il ait lui-même la plus grande réserve, si par la sévérité de sa discipline, il ne contient aussi les mœurs de la jeunesse qui se réunit près de lui.

Prenant à leur égard les sentimens d'un père, il se mettra à la place de ceux qui lui ont confié leurs enfans. Exempt de vices, il n'en tolèrera pas. Son austérité n'aura rien de rude, sa douceur ne dégénèrera point en faiblesse ; l'une produit la haine et l'autre le mépris. Il donnera souvent de petites leçons de morale, car, plus on avertit, moins on a à punir. Inaccessible à la colère, il ne passera rien de ce qui sera à reprendre. Simple dans l'enseignement, laborieux, exact, sans être trop exigeant, il répondra volontiers aux questions, et prendra même plaisir à en provoquer. Il ne sera ni avare, ni prodigue d'éloges envers ses disciples : l'enfant qu'on ne loue jamais, se rebute ; celui qu'on loue trop, se néglige. Sans amertume dans ses réprimandes, il se gardera de toute parole injurieuse : rien ne fait prendre l'étude des lettres en aversion, comme de s'entendre gronder avec l'accent de la haine. Que, chaque jour, il fasse une ou plusieurs instructions dont les enfans puissent profiter ; car, bien que la lecture fournisse assez de bons modèles, cependant ce qui se dit de vive voix pénètre plus avant dans l'esprit, surtout venant d'un maître pour lequel des disciples bien élevés ont toujours de l'attachement et du respect. On ne saurait dire combien nous nous sentons disposés à imiter ceux qui nous sont chers.

quem discipuli, si modo recte sunt instituti, et amant, et verentur : vix autem dici potest, quanto libentius imitemur eos, quibus favemus.

Minime vero permittenda pueris, ut fit apud plerosque, assurgendi exsultandique in laudando licentia; quin etiam juvenum modicum esse, quum audient, testimonium debet. Ita fiet, ut ex judicio præceptoris discipulus pendeat, atque id se dixisse recte, quod ab eo probabitur, credat. Illa vero vitiosissima, quæ jam *humanitas* vocatur, invicem qualiacunque laudandi, cum est indecora et theatralis, et severe institutis scholis aliena, tum studiorum perniciosissima hostis : supervacua enim videntur cura ac labor, parata, quidquid effuderint, laude. Vultum igitur præceptoris intueri, tam qui audiunt, debent, quam ipse qui dicit; ita enim probanda atque improbanda discernent, sic stylo facultas continget, auditione judicium. At nunc proni atque succincti ad omnem clausulam non exsurgunt modo, verum etiam excurrunt, et cum indecora exsultatione conclamant : id mutuum est, et ibi declamationis fortuna : hinc tumor et vana de se persuasio, usque adeo, ut illo condiscipulorum tumultu inflati, si parum a præceptore laudentur, ipsi de illo male sentiant. Sed se quoque præceptores intente ac modeste audiri velint; non enim judicio discipulorum dicere debet magister,

Il ne faut pas du tout tolérer dans les jeunes gens ces témoignages bruyans d'approbation qui ne sont que trop fréquens dans les écoles. Qu'ils sachent que leur suffrage doit être à peu près compté pour rien, tant qu'ils sont sur les bancs. Par là, on habituera l'élève à attendre le jugement du maître, et à ne regarder comme bien dit que ce qui aura été approuvé par lui. Cette manie détestable de se renvoyer des éloges à tort et à travers, et qu'on décore du beau nom de politesse, outre qu'elle est indécente et rappelle trop ce qui se passe au théâtre, doit être interdite dans des institutions bien réglées, comme l'ennemie la plus dangereuse des études. En effet, à quoi bon se donner tant de peine, quand on est sûr d'être applaudi, quelque chose qu'on hasarde? Ceux qui écoutent comme celui qui parle doivent donc interroger les yeux du professeur pour discerner ce qui est à blâmer; ils apprendront ainsi, l'un à bien écrire, et les autres à bien juger. Mais aujourd'hui, penchés vers l'orateur, et pour ainsi dire à l'affût de ses périodes, on les voit au moindre mot se lever et sortir même de leurs places, en se récriant avec des applaudissemens indécens; sorte de manège réciproque, et qui fait tout le succès des déclamations. De là l'orgueil et la haute idée qu'ils ont d'eux-mêmes, à tel point qu'enflés de ces suffrages tumultueux de leurs condisciples, si le maître ne les loue que médiocrement, ils ont mauvaise opinion de lui. Mais je recommande aussi aux professeurs de se faire écouter avec une attention respectueuse; car un

sed discipuli magistri. Quin, si fieri potest, intendendus animus in hoc quoque, ut perspiciat quæ quisque, et quomodo laudet; et placere, quæ bene dicet, non suo magis quam eorum nomine delectetur, qui recte judicabunt.

Pueros adolescentibus sedere permixtos, non placet mihi : nam etiamsi vir talis, qualem esse oportet studiis moribusque præpositum, modestam habere potest etiam juventutem; tamen vel infirmitas a robustioribus separanda est; et carendum non solum crimine turpitudinis, verum etiam suspicione. Hæc notanda breviter existimavi : nam ut absit ab ultimis vitiis ipse præceptor, ac schola, ne præcipiendum quidem credo : ac si quis est, qui flagitia manifesta in deligendo filii præceptore non vitet, jam hinc sciat, cetera quoque, quæ ad utilitatem juventutis componere conamur, esse sibi, hac parte omissa, supervacua.

CAPUT III.

An protinus præceptore optimo sit utendum.

NE illorum quidem persuasio silentio transeunda est, qui, etiam quum idoneos rhetori pueros putaverunt, non tamen continuo tradendos eminentissimo credunt, sed apud minores aliquamdiu detinent, tamquam insti-

maître ne doit pas parler au goût de ses élèves, mais ceux-ci au goût de leur maître. Que ce dernier s'attache aussi à démêler, autant qu'il le pourra, en quoi et pourquoi tel endroit plaît à tel élève; et si ce qu'il aura dit de bon est apprécié, qu'il s'en félicite moins pour lui-même, que pour ceux qui auront fait preuve de jugement.

Je n'aime pas que les enfans soient assis pêle-mêle avec les jeunes gens. Quoique l'homme, tel qu'il convient de le choisir pour diriger les mœurs et les études, n'ait pu former qu'une jeunesse chaste et modeste, cependant l'âge faible doit être séparé de l'âge plus avancé, et il faut éviter jusqu'au soupçon des liaisons criminelles. J'ai cru ne devoir que glisser sur cet article, car je me ferais scrupule de recommander que le maître et l'école soient également exempts des derniers vices. Malheur à qui ne pourrait échapper à des désordres manifestes dans le choix du précepteur de son fils! Ce point négligé, tous les avantages que nous nous efforçons de produire pour le bien de la jeunesse seraient perdus pour elle.

CHAPITRE III.

Si l'on doit immédiatement faire choix du meilleur maître.

Je ne dois point passer sous silence l'opinion de quelques personnes qui, lorsque les enfans sont d'âge à être confiés au rhéteur, estiment qu'il ne faut pas les mettre tout de suite entre les mains du plus habile, mais les retenir quelque temps sous des maîtres moins forts. Ils en don-

tuendis artibus magis sit apta mediocritas præceptoris, cum ad intellectum atque imitationem facilior, tum ad suscipiendas elementorum molestias minus superba.

Qua in re mihi non arbitror diu laborandum, ut ostendam quanto sit melius optimis imbui, quantaque in eluendis, quæ semel insederint, vitiis, difficultas consequatur; quum geminatum onus succedentes premat, et quidem dedocendi gravius ac prius, quam docendi. Propter quod Timotheum clarum in arte tibiarum, ferunt duplices ab iis, quos alius instituisset, solitum exigere mercedes, quam si rudes traderentur.

Error tamen est in re duplex: unus, quod interim sufficere illos minores existimant, et bono sane stomacho contenti sunt; quæ, quamquam et ipsa reprehensione digna, securitas tamen esset utcumque tolerabilis, si ejusmodi præceptores minus docerent, non pejus: alter ille etiam frequentior, quod eos, qui ampliorem dicendi facultatem sunt consecuti, non putant ad minora descendere; idque interim fieri, quia fastidiant præstare hanc inferioribus curam, interim quia omnino non possint. Ego porro eum, qui nolit, in numero præcipientium non habeo; posse autem maxime, si velit, optimum quemque contendo : primum, quod eum, qui eloquentia ceteris præstet, illa quoque, per quæ ad

nent pour raison que la médiocrité est plus propre à enseigner les principes des arts, soit parce qu'elle se fait mieux comprendre, et qu'on l'imite plus aisément, soit parce qu'elle se soumet de meilleure grâce à l'ennui des premiers élémens.

Je n'aurai pas, je crois, beaucoup de peine à démontrer combien il est préférable d'être imbu d'abord des meilleures doctrines, et combien on a de mal dans la suite à extirper les défauts qui ont une fois pris racine. Le maître qui vient après, a deux fardeaux pour un : il faut qu'il commence par faire oublier ce qu'on a mal appris, et cette tâche est encore plus rude que celle d'enseigner. Aussi, Timothée, célèbre joueur de flûte, exigeait-il de ceux qui avaient pris les premières leçons d'un autre, deux fois plus que de ceux qui ne savaient rien.

Il y a d'ailleurs une double erreur dans cette opinion. La première, c'est de croire que des maîtres médiocres suffisent pour quelque temps : il faut avouer qu'on ne saurait être de meilleure composition. Cependant cette sécurité, toute blâmable qu'elle est, serait jusqu'à un certain point tolérable, s'il était vrai que des maîtres de cette sorte enseignent moins, mais n'enseignent pas plus mal. L'autre erreur, et la plus répandue, c'est de s'imaginer que les hommes qui ont acquis une grande supériorité dans l'art de la parole, ne descendent pas aux petits détails, soit qu'ils les dédaignent comme au dessous d'eux, soit qu'ils s'en reconnaissent incapables. Pour moi, je ne mets pas au rang des maîtres celui qui ne veut pas prendre une pareille peine, et je soutiens que plus on est éclairé, mieux on enseigne les petites choses, pour peu qu'on le veuille; d'abord parce qu'il est probable que celui qui surpasse les autres en éloquence,

eloquentiam pervenitur, diligentissime percepisse credibile est; deinde, quia plurimum in præcipiendo valet ratio, quæ doctissimo cuique planissima est; postremo, quia nemo sic in majoribus eminet, ut eum minora deficiant; nisi forte Jovem quidem Phidias optime fecit; illa autem, quæ in ornamentum operis ejus accedunt, alius melius elaborasset; aut orator loqui nesciet, aut leviores morbos curare non poterit medicus præstantissimus. Quid ergo? non est quædam eloquentia major, quam ut eam intellectu consequi puerilis infirmitas possit? Ego vero confiteor; sed hunc disertum præceptorem, prudentem quoque, et non ignarum docendi, esse oportebit, submittentem se ad mensuram discentis, ut velocissimus quisque, si forte iter cum parvulo faciat, det manum, et gradum suum minuat, nec procedat ultra, quam comes possit.

Quid? si plerumque accidit, ut faciliora sint ad intelligendum et lucidiora multo, quæ a doctissimo quoque dicuntur? Nam et prima est eloquentiæ virtus, perspicuitas, et, quo quis ingenio minus valet, hoc se magis attollere et dilatare conatur; ut statura breves, in digitos eriguntur, et plura infirmi minantur. Nam tumidos, et corruptos, et tinnulos, et quocumque alio cacozeliæ genere peccantes, certum habeo, non virium, sed infirmitatis vitio laborare: ut corpora non robore, sed

connaît le mieux aussi les chemins qui y conduisent ; ensuite parce que la méthode est ce qu'il y a de plus important dans l'enseignement, et que tout vrai savant la possède; enfin, parce qu'on n'est jamais tellement supérieur dans les grandes choses, qu'on perde tout-à-fait de vue les petites. J'aimerais autant qu'on me dît que Phidias qui a si admirablement représenté Jupiter, aurait été vaincu par un autre artiste dans les ornemens accessoires de cet ouvrage, ou qu'un orateur ne saura pas parler comme un autre homme, ou qu'un très-habile médecin ne saura pas guérir les plus légères maladies. Mais, dira-t-on, n'est-il pas un degré d'éloquence auquel ne peut atteindre la faible intelligence des enfans? Je l'accorde. Mais je ne veux pas seulement que le professeur soit disert; je veux encore qu'il soit judicieux et qu'il sache son métier, c'est-à-dire qu'il se soumette à la mesure de son élève, comme le piéton le plus agile, s'il fait route avec un enfant, lui donne la main, modère sa marche et règle son pas sur celui de son petit compagnon.

Que sera-ce, si je prouve que les leçons données par un maître habile sont ordinairement plus faciles à comprendre et par conséquent plus lucides? Car la première condition de tout discours, c'est la clarté, et moins un homme a de talent, plus il fait d'efforts pour s'enfler et se guinder, comme on voit les gens de petite taille se dresser sur la pointe de leurs pieds, et les plus faibles avoir toujours la menace à la bouche. Oui, c'est pour moi chose certaine, l'enflure, la prétention, la recherche et tous les autres genres d'affectation ne décèlent que la faiblesse de l'esprit, loin d'indiquer sa force; de même que la bouffissure est un symptôme de maladie et non un

valetudine inflantur; et recto itinere lapsi plerumque devertunt. Erit ergo obscurior etiam, quo quisque deterior.

Non excidit mihi, scripsisse me in libro priore, quum potiorem in scholis eruditionem esse, quam domi, dicerem, libentius se prima studia tenerosque profectus ad imitationem condiscipulorum, quæ facilior esset, erigere; quod a quibusdam sic accipi potest, tamquam hæc, quam nunc tueor, sententia priori diversa sit. Id a me procul aberit; namque ea causa vel maxima est, cur optimo cuique præceptori sit tradendus puer, quod apud eum discipuli quoque, melius instituti, aut dicent, quod inutile non sit imitari; aut, si quid erraverint, statim corrigentur : at indoctus ille etiam probabit fortasse vitiosa, et placere audientibus judicio suo coget. Sit ergo, tam eloquentia quam moribus, præstantissimus, qui ad Phœnicis Homerici exemplum dicere ac facere doceat.

CAPUT IV.

De primis apud rhetorem exercitationibus.

HINC jam, quas primas in docendo partes rhetorum putem, tradere incipiam, dilata parumper illa, quæ sola vulgo vocatur, *arte rhetorica;* at mihi opportunus maxime videtur ingressus ab eo, cujus aliquid simile

signe de santé; de même que plus on s'écarte du droit chemin, plus on s'égare. Conclusion. Moins un maître sera habile, plus ses leçons seront obscures.

Je n'ai point oublié qu'en traitant des avantages de l'éducation publique sur l'éducation privée, j'ai dit dans le premier livre que les enfans, au commencement de leurs études, s'attachaient plus volontiers à imiter leurs condisciples, parce que cela leur était plus aisé. Peut-être croira-t-on qu'il y a contradiction entre cette opinion et celle que je défends actuellement. Il n'en est rien; c'est au contraire un motif de plus pour que l'enfant soit confié au meilleur maître; car ses élèves, étant mieux instruits, ou diront des choses qu'il ne sera pas inutile pour lui d'imiter, ou seront aussitôt repris s'ils se trompent : tandis qu'un maître ignorant approuvera quelquefois des sottises, et par son approbation forcera celle de ses élèves. Choisissons donc un maître accompli, et pour l'éloquence et pour les mœurs, qui, à l'exemple de Phénix, dans Homère, enseigne en même temps à bien dire et à bien faire.

CHAPITRE IV.

Quels doivent être les premiers exercices auprès du rhéteur.

Je vais dire maintenant quelles sont les premières leçons qu'on doit trouver chez les rhéteurs, en ajournant pour quelque temps ce qui s'appelle proprement l'art de la rhétorique. Et d'abord, il me paraît convenable de commencer par un exercice qui ait quelque rapport avec

apud grammaticos puer didicerit. Et quia narrationum, excepta qua in causis utimur, tres accepimus species: *fabulam*, quæ versatur in tragœdiis atque carminibus, non a veritate modo, sed etiam a forma veritatis remotam; *argumentum*, quod falsum, sed verosimile, comœdiæ fingunt; *historiam*, in qua est gestæ rei expositio; grammaticis autem poeticas dedimus : apud rhetorem initium sit historia, tanto robustior, quanto verior.

Sed narrandi quidem quæ nobis optima ratio videatur, tum demonstrabimus, quum de judiciali parte dicemus. Interim admonere illud satis est, ut sit ea neque arida prorsus atque jejuna, (nam quid opus erat tantum studiis laboris impendere, si res nudas atque inornatas indicare satis videretur?) neque rursus sinuosa, et arcessitis descriptionibus, in quas plerique imitatione poeticæ licentiæ ducuntur, lasciva. Vitium utrumque; pejus tamen illud, quod ex inopia, quam quod ex copia venit : nam in pueris oratio perfecta nec exigi, nec sperari potest; melior autem est indoles læta, generosique conatus, et vel plura justo concipiens interim spiritus. Nec unquam me in his discentis annis offendat, si quid superfuerit : quin ipsis doctoribus hoc esse curæ velim, ut teneras adhuc mentes more nutricum mollius

ce que les enfans ont déjà appris sous le grammairien, les narrations par exemple. Il y en a de trois espèces, sans compter celles dont on fait usage au barreau : l'une fabuleuse, telle qu'on l'emploie dans les tragédies et les poëmes, et qui n'a rien de commun avec la vérité ni dans le fonds, ni dans la forme; l'autre feinte, mais vraisemblable, c'est l'*argument* ou le sujet dans les comédies; la troisième historique, c'est l'exposition d'un fait accompli. Il y a aussi les narrations poétiques dont nous avons fait la part du grammairien. Il faudra donc commencer auprès du rhéteur par les narrations historiques, comme étant d'une instruction d'autant plus solide qu'elles sont plus vraies.

Lorsque nous traiterons de l'éloquence judiciaire, nous démontrerons quelle est la meilleure manière de narrer. Contentons-nous, pour le moment, d'avertir qu'elle ne doit être ni sèche, ni stérile; car à quoi servirait de se donner tant de mal pour étudier, si l'on croyait qu'il suffit de présenter les choses nues et sans ornemens? D'un autre côté, qu'elle ne s'égare pas dans des détours inutiles, en se surchargeant de descriptions parasites, écueil ordinaire de ceux qui s'abandonnent trop légèrement à l'imitation du luxe poétique. Ce sont deux excès. Toutefois, vaut-il mieux pécher par abondance que par stérilité. On ne peut exiger ni attendre des enfans un style parfait : préférons donc des efforts généreux et un courage qui aille quelquefois au-delà du but; c'est l'indice d'un plus heureux naturel. Jamais je ne me plaindrai d'un peu de superfluité à cet âge; je veux même que les maîtres, à l'exemple des nourrices, prodiguent à ces tendres esprits les plus doux alimens et les laissent s'abreuver à longs traits, comme d'un lait pur,

alant, et satiari velut quodam jucundioris disciplinæ lacte patiantur : erit illud plenius interim corpus, quod mox adulta ætas astringat. Hinc spes roboris : maciem namque et infirmitatem in posterum minari solet protinus omnibus membris expressus infans. Audeat hæc ætas plura, et inveniat, et inventis gaudeat, sint licet illa non satis interim sicca et severa : facile remedium est ubertatis; sterilia nullo labore vincuntur. Illa mihi in pueris natura minimum spei dederit, in qua ingenium judicio præsumitur. Materiam esse primum volo vel abundantiorem atque ultra, quam oporteat, fusam : multum inde decoquent anni, multum ratio limabit, aliquid velut usu ipso deteretur, sit modo unde excidi possit, et quod exculpi; erit autem, si non ab initio tenuem nimium laminam duxerimus, et quam cælatura altior rumpat. Quod me de his ætatibus sentire minus mirabitur, qui apud Ciceronem legerit, *Volo enim se efferat in adolescente fecunditas.* Quapropter inprimis evitandus, et in pueris præcipue, magister aridus; non minus, quam teneris adhuc plantis siccum et sine humore ullo solum. Inde fiunt humiles statim, et velut terram spectantes, qui nihil supra quotidianum sermonem attollere audeant : macies illis pro sanitate, et judicii loco infirmitas est; et dum satis putant vitio carere, in id ipsum incidunt vitium, quod virtutibus

de tout ce qu'il y a d'agréable dans les études. Le corps sera plus plein, quand l'âge adulte viendra en arrêter les formes. De là l'espérance d'une forte constitution; car ceux dont les membres se prononcent trop tôt sont menacés dans la suite de rester maigres et délicats. J'aime à voir dans les enfans beaucoup d'audace et d'imagination, j'aime à les voir s'applaudir de ce qu'ils ont trouvé, quand même leurs compositions laisseraient à désirer pour le fini et la séverité. On remédie facilement à trop d'abondance; la stérilité est un mal incurable. Je ne fonderai nul espoir sur un sujet en qui le jugement seul fera présumer l'esprit. Qu'on me donne une matière bien abondante et qui déborde même quand elle est en fusion : le temps en détruira une partie, la raison y passera sa lime, l'usage même en ôtera quelque chose; s'il y a de quoi retrancher, il y a aussi de quoi graver, pourvu que, dans l'origine, le métal ne soit pas aminci au point de ne plus recevoir la ciselure, sans se rompre. On ne s'étonnera pas de l'avis que j'exprime ici; c'était aussi celui de Cicéron : *Je veux*, dit-il, *que la sève surabonde dans un jeune homme.* Évitons donc, surtout dans le premier âge, un maître d'un esprit aride, de même que nous évitons pour les jeunes plantes, un terrain sec et sans aucune humidité. On devient, sous de pareils maîtres, humble et rampant, on n'ose pas s'élever au dessus du langage vulgaire; on prend la maigreur pour de la santé, la faiblesse pour du jugement; on croit qu'il suffit de n'avoir pas de défauts, et on tombe dans le pire de tous, celui de ne posséder aucune qualité. Je me méfierai de la maturité même, si elle est trop hâtive : il ne faut pas que les vins soient déjà forts dans

carent. Quare mihi ne maturitas quidem ipsa festinet, nec musta in lacu statim austera sint : sic et annos ferent, et vetustate proficient.

Ne illud quidem quod admoneamus indignum est, ingenia puerorum nimia interim emendationis severitate deficere; nam et desperant, et dolent, et novissime oderunt, et, quod maxime nocet, dum omnia timent, nihil conantur. Quod etiam rusticis notum est, qui frondibus teneris non putant adhibendam esse falcem, quia reformidare ferrum videntur, et cicatricem nondum pati posse. Jucundus ergo tum maxime debet esse præceptor, ut remedia, quæ alioqui natura sunt aspera, molli manu leniantur : laudare aliqua; ferre quædam; mutare etiam, reddita cur id fiat ratione; illuminare, interponendo aliquid sui. Nonnunquam hoc quoque erit utile, totas ipsum dictare materias, quas et imitetur puer, et interim tamquam suas amet. At si tam negligens ei stylus fuerit, ut emendationem non recipiat, expertus sum prodesse, quoties eamdem materiam rursus a me retractatam, scribere de integro juberem; *posse enim eum adhuc melius* : quatenus nullo magis studia, quam spe, gaudent. Aliter autem alia ætas emendanda est, et pro modo virium et exigendum opus, et corrigendum. Solebam ego dicere pueris, aliquid ausis licentius aut lætius, *laudare illud me adhuc; venturum*

la cuve pour qu'ils supportent bien les années, et qu'ils gagnent en vieillissant.

Je crois devoir avertir que rien ne décourage les enfans comme trop de sévérité à corriger leurs compositions; ils se désespèrent, ils se chagrinent, et finissent par prendre leurs devoirs en aversion; ou bien, ce qui n'est pas moins funeste, paralysés par la crainte de mal faire, ils ne tentent plus aucun effort. C'est une vérité comprise par les cultivateurs eux-mêmes; ils se gardent bien de porter la faux sur les jeunes branches, parce qu'elles semblent redouter le fer, et ne pouvoir encore souffrir de blessures. Qu'à leur exemple donc le maître se montre indulgent, et qu'il adoucisse d'une main légère des remèdes naturellement amers. Il louera tel endroit, il laissera passer tel autre; ici, il fera des changemens, en expliquant pourquoi; là, il embellira en mettant du sien. Souvent aussi il sera utile qu'il dicte lui-même des matières que l'enfant cherchera à imiter et dans lesquelles ils se complaira comme dans son propre ouvrage. Mais si une composition est négligée au point de ne pouvoir subir de correction, en ce cas, je me suis toujours bien trouvé de faire recommencer la même matière que j'avais remaniée, alléguant que l'élève pouvait mieux faire encore, car rien dans les études n'encourage autant que l'espérance. Au surplus, la manière de corriger ne sera pas la même pour tous les âges, et l'on se montrera exigeant et difficile, suivant les forces de l'enfant. Il me souvient que quand il leur échappait, dans leurs compositions, des saillies trop vives ou trop hardies, *cela ne me déplaît point encore,* leur disais-je, *mais il viendra un*

tempus, quo idem non permitterem : ita et ingenio gaudebant, et judicio non fallebantur.

Sed ut eo revertar, unde sum egressus, narrationes stylo componi quanta maxima possit adhibita diligentia volo : nam, ut primo, quum sermo instituitur, dicere quæ audierint, utile est pueris ad loquendi facultatem; ideoque et retro agere expositionem, et a media in utramque partem discurrere sane merito cogantur; sed ad gremium præceptoris, et dum aliud non possunt, et dum res ac verba connectere incipiunt, ut protinus memoriam firment; ita quum jam formam rectæ atque emendatæ orationis accipient, extemporalis garrulitas, nec exspectata cogitatio, et vix surgendi mora, circulatoriæ vere jactationis est. Hinc parentum imperitorum inane gaudium; ipsis vero contemptus operis, et inverecunda frons, et consuetudo pessime dicendi, et malorum exercitatio, et, quæ magnos quoque profectus frequenter perdidit, arrogans de se persuasio innascitur. Erit suum parandæ facilitati tempus, nec a nobis negligenter locus iste transibitur. Interim satis est, si puer omni cura et summo, quantum ætas illa capit, labore aliquid probabile scripserit : in hoc assuescat; hujus rei naturam sibi faciat : ille demum in id, quod quærimus, aut ei proximum, poterit evadere, qui ante discet recte dicere, quam cito.

temps où je ne le souffrirai plus. Ainsi ils pouvaient se féliciter de leur esprit, et je n'égarais point leur jugement.

Mais, pour revenir à mon sujet dont je me suis écarté, j'entends que les narrations soient travaillées avec le plus de soin possible; car s'il est bon, dans les premiers exercices du langage, de faire répéter aux enfans ce qu'ils ont entendu, ne fût-ce que pour leur donner de la facilité à s'exprimer; si, pour cela, on a raison de leur faire reprendre un récit en rétrogradant, ou de les faire passer du milieu à toute autre partie, le tout sous les yeux du maître, et seulement dans la vue d'affermir leur mémoire à un âge où ils ne peuvent guère faire autre chose, et où ils commencent à peine à coudre deux idées; aussi, dès qu'ils sont en état de mettre de l'ordre et de la correction dans un discours, ne faut-il pas leur souffrir ce bavardage improvisé, cette incohérence de pensées et cette impatiente ardeur de se montrer qui ne convient qu'à des charlatans. Des parens ignorans ont la sottise de s'en réjouir, et ne s'aperçoivent pas que les jeunes gens contractent par-là le mépris du travail, l'oubli de toute pudeur, l'habitude d'un langage incorrect, la dépravation du goût, et, ce qui a souvent arrêté de grands progrès, une arrogante présomption. La facilité à parler aura aussi son tour, et certes nous ne la négligerons pas; mais, quant à présent, il suffit qu'à force de soins et de travail, et autant que l'âge le permet, un enfant écrive passablement et qu'il s'en fasse une habitude pour ainsi dire naturelle. Enfin, celui-là arrivera au point que nous cherchons, ou à quelque chose d'approchant qui apprendra à *bien* dire avant d'apprendre à dire *vite.*

Narrationibus non inutiliter subjungitur opus destruendi confirmandique eas, quod ἀνασκευὴ et κατασκευὴ vocatur : id porro non tantum in fabulosis et carmine traditis fieri potest, verum etiam in ipsis annalium monumentis; ut, si quæratur, *An sit credibile, super caput Valerii pugnantis sedisse corvum, qui os oculosque hostis Galli rostro atque alis everberaret?* sit in utramque partem ingens ad dicendum materia : ut *de serpente, quo Scipio traditur genitus;* et *lupa Romuli;* et *Egeria Numæ* : nam græcis historiis plerumque poeticæ similis est licentia. Sæpe etiam quæri solet de tempore, de loco, quo gesta res dicitur; nonnunquam de persona quoque, sicut Livius frequentissime dubitat, et alii ab aliis historici dissentiunt.

Inde paulatim ad majora tendere incipiet, laudare claros viros, et vituperare improbos; quod non simplicis utilitatis opus est : namque et ingenium exercetur multiplici variaque materia, et animus contemplatione recti pravique formatur; et multa inde cognitio rerum venit, exemplisque, quæ sunt in omni genere causarum potentissima, jam tum instruitur; quum res poscet, usurus. Hinc illa quoque exercitatio subit *comparationis, uter melior, uterve deterior?* quæ quamquam versatur in ratione simili, tamen, et duplicat materiam, et virtutum vitiorumque non tantum naturam, sed etiam mo-

Ce n'est pas un travail sans fruit que celui qu'on joint d'ordinaire aux narrations, et qui consiste à confirmer ou à détruire un fait, ce que les Grecs appellent ἀνασκευή et κατασκευή. Ce travail peut se faire non-seulement sur les sujets fabuleux et poétiques, mais même sur les traditions historiques. C'est ainsi qu'on demandera s'il est croyable qu'un corbeau se soit placé sur la tête de Valerius pendant qu'il combattait, pour frapper du bec et des ailes le Gaulois son ennemi, au visage et aux yeux. Il y a là ample matière à discuter pour ou contre. J'en dis autant et du serpent dont on prétend qu'est né Scipion, et de la louve de Romulus, et de la nymphe Égérie de Numa. Quant aux histoires grecques, ce sont presque des licences poétiques. Souvent aussi on élève des questions sur l'époque et le lieu où une chose s'est passée, ou bien c'est sur la personne même que les historiens ne s'accordent pas, ou qu'on a des doutes, comme on le voit fréquemment dans Tite-Live.

De là, l'élève commencera peu à peu à prendre un vol plus hardi. Il en viendra à faire l'éloge des hommes qui se sont illustrés par leurs vertus, et à flétrir ceux qui se sont déshonorés par leurs vices, genre de composition qui ne se borne pas à un seul avantage; car, en même temps que l'esprit se nourrit par la multiplicité et la variété des matières, l'âme se forme par cette contemplation morale du bien et du mal. On acquiert ainsi la connaissance d'une foule de choses, et l'on se munit d'un grand nombre d'exemples pour s'en servir au besoin, surtout dans les causes où ils sont d'une si grande ressource. Cela conduit à l'exercice de la comparaison; on établit un parallèle entre deux personnages historiques: *quel est le plus vertueux?* ou *quel est le plus pervers?*

dum tractat. Verum de ordine laudis, contraque, quoniam tertia hæc rhetorices pars est, præcipiemus suo tempore.

Communes loci (de iis loquor, quibus, citra personas, in ipsa vitia moris est perorare, ut in *adulterum, aleatorem, petulantem*) ex mediis sunt judiciis, et, si reum adjicias, *accusationes;* quamquam hi quoque ab illo generali tractatu ad quasdam deduci species solent, ut, si ponatur *adulter cæcus, aleator pauper, petulans senex.* Habent autem nonnunquam etiam defensionem : nam et pro *luxuria,* et pro *amore* dicimus; et leno interim parasitusque defenditur, sic, ut non homini patrocinemur, sed crimini.

Theses autem, quæ sumuntur ex rerum comparatione, ut *rusticane vita, an urbana potior? jurisperiti, an militaris viri laus major?* mire sunt ad exercitationem dicendi speciosæ atque uberes, quæ vel ad suadendi officium, vel etiam ad judiciorum disceptationem juvant plurimum : nam posterior ex prædictis locus, in causa Muræne copiosissime a Cicerone tractatur. Sunt et illæ pæne totæ ad deliberativum pertinentes genus, *ducen-*

et, quoique la méthode soit la même, la matière se trouve doublée, en ce que l'on n'envisage pas seulement quelle était en eux la nature des vertus ou des vices, mais encore dans quelle mesure ils les avaient. Quant à l'ordre qu'il faut observer dans les compositions du genre démonstratif, comme c'est la troisième partie de l'art de la rhétorique, j'en donnerai des préceptes quand il en sera temps.

Les lieux communs, je parle de ceux où, sans acception de personnes, on se déchaîne contre les vices en général, par exemple, contre l'adultère, la passion du jeu, le libertinage; ces lieux communs, dis-je, sont ce qui naît le plus souvent du sein des causes; ajoutez-y des noms, ce sont de véritables accusations. Cependant, de ce point de vue général, on descend quelquefois à des espèces particulières, comme lorsqu'on représente l'adultère *aveugle*, le joueur *indigent*, le libertin *âgé*. On se sert aussi des lieux communs pour la défense : on plaide en faveur de l'incontinence et de l'amour; on excuse un parasite et pis encore; dans tout cela, c'est la passion elle-même qu'on défend, et jamais l'homme*.

Quant aux thèses qui ont pour objet de comparer une chose avec une autre, par exemple : *Si la vie de la campagne est préférable à celle des villes, si la gloire d'un jurisconsulte l'emporte sur celle d'un homme de guerre, etc.;* je ne connais pas de champ plus vaste et plus fécond pour s'exercer à l'art de la parole, ni rien qui soit d'un plus grand secours pour les matières délibératives et même pour les discussions judiciaires. Voyez, en effet, avec quelle richesse d'élocution Cicéron, dans son oraison

* Autrement, ce ne serait plus un lieu commun, mais une véritable cause, un plaidoyer.

dane uxor, petendine sint magistratus? namque hæ, personis modo adjectis, suasoriæ erunt.

Solebant præceptores mei, neque inutili, et nobis etiam jucundo genere exercitationis, præparare nos conjecturalibus causis, quum quærere atque exsequi juberent, *Cur armata apud Lacedæmonios Venus?* et, *Quid ita crederetur Cupido puer, ac volucer, et sagittis ac face armatus?* et similia : in quibus scrutabamur voluntatem, cujus in controversiis frequens quæstio est, quod genus chriæ videri potest.

Nam locos quidem, quales sunt de testibus, *semperne his credendum?* et de argumentis, *an habenda etiam parvis fides?* adeo manifestum est ad forenses actiones pertinere, ut quidam, nec ignobiles in officiis civilibus, scriptos eos, memoriæque diligentissime mandatos, in promptu habuerint, ut, quoties esset occasio, extemporales eorum dictiones his velut emblematis exornarentur. Quo quidem, neque enim ejus rei judicium differre sustineo, summam videbantur mihi infirmitatem de se confiteri : nam quid hi possint in causis, quarum varia ac nova semper est facies, proprium invenire? quomodo propositis ex parte diversa respondere? altercationibus velociter occurrere? testem rogare? qui etiam in iis,

pro Murœna, traite la dernière comparaison que je viens de citer. Il y a aussi des thèses qui appartiennent presque exclusivement au genre délibératif : *Est-il avantageux de se marier? doit-on briguer les charges publiques, etc.?* car, avec des noms, ce seront autant de délibérations.

Je me rappelle que nos maîtres avaient l'usage de nous préparer à traiter les questions de fait par un exercice qui n'était ni sans utilité, ni sans agrément. Ils nous prescrivaient, par exemple, de rechercher et d'indiquer pourquoi Vénus était armée chez les Lacédémoniens? pourquoi Cupidon était représenté sous la figure d'un enfant ailé, avec des flèches et un flambeau? et autres questions semblables. Nous nous attachions à deviner ces causes, genre de recherches assez fréquent dans les controverses, et qui peut être regardé comme une espèce de *chrie*.

A l'égard de ces autres lieux communs sur les témoins et sur les preuves : *S'il faut toujours croire les premiers et s'en rapporter aux dernières, lors même qu'elles sont légères;* cela appartient si manifestement aux actions judiciaires, que des hommes qui jouissent de quelque considération au barreau, en ont toujours à leur disposition, par écrit ou dans la mémoire, pour en faire, au besoin, un ornement accessoire de leurs plaidoiries; en quoi, je dois le dire ici, ils me paraissent faire l'humiliant aveu de leur faiblesse; car comment, dans les causes dont l'aspect est toujours varié et toujours neuf, se flatter de trouver l'argument propre et la réplique à la partie adverse; comment parer rapidement aux objections, interroger adroitement un témoin, si, dans les choses les plus simples, et qui se rencontrent le plus souvent dans les affaires, on ne peut exprimer les idées les plus com-

quæ sunt communia, et in plurimis causis tractantur, vulgatissimos sensus verbis, nisi tanto ante præparatis, prosequi nequeant. Necesse est, his, quum eadem judiciis pluribus dicunt, aut fastidium moveant velut frigidi et repositi cibi; aut pudorem deprehensa toties, audientium memoria, infelix supellex, quæ, sicut apud pauperes ambitiosos, pluribus et diversis officiis conteratur : cum eo quidem, quod vix ullus est tam communis locus, qui possit cohærere cum causa, nisi aliquo propriæ quæstionis vinculo copulatus; appareatque, eum non tam insertum, quam applicitum; vel quod dissimilis est ceteris, vel quod plerumque assumi etiam parum apte solet, non quia desideratur, sed quia paratus est; ut quidam sententiarum gratia verbosissimos locos arcessunt, quum ex locis debeat nasci sententia. Ita sunt autem speciosa hæc et utilia, si oriuntur ex causa : ceterum quamlibet pulchra locutio, nisi ad victoriam tendit, utique supervacua, sed interim etiam contraria est. Verum hactenus evagari satis fuerit.

Legum laus et *vituperatio* jam majores, ac prope summis operibus suffecturas, vires desiderant; quæ quidem, suasoriis magis an controversiis accommodata sit exercitatio, consuetudine et jure civitatium differt : apud Græcos enim lator earum ad judicem vocabatur; Romanis pro concione suadere ac dissuadere moris fuit. Utro-

munes qu'à l'aide de phrases préparées long-temps à l'avance? Ces morceaux, tant de fois ressassés, doivent à la longue inspirer le dégoût comme des mets refroidis ou qu'on sert jusqu'à satiété. Ne doit-on pas rougir aussi d'offrir si souvent à la mémoire de ses auditeurs ces misérables lambeaux qui, comme les haillons du pauvre orgueilleux, sont usés à force de servir? Ajoutez qu'il n'est peut-être pas de lieu commun, si commun soit-il, qui puisse bien s'unir à une cause, à moins qu'il ne tienne par quelque fil à la question même; aussi n'y voit-on qu'un placage qui fait disparate avec le reste, tant il est mal ajusté; aussi s'aperçoit-on que l'orateur n'en fait usage que parce qu'il l'a sous la main, et nullement par nécessité. Il en est de même de ces hors-d'œuvre qu'on imagine pour avoir occasion d'y placer des pensées, tandis que les pensées doivent jaillir naturellement du sujet, et qu'elles n'ont de prix et ne produisent d'effet qu'à cette condition. Toute phrase donc, quelque sonore qu'elle soit, qui ne tend pas au succès de la cause est superflue, si même elle n'est nuisible. Mais laissons cette digression.

Il y a encore un genre d'exercice qui exige une maturité de forces déjà presque capable des productions les plus élevées, je veux parler de l'éloge ou de la censure des lois. Cet exercice rentre dans le genre délibératif ou dans le genre judiciaire suivant le droit public et la coutume des nations. Chez les Grecs, celui qui proposait la loi était appelé devant le juge; chez les Romains, on la discutait devant le peuple. Mais dans l'un comme dans l'autre

que autem modo pauca de his, et fere certa dicuntur : nam et genera sunt tria, *sacri, publici, privati juris.* Quæ divisio ad laudem magis spectat, si quis eam per gradus augeat, quod *lex*, quod *publica*, quod *ad religionem deum comparata* sit. Ea quidem, de quibus quæri solet, communia omnibus : aut enim de jure dubitari potest ejus, *qui rogat,* ut *de P. Clodii, qui non rite creatus tribunus arguebatur;* aut de ipsius rogationis, quod est varium, sive *non trino* forte *nundino* promulgata, sive *non idoneo die,* sive *contra intercessiones, vel auspicia, aliudve quid, quod legitimis obstet,* dicitur lata esse, vel ferri; sive *alicui manentium legum repugnare.* Sed hæc ad illas primas exercitationes non pertinent; nam sunt eæ citra complexum personarum, temporum, causarum. Reliqua eadem fere, vero fictoque hujusmodi certamine, tractantur : nam vitium aut *in verbis* est, aut *in rebus* : in verbis quæritur; *An satis significent? an sit in iis aliquid ambiguum?* In rebus; *An lex sibi ipsa consentiat? An in populum ferri debeat, an in singulos homines?* Maxime vero commune est quærere; *An sit honesta? an utilis?* nec ignoro, plures fieri a plerisque partes; sed nos *justum, pium, religiosum,* ceteraque his similia, *honesto* complectimur. *Justi* tamen species non simpliciter excuti solet : aut enim de re ipsa quæritur, ut *dignane pœna,*

mode, ce qu'on peut dire des lois en général se réduit à un petit nombre de points à peu près fixes ; car il n'y a que trois sortes de droits, le droit sacré, le droit public et le droit privé. On a particulièrement recours à cette division pour faire l'éloge d'une loi, lorsque par une gradation progressive on fait voir d'abord que c'est une loi, ensuite qu'elle est publique, et enfin qu'elle intéresse la religion et le culte des dieux. Quant aux points sur lesquels une loi peut être attaquée, ils sont communs à toutes. En effet, ou c'est l'autorité du législateur qu'on conteste, comme on le fit à l'égard de P. Clodius, que l'on accusait de n'avoir pas été créé tribun suivant les formes ; ou c'est la loi même qu'on décline, ce qui a lieu de diverses manières, soit en disant qu'elle n'a pas été promulguée pendant trois jours de marché consécutifs, conformément à l'usage, ou qu'elle l'a été un jour défendu, ou qu'on n'a pas eu égard aux oppositions, aux auspices ou à quelque autre empêchement légitime ; soit, enfin, parce qu'elle est en contradiction avec quelque loi encore en vigueur. Mais tout cela n'appartient pas à ces premiers exercices dont je parle, qui ne s'occupent ni des personnes, ni des temps, ni des motifs. Voici les autres points, qui se traiteront à peu près de la même manière, que le sujet soit vrai ou fictif. Car une loi pèche dans les mots ou dans les choses. Dans les mots, sont-ils assez explicites, ou ne présentent-ils pas quelque équivoque ? dans les choses, la loi est-elle d'accord avec elle-même, oblige-t-elle le peuple en général, ou chacun en particulier ? Le plus communément on examine aussi si une loi est *honnête* ou *utile*. Je sais qu'on pousse encore plus loin cette distinction : pour moi, je comprends sous ce terme d'*honnête*, la justice,

vel *præmio sit?* aut de modo præmii, pœnæve, *qui* tam *major*, quam *minor* culpari potest. Utilitas quoque interim *natura* discernitur, interim *tempore* : quædam *an obtineri possint*, ambigi solet. Ne illud quidem ignorare oportet, leges aliquando *totas*, aliquando *ex parte* reprehendi solere, quum exemplum rei utriusque nobis claris orationibus præbeatur : nec me fallit, eas quoque leges esse, quæ non in perpetuum rogentur, sed de honoribus aut imperiis, qualis *Manilia* fuit, de qua Ciceronis oratio est. Sed de his nihil hoc loco præcipi potest : constant enim propria rerum, de quibus agitur, non communi, qualitate.

His fere veteres facultatem dicendi exercuerunt, assumpta tamen a dialecticis argumentandi ratione : nam fictas ad imitationem fori consiliorumque materias apud Græcos dicere, circa Demetrium Phalerea institutum fere constat. An ab ipso id genus exercitationis sit inventum, ut alio quoque libro sum confessus, parum comperi : sed ne ii quidem, qui hoc fortissime affirmant, ullo satis idoneo auctore nituntur. Latinos vero dicendi præceptores extremis L. Crassi temporibus cœpisse, Cicero auctor est; quorum insignis maxime Plotius fuit.

l'humanité, la piété et autres vertus semblables. La justice a des caractères qu'il faut discuter, car ou c'est l'action même qu'on envisage pour établir si elle mérite d'être punie ou récompensée, ou bien c'est la mesure de la récompense ou du châtiment qui peut être attaquée en plus ou en moins. L'*utilité* se tire tantôt de la nature de la loi, tantôt des circonstances. Il est des lois qui donnent lieu de mettre en question si l'on pourra les faire observer. Il en est qu'on blâme dans leur ensemble, d'autres dans certaines parties. On a des exemples de ces deux cas dans les harangues les plus célèbres. Il est aussi, je ne l'ignore pas, des lois qui ne sont que temporaires et de circonstance, comme celles qui confèrent des honneurs ou des commandemens extraordinaires : telle fut la loi Manilia défendue par Cicéron. Mais ces sortes de lois ne sont pas ici susceptibles de préceptes, attendu qu'elles sont d'une essence toute particulière, et qu'elles reposent sur des qualités qui leur sont propres, et non sur des qualités générales.

Voilà à peu près sur quoi les anciens ont exercé le talent de la parole, en empruntant toutefois aux dialecticiens les formes de l'argumentation. Ce n'est guère que vers le temps de Démétrius de Phalère que s'introduisit chez les Grecs l'usage de plaider et de composer des harangues dans les écoles, à l'imitation de ce qui se pratique au barreau et dans les assemblées publiques; mais je ne suis pas bien certain que cet orateur soit l'inventeur de ce genre d'exercice, comme je l'ai dit dans un autre ouvrage, et ceux qui l'affirment avec le plus d'assurance ne me paraissent pas s'appuyer sur des autorités bien imposantes. Quant aux maîtres d'éloquence chez les Latins, Cicéron nous apprend que les premiers

CAPUT V.

De lectione oratorum et historicorum apud rhetorem.

SED de ratione declamandi post paulo : interim, quia prima rhetorices rudimenta tractamus, non omittendum videtur id quoque, ut moneam, quantum sit collaturus ad profectum discentium rhetor, si, quemadmodum a grammaticis exigitur poetarum enarratio, ita ipse quoque historiæ, atque etiam magis orationum lectione susceptos a se discipulos instruxerit; quod nos in paucis, quorum id ætas exigebat, et parentes utile esse crediderant, servavimus. Ceterum sentientibus jam tum optima, duæ res impedimento fuerunt, quod et longa consuetudo aliter docendi fecerat legem; et robusti fere juvenes, nec hunc laborem desiderantes, exemplum nostrum sequebantur : nec tamen, si quid novi vel sero invenissem, præcipere in posterum puderet. Nunc vero scio id fieri apud Græcos, sed magis per adjutores, quia non videntur tempora suffectura, si legentibus singulis præire semper ipsi velint.

Et hercle prælectio, quæ in hoc adhibetur, ut facile atque distincte pueri scripta oculis sequantur; etiam

parurent dans les derniers temps de L. Crassus. Plotius fut le plus célèbre.

CHAPITRE V.

De la lecture des orateurs et des historiens chez le rhéteur.

Je parlerai bientôt de la manière de traiter les sujets de déclamation; en attendant, et puisque nous en sommes aux élémens de la rhétorique, j'ai un avis à donner ici que je regarde comme très-important pour le progrès des études, c'est qu'à l'exemple des grammairiens qui font expliquer les poètes, le rhéteur forme ses élèves par la lecture des historiens, et surtout des orateurs. J'ai déjà fait l'épreuve de cette méthode, mais seulement à l'égard d'un petit nombre d'enfans que leur âge en rendait susceptibles, et sur la recommandation expresse des parens. Ce n'est pas que je n'en eusse reconnu les avantages, mais j'étais arrêté par la considération qu'une autre manière d'enseigner était depuis long-temps en usage, et que d'ailleurs les élèves déjà avancés ne réclamaient pas un pareil travail et préféreraient me suivre. Cependant, parce que je me serais avisé un peu tard d'innover, dois-je me faire scrupule de recommander ce qui est utile? Je sais d'ailleurs que cela se pratique à présent chez les Grecs, mais par des précepteurs auxiliaires, car les maîtres n'auraient pas le temps de suivre chaque élève dans cette lecture.

Au surplus, je n'entends point parler de cet exercice qui consiste à faire suivre aux enfans, facilement et dis-

illa, quæ vim cujusque verbi, si quod minus usitatum incidat, docet, multum infra rhetoris officium existimanda est. At demonstrare virtutes, vel, si quando ita incidat, vitia, id professionis ejus atque promissi, quo se magistrum eloquentiæ pollicetur, maxime proprium est; eo quidem validius, quod non utique hunc laborem docentium postulo, ut ad gremium revocatis, cujus quisque eorum velit libri lectione, deserviant. Nam mihi quum facilius, tum etiam multo magis videtur utile, facto silentio, unum aliquem, quod ipsum imperari per vices optimum est, constituere lectorem, ut protinus pronunciationi quoque assuescant; tum, exposita causa in quam scripta legetur oratio, nam sic clarius, quæ dicentur, intelligi poterunt, nihil otiosum pati, quodque in *inventione,* quodque in *elocutione* annotandum erit; quæ in *procemio* conciliandi judicis ratio; quæ *narrandi* lux, brevitas, fides; quod aliquando consilium, et quam occulta calliditas; namque ea sola in hoc ars est, quæ intelligi, nisi ab artifice, non possit : quanta deinceps in *dividendo* prudentia; quam subtilis et crebra *argumentatio;* quibus viribus inspiret, qua jucunditate permulceat; quanta in *maledictis* asperitas, in *jocis* urbanitas; ut denique dominetur in *affectibus,* atque in pectora irrumpat, animumque judicum similem iis, quæ dicit, efficiat. Tum in ratione *eloquendi,*

tinctement, les écrits qu'ils ont sous les yeux; il ne s'agit pas même de leur faire connaître la valeur d'un mot inusité qui se rencontre : tout cela est au dessous des soins d'un rhéteur. Mais, signaler les beautés d'un discours ou ses défauts, s'il s'en trouve, voilà le devoir de sa profession, voilà l'engagement que prend un maître d'éloquence! Or, pour cela il ne faut pas s'assujétir à lire tel ou tel livre, suivant le caprice des élèves, ce qui n'est bon qu'avec des enfans; il me paraît à la fois plus avantageux et plus commode de faire choix d'un lecteur pris, à tour de rôle, dans la classe, et que les autres écouteront en silence : ce qui les habituera d'abord à bien prononcer. Ensuite, après avoir expliqué le sujet du plaidoyer, et disposé ainsi les élèves à bien entendre ce qu'on leur lira, le maître ne laissera rien passer de tout ce qui pourra être remarquable sous le rapport de l'invention et de l'élocution. Il fera voir comment, dans l'exorde, on se concilie ses juges; comment, dans la narration, on parvient à être bref sans cesser d'être clair, et à donner à ses récits un air de sincérité qui n'exclue pas la circonspection et la finesse, car c'est là surtout le secret des gens de l'art; quelle économie on apporte dans la division de ses moyens; combien l'argumentation doit être vive et serrée; quand il faut s'élever avec force, quand il faut être insinuant et doux; quelle véhémence doit éclater dans les invectives, quel sel, quelle urbanité dans les railleries; enfin, comment un orateur maîtrise à son gré les affections, pénètre dans les cœurs, et dispose de l'esprit du juge. Passant à l'élocution, il fera remarquer ce qui constitue le mot propre, élégant, sublime; où il convient d'employer l'amplification, quelle est la qualité qui lui est opposée; en quoi consistent les

quod verbum proprium, ornatum, sublime : ubi *amplificatio* laudanda, quæ virtus ei contraria; quid speciose *translatum;* quæ *figura* verborum; quæ levis et quadrata, sed virilis tamen *compositio.* Ne id quidem inutile, etiam corruptas aliquando et vitiosas orationes, quas tamen plerique judiciorum pravitate mirentur, legi palam pueris, ostendique in his, quam multa impropria, obscura, tumida, humilia, sordida, lasciva, effeminata sint, quæ non laudantur modo a plerisque, sed, quod pejus est, propter hoc ipsum, quod sunt prava, laudantur : nam sermo rectus, et secundum naturam enunciatus, nihil habere ex ingenio videtur; illa vero, quæ utcunque deflexa sunt, tamquam exquisitiora miramur, non aliter quam distortis, et quocunque modo prodigiosis corporibus apud quosdam majus est pretium, quam iis, quæ nihil ex communis habitus bonis perdiderunt, atque etiam qui specie capiuntur, vulsis levatisque, et inustas comas acu comentibus, et non suo colore nitidis, plus esse formæ putant, quam possit tribuere incorrupta natura, ut pulchritudo corporis venire videatur ex malis moribus.

Nec solum hæc ipse debebit docere præceptor, sed frequenter interrogare, et judicium discipulorum experiri. Sic audientibus securitas aberit, nec, quæ dicentur, superfluent aures, simulque ad id perducentur,

métaphores et les figures ; comment une composition peut être mâle, quoique soignée et régulière dans toutes ses parties. Je ne regarderai même pas comme inutile de faire lire de temps en temps devant les élèves quelques uns de ces discours remplis d'affectation et de mauvais goût, dont tant de gens raffolent si sottement, et de leur montrer tout ce qu'il y a d'impropre et d'obscur, d'enflé, de bas et de trivial, d'indécent et d'efféminé dans ces pièces, qui non-seulement charment le plus grand nombre, mais, ce qui est pis encore, ne plaisent que par cela même qu'elles sont détestables; tant nous avons de penchant à dédaigner un langage naturel et simple, et à n'admirer comme exquis que ce qui s'écarte du droit chemin ! Ainsi, certaines gens attachent plus de prix à des corps bizarrement contrefaits, monstrueux, qu'à ceux qui jouissent des avantages de la conformation ordinaire : ainsi d'autres, séduits par une vaine apparence, prisent moins une beauté naïve sortant des mains de la nature, que tous ces charmes artificiels qu'on se procure en s'épilant, en se fardant, en se frisant les cheveux; comme si la beauté pouvait jamais se puiser à la source impure des mauvaises mœurs.

Un maître ne devra pas se borner à cette instruction : il devra encore interroger fréquemment ses élèves, et sonder leur jugement. Par-là, il les tiendra toujours en haleine, les leçons ne seront pas perdues, et elles atteindront leur but, qui est de conduire peu à peu les jeunes

quod ex hoc quæritur, ut inveniant ipsi, et intelligant. Nam quid aliud agimus docendo eos, quam ne semper docendi sint?

Hoc diligentiæ genus ausim dicere plus collaturum discentibus, quam omnes omnium artes, quæ juvant sine dubio multum; sed, latiore quadam comprehensione, per omnes quidem species rerum quotidie pæne nascentium ire qui possunt? Sicut de re militari quamquam sunt tradita quædam præcepta communia, magis tamen proderit scire, qua ducum quisque ratione, in quali loco, tempore, sit usus sapienter, aut contra: nam in omnibus fere minus valent præcepta, quam experimenta. An vero declamabit quidem præceptor, ut sit exemplo suis auditoribus, non plus contulerint lecti Cicero ac Demosthenes? Corrigetur palam, si quid in declamando discipulus erraverit : non potentius erit emendare orationem? quin immo etiam jucundius: aliena enim vitia quisque reprehendi mavult, quam sua. Nec deerant plura, quæ dicerem; sed neminem hæc utilitas fugit; atque utinam tam non pigeat facere istud, quam non displicebit.

Quod si potuerit obtineri, non ita difficilis supererit quæstio, qui legendi sint incipientibus? Nam quidam illos minores, quia facilior eorum intellectus videbatur, probaverunt; alii floridius genus, ut ad alenda prima-

gens à inventer eux-mêmes et à se faire de tout des idées nettes. Que cherche-t-on en effet par l'enseignement, sinon à les mettre en état de se passer de maîtres?

J'ose affirmer que ce genre de soin fera plus que tous les traités, quoique assurément ceux-ci soient d'un grand secours. Mais comment peuvent-ils être assez étendus pour embrasser, sous toutes les faces, les questions qui naissent pour ainsi dire à chaque instant? Il y a des règles, des principes sur l'art militaire; ne sera-t-il pas cependant plus avantageux de savoir comment, dans quel lieu, en quelle circonstance, tel général fit preuve de sagesse ou de témérité? car, en tout, l'expérience vaut mieux que les préceptes. Un professeur prononce un discours de sa façon pour servir de modèle à ses auditeurs; est-ce que dans ce cas la lecture de Cicéron et de Démosthène ne leur sera pas plus utile? Si c'est l'élève qui parle lui-même, et qu'il lui échappe quelque faute, on la relèvera publiquement; n'est-il pas préférable alors de corriger la composition d'autrui? cela même aura plus d'attraits, car on aime mieux voir reprendre les défauts des autres que les siens. Je pourrais encore ajouter d'autres considérations, mais il n'est personne qui ne sente les avantages de cette méthode. Puisse-t-on mettre autant d'empressement qu'on éprouvera de plaisir à l'employer!

Une fois adoptée, on ne sera plus embarrassé sur la question de savoir quels sont les auteurs que doivent lire les commençans. Les uns ont voulu que ce fussent des écrivains d'un ordre inférieur, comme étant plus faciles à comprendre; d'autres ont penché pour ceux dont

rum ætatum ingenia magis accommodatum. Ego optimos quidem, et statim, et semper, sed tamen eorum candidissimum quemque, et maxime expositum, velim, ut Livium a pueris magis, quam Sallustium; et hic historiæ major est auctor, ad quem tamen intelligendum jam profectu opus sit. Cicero, ut mihi quidem videtur, et jucundus incipientibus quoque, et apertus est satis, nec prodesse tantum, sed etiam amari potest; tum, quemadmodum Livius præcipit, ut quisque erit Ciceroni simillimus.

Duo autem genera maxime cavenda pueris puto; unum, ne quis eos antiquitatis nimius admirator, in Gracchorum, Catonisque, et aliorum similium lectione durescere velit : fient enim horridi atque jejuni; nam neque vim eorum adhuc intellectu consequentur, et elocutione, quæ tum sine dubio erat optima, sed nostris temporibus aliena, contenti, quod est pessimum, similes sibi magnis viris videbuntur. Alterum, quod huic diversum est, ne recentis hujus lasciviæ flosculis capti, voluptate quadam prava deliniantur, ut prædulce illud genus, et puerilibus ingeniis hoc gratius, quo propius est, adament. Firmis autem judiciis, jamque extra periculum positis, suaserim et antiquos legere, ex quibus si assumatur solida ac virilis ingenii vis, deterso rudis seculi squalore, tum noster hic cultus clarius eni-

le style est le plus fleuri, comme plus propre à nourrir l'esprit des jeunes gens. Quant à moi, je suis d'avis qu'on leur mette tout de suite entre les mains, et toujours, les meilleurs écrivains, en choisissant toutefois parmi ces derniers le plus facile et le plus clair. Ainsi, je préfèrerai Tite-Live à Salluste, quoique ce dernier soit un grand historien, parce qu'il faut être déjà très-avancé pour l'entendre. Cicéron, je n'en doute pas, sera à la fois agréable et intelligible pour des commençans qui peuvent même déjà s'y plaire et s'y attacher avec fruit; enfin tel autre auteur, qui, comme le recommande Tite-Live lui-même, approchera le plus de Cicéron.

Il est deux sortes d'excès contre lesquels on ne saurait trop prémunir les enfans : le premier, c'est qu'un maître, par une admiration outrée de l'antiquité, ne les laisse s'endurcir à la lecture des Gracques, de Caton et d'autres écrivains semblables ; car alors ils deviendraient âpres et secs, et, leur intelligence ne pouvant s'élever à tant de vigueur, ils croiraient, par la plus fâcheuse des prétentions, ressembler à ces grands hommes, en imitant leur style, qui, tout parfait qu'il est pour le siècle où ils ont vécu, ne saurait convenir au nôtre. Le second, opposé au premier, c'est que, séduits par les grâces efféminées du langage moderne, ils ne s'abandonnent aux dangereux attraits d'un genre très-flatteur par lui-même et d'autant plus agréable aux jeunes gens qu'il est plus à leur portée. Mais leur jugement une fois affermi et hors de toute atteinte, je leur conseillerai de lire et les anciens et les modernes ; les anciens, parce que, si, à travers la rouille des siècles grossiers, on sait s'approprier tout ce qu'il y a de substantiel et de mâle dans leurs

tescet; et novos, quibus et ipsis multa virtus adest. Neque enim nos tarditatis natura damnavit; sed dicendi mutavimus genus, et ultra nobis, quam oportebat, indulsimus : ita non tam ingenio illi nos superarunt, quam proposito. Multa ergo licebit eligere, sed curandum erit, ne iis, quibus permixta sunt, inquinentur. Quosdam vero etiam, quos totos imitari oporteat, et fuisse nuper, et nunc esse, quidni libenter non concesserim modo, verum etiam contenderim? Sed ii qui sint, non cujusque est pronunciare. Tutius circa priores vel erratur; ideoque hanc novorum distuli lectionem, ne imitatio judicium antecederet.

CAPUT VI.

De divisione.

FUIT etiam in hoc diversum præcipientium propositum, quod eorum quidam materias, quas discipulis ad dicendum dabant, non contenti divisione dirigere, latius dicendo prosequebantur, nec solum probationibus implebant, sed etiam affectibus. Alii, quum primas modo lineas duxissent, post declamationes, quid omisisset quisque, tractabant; quosdam vero locos non minore cura, quam quum ad dicendum ipsi surgerent, excolebant.

écrits, notre élégance brillera d'un plus vif éclat ; les modernes, parce qu'on trouve en eux beaucoup de bonnes qualités. Faut-il, en effet, nous condamner d'être venus tard? Non, seulement le goût a changé, et peut-être avons-nous poussé trop loin le raffinement et la délicatesse. Aussi, est-ce moins par le génie que les anciens nous ont surpassés, que par la sagesse. Choisissons donc beaucoup, et veillons à ce que le bon ne soit pas gâté par le mauvais qui s'y trouve mêlé. Au surplus, j'accorderai, volontiers, je soutiendrai même que parmi les écrivains des derniers temps et ceux de notre époque, il en est dont tout est bon à imiter; mais quels sont-ils ? Il n'appartient pas à tout le monde d'en décider. On peut se tromper avec moins de danger sur les anciens. Il est donc prudent d'ajourner la lecture des modernes, pour ne pas s'exposer à les imiter avant que le jugement ne soit formé.

CHAPITRE VI.

De la division.

Les maîtres d'éloquence diffèrent dans leur méthode d'enseignement. Les uns, quand ils donnent une matière à leurs élèves, non contens de leur indiquer les points qu'ils auront à traiter, y ajoutent quelque développement, y font même entrer des preuves et jusqu'à des mouvemens oratoires. Les autres se bornent à donner un cadre; et, quand l'élève l'a rempli tant bien que mal, ils reprennent ce qu'il a omis, et s'attachant à certaines parties, ils les travaillent avec autant de soin que s'ils avaient à parler eux-mêmes.

Utile utrumque; et ideo neutrum ab altero separo : sed si facere tantum alterum necesse sit, plus proderit demonstrasse rectam protinus viam, quam revocare ab errore jam lapsos. Primum, quia emendationem auribus modo accipiunt, divisionem vero ad cogitationem etiam et stylum perferunt; deinde, quod libentius præcipientem audiunt, quam reprehendentem. Si qui vero paulo sunt vivaciores, in his præsertim moribus, etiam irascuntur admonitioni, et taciti repugnant : nec ideo tamen minus vitia aperte coarguenda sunt. Habenda enim ratio ceterorum, qui recta esse, quæ præceptor non emendaverit, credent. Utraque autem ratio miscenda est, et ita tractanda, ut ipsæ res postulabunt. Namque incipientibus danda erit velut præformata materia secundum cujusque vires. At, quum satis composuisse se ad exemplum videbuntur, brevia quædam demonstranda vestigia, quæ persecuti, jam suis viribus sine adminiculo progredi possint. Nonnunquam credi sibi ipsos oportebit, ne mala consuetudine semper alienum laborem sequendi, nihil per se conari et quærere sciant. Quod si satis prudenter dicenda viderint, jam prope consummata fuerit præcipientis opera : si quid erraverint adhuc, erunt ad ducem reducendi. Cui rei simile quiddam facientes aves cernimus, quæ teneris infirmisque fetibus cibos ore suo collatos partiuntur : at,

Ces deux méthodes sont bonnes, et je ne sépare pas l'une de l'autre; cependant, si une seule devait suffire, il me paraîtrait plus avantageux d'indiquer sur-le-champ la bonne voie, que d'avoir à y ramener ceux qui s'en écartent. D'abord, parce que le corrigé frappe seulement l'oreille, tandis que la division à laquelle l'élève est assujéti exerce à la fois la pensée et le style; ensuite, parce qu'on écoute plus volontiers les leçons du maître que ses reproches, surtout aujourd'hui que tant d'esprits sont difficiles à manier et se cabrent contre le moindre avertissement, bien déterminés à n'en tenir aucun compte. Mais on n'en doit pas moins censurer ouvertement toutes les fautes, car il faut avoir égard au reste de la classe qui prendra pour bon tout ce que le maître n'aura point relevé. Au surplus, les deux méthodes peuvent être combinées ensemble, et l'application en doit varier suivant les cas. Proportionnez, pour les commençans, la préparation de la matière aux forces de chacun. Quand vous les jugerez assez exercés sur des modèles, faites-leur essayer quelques pas qui les habituent à avancer seuls et sans aide ; abandonnez-les même quelquefois à leurs propres forces, de peur que l'habitude de se calquer toujours sur autrui ne les rende incapables de rien tenter par eux-mêmes. S'ils se tirent passablement de cette épreuve, le maître n'aura presque plus rien à faire; s'ils s'égarent encore, il est là pour les ramener. C'est à peu près ce que nous voyons faire aux oiseaux : tant que leurs petits sont encore tendres et faibles, ils leur partagent la nourriture qu'ils ont apportée dans leurs becs; mais dès qu'ils paraissent plus forts, ils leur apprennent, par leur exemple, à sortir peu à peu du nid, et à voler à l'entour. Bientôt quand ces mêmes petits ont éprouvé leurs

quum visi sunt adulti, paulum egredi nidis et circumvolare sedem illam, præcedentes ipsæ, docent, tum expertas vires libero cœlo, suæque ipsorum fiduciæ permittunt.

CAPUT VII.

De ediscendo.

ILLUD ex consuetudine mutandum prorsus existimo in his, de quibus nunc disserimus, ætatibus, ne omnia, quæ scripserint, ediscant, et certa, ut moris est, die dicant; quod quidem maxime patres exigunt, atque ita demum studere liberos suos, si quam frequentissime declamaverint, credunt, quum profectus præcipue diligentia constet. Nam ut scribere pueros, plurimumque esse in hoc opere, plane velim, sic ediscere electos ex orationibus vel historiis, aliove quo genere dignorum ea cura voluminum, locos, multo magis suadeam. Nam et exercebitur acrius memoria, aliena complectendo, quam sua; et, qui erunt in difficiliore hujus laboris genere versati, sine molestia, quæ ipsi composuerunt, jam familiarius animo suo affigent, et assuescent optimis, semperque habebunt intra se, quod imitentur; et jam non sentientes formam orationis illam, quam mente penitus acceperint, exprimeht. Abundabunt autem copia verborum optimorum, et compositione, ac figuris jam

forces, ils les laissent se lancer dans l'air, et se confier à leurs propres ailes.

CHAPITRE VII.

Des leçons de mémoire.

Je voudrais qu'on changeât, pour l'âge dont nous parlons, l'usage où l'on est de faire apprendre par cœur aux enfans ce qu'ils ont composé eux-mêmes, pour le leur faire répéter à un jour fixe. Les pères, je le sais, y tiennent beaucoup, s'imaginant que leurs enfans ne se livrent enfin à des études sérieuses que lorsqu'ils lisent fréquemment des pièces de leur composition, tandis que c'est par l'application qu'on fait de véritables progrès. Mais si j'approuve qu'on exerce les enfans à composer, ce que je regarde comme très-important, je leur conseille encore bien plus de n'apprendre par cœur que des morceaux choisis des orateurs, des historiens ou d'autres écrivains recommandables. On exerce sa mémoire avec plus d'activité sur les productions d'autrui que sur les siennes, et quand on s'est une fois rompu à ce genre de travail, on retient plus aisément ce qu'on a fait soi-même; on se familiarise avec les meilleurs auteurs, et il en reste toujours quelque chose de bon à imiter; on s'approprie, sans s'en apercevoir, telle forme de style dont on s'est profondément pénétré; on abonde en termes choisis; l'artifice de la composition, l'emploi des figures, se présentent d'eux-mêmes, sans qu'on les cherche : on dirait d'un trésor où l'on n'a qu'à puiser. Joignez à cela l'agrément de faire à propos d'heureuses citations, ce qui a son utilité au bar-

non quæsitis, sed sponte et ex reposito velut thesauro se offerentibus. Accedit his et jucunda in sermone bene a quoque dictorum relatio, et in causis utilis. Nam et plus auctoritatis afferunt ea, quæ non præsentis gratia litis sunt comparata, et laudem sæpe majorem, quam si nostra sint, conciliant.

Aliquando tamen permittendum, quæ ipsi scripserint, dicere, ut laboris sui fructum etiam ex illa, quæ maxime petitur, laude, plurimum capiant. Verum id quoque tum fieri oportebit, quum aliquid commodius elimaverint; ut eo velut præmio studii sui donentur, ac se meruisse, ut dicerint, gaudeant.

CAPUT VIII.

An secundum sui quisque ingenii docendus sit naturam?

VIRTUS præceptoris haberi solet, nec immerito, diligenter in iis, quos erudiendos susceperit, notare discrimina ingeniorum, et quo quemque natura maxime ferat, scire. Nam est in hoc incredibilis quædam varietas, nec pauciores animorum pæne, quam corporum, formæ. Quod intelligi etiam ex ipsis oratoribus potest, qui tantum inter se distant genere dicendi, ut nemo sit alteri similis; quamvis plurimi se ad eorum, quos probabant, imitationem composuerint. Utile deinde plerisque visum

reau, où les moyens qui ne semblent pas préparés pour la cause en acquièrent par cela même plus d'autorité et ajoutent plus à la réputation de l'orateur que sa propre éloquence.

Je veux bien qu'on leur permette de temps à autre de lire ce qu'ils auront fait eux-mêmes, pour qu'ils recueillent le fruit de leur travail dans ces louanges qu'on recherche tant; mais qu'au moins ce soit une distinction réservée à ceux qui auront le mieux soigné leurs compositions, afin qu'ils y voient une récompense, et qu'ils s'applaudissent de l'avoir méritée.

CHAPITRE VIII.

Si l'on doit se plier aux dispositions naturelles de chaque élève.

On regarde avec raison comme une qualité dans un maître, d'observer soigneusement dans les élèves les différences qu'offrent leurs esprits, et de discerner à quoi la nature porte particulièrement chacun d'eux, car il y a en cela une variété incroyable, et la diversité des esprits n'est guère moindre que celle des visages. Les orateurs eux-mêmes en fournissent la preuve. Ils diffèrent tellement entre eux par la manière d'écrire, qu'il n'y en a pas un qui soit semblable à l'autre, quoique la plupart se soient proposé pour modèles des écrivains de leur goût. Voilà pourquoi on a assez généralement jugé

est ita quemque instituere, ut propria naturæ bona doctrina foverint, et in id potissimum ingenia, quo tenderent, adjuvarentur : ut si quis palæstræ peritus, quum in aliquod plenum pueris gymnasium venerit, expertus eorum omni modo corpus animumque, discernat, cui quisque certamini sit præparandus; ita præceptorem eloquentiæ, quum sagaciter fuerit intuitus, cujus ingenium presso limatoque genere dicendi, cujus acri, gravi, dulci, aspero, nitido, urbano, maxime gaudeat; ita se commodaturum singulis, ut in eo, quo quisque eminet, provehatur; quod et adjuta cura natura magis evalescat; et qui in diversa ducatur, nec in iis, quibus minus aptus est, satis possit efficere, et ea, in quæ natus videtur, deserendo faciat infirmiora.

Quod mihi (libera enim, vel contra receptas persuasiones, rationem sequenti sententia est) in parte verum videtur. Nam proprietates ingeniorum dispicere prorsus necessarium est : in his quoque certum studiorum facere delectum nemo dissuaserit : namque erit alius historiæ magis idoneus, alius compositus ad carmen, alius utilis studio juris, ut nonnulli rus fortasse mittendi. Sic discernet hæc dicendi magister, quo modo palæstricus ille cursorem faciet, aut pugilem, aut luctatorem, aliudve quid ex iis, quæ sunt sacrorum certaminum. Verum ei, qui foro destinabitur, non in unam partem aliquem,

utile de diriger l'instruction, de manière à favoriser le développement des dispositions naturelles, et à aider les esprits dans leur tendance. De même, dit-on, qu'un habile maître de palestrique, s'il entre dans un gymnase rempli d'enfans, après avoir éprouvé de mille manières le degré de force et de courage de tous, jugera à quel genre de combat chacun doit être préparé; ainsi le professeur d'éloquence, après avoir étudié avec sagacité les dispositions de ses élèves pour les différens genres de style, serré, concis, énergique, grave, doux, âpre, élégant, fleuri, s'accommodera à ces diverses inclinations, de manière que chacun d'eux puisse se perfectionner dans le genre auquel il est éminemment propre; car le naturel gagne toujours à être cultivé, tandis que l'esprit qu'on conduit incessamment d'un objet à un autre, ou ne s'exerce pas assez sur les choses auxquelles il est le moins apte, ou ne se développe qu'incomplètement dans celles auxquelles il paraît appelé.

Comme on est libre d'exprimer son avis, même contre des opinions reçues, quand on s'appuie d'ailleurs sur la raison, je dirai que cela ne me paraît vrai qu'en partie. Sans doute, il est nécessaire de bien juger la direction des esprits; et personne ne désapprouvera qu'on leur applique un certain choix d'études : ainsi tel sera plus propre à l'histoire, tel à la poésie, tel autre à l'étude du droit, et il en est qu'on fera mieux de renvoyer à leurs champs. C'est au maître d'éloquence à discerner tout cela, comme le maître de palestrique qui désigne les uns pour la course, les autres pour le pugilat, pour la lutte ou pour tout autre combat en usage dans les jeux solennels. Mais l'élève qu'on destine au barreau ne doit pas s'attacher à une seule partie : elles sont toutes de son res-

sed in omnia, quæ sunt ejus operis, etiam si qua difficiliora discenti videbuntur, elaborandum est; nam et omnino supervacua erat doctrina, si natura sufficeret. An si quis ingenio corruptus ac tumidus, ut plerique sunt, inciderit, in hoc eum ire patiemur? aridum atque jejunum non alemus, et quasi vestiemus? Nam si quædam detrahere necessarium est, cur non sit adjicere concessum? Neque ego contra naturam pugno. Non enim deterendum id bonum, si quod ingenitum est, existimo, sed augendum, addendumque quod cessat. An vero clarissimus ille præceptor Isocrates, quem non magis libri bene dixisse, quam discipuli bene docuisse testantur, quum de Ephoro atque Theopompo sic judicaret, ut *alteri frenis, alteri calcaribus opus esse* diceret; aut in illo entiore tarditatem, aut in illo pæne præcipiti concitationem adjuvandam docendo existimavit? quum alterum alterius natura miscendum arbitraretur.

Imbecillis tamen ingeniis sane sic obsequendum sit, ut tantum in id, quo vocat natura, ducantur: ita enim, quod solum possunt, melius efficient. Si vero liberalior materia contigerit, et in qua merito ad spem oratoris simus aggressi, nulla dicendi virtus omittenda est. Nam licet sit aliquam in partem pronior, ut necesse est, ceteris tamen non repugnabit, atque ea cura paria faciet iis, in quibus eminebat : sicut ille, ne ab eodem exemplo

sort; il doit s'y exercer, même dans ce qui lui paraîtrait le plus difficile. Car à quoi servirait l'instruction, si le naturel suffisait? Si nous tombons sur un esprit gâté, comme ils le sont pour la plupart, qui donne dans l'affectation et dans l'enflure, le laisserons-nous s'égarer? S'il est maigre et sec, ne chercherons-nous pas à le fortifier par des sucs substantiels, et à couvrir pour ainsi dire sa nudité? car s'il est quelquefois nécessaire d'élaguer, il doit être permis aussi d'ajouter. Je n'entends pas d'ailleurs qu'on contrarie la nature : je veux que, loin de négliger les dispositions, on les augmente si elles sont bonnes, et qu'on y supplée si elles sont insuffisantes. N'était-ce pas un illustre maître que cet Isocrate, dont les écrits attestent l'éloquence, autant que ses élèves témoignent de ses bonnes doctrines? Et quand il disait, en parlant d'Éphore et de Théopompe, que l'un avait besoin de frein et l'autre d'éperons, pensait-il qu'un maître dût favoriser la lenteur de celui-ci et laisser un libre essor à la fougue de celui-là? N'était-ce pas, au contraire, reconnaître que ces deux naturels avaient besoin d'être combinés et fondus ensemble?

Qu'on ait des ménagemens pour les esprits faibles et bornés, et qu'on les dirige seulement vers l'objet pour lequel ils ont une sorte de vocation, j'y consens; c'est le moyen qu'ils fassent mieux tout ce qu'ils peuvent faire. Mais, si la nature s'est montrée plus libérale, s'il y a de l'étoffe pour faire un orateur, on ne doit négliger aucune des qualités de l'éloquence. Il aura immanquablement un penchant plus prononcé pour certaines, mais il ne sera pas étranger aux autres, et à force d'application, il se les rendra également familières. Ainsi, pour

recedamus, exercendi corpora peritus, non, si docendum pancratiasten susceperit, pugno ferire, vel calce tantum, aut nexus modo, atque in his certos aliquos docebit, sed omnia, quæ sunt ejus certaminis. Erit qui ex his aliqua non possit? In id maxime quod poterit incumbet. Nam sunt hæc duo vitanda prorsus; unum, ne tentes quod effici non possit; alterum, ne ab eo, quod quis optime facit, in illud, cui minus est idoneus, transferas. At si fuerit, qui docebitur, ille, quem adolescentes senem vidimus, Nicostratus, omnibus in eo docendi partibus similiter utetur, efficietque illum, qualis hic fuit, luctando pugnandoque (quorum utroque certamine iisdem diebus coronabatur) invictum.

Et quanto id magis oratoris futuri magistro providendum erit? Non enim satis est dicere presse tantum, aut subtiliter, aut aspere; non magis, quam phonasco acutis tantum, aut mediis, aut gravibus sonis, aut horum etiam particulis excellere: nam sicut cithara, ita oratio perfecta non est, nisi ab imo ad summum omnibus intenta nervis consentiat.

ne pas sortir de ma précédente comparaison, un maître de gymnastique à qui l'on confie l'éducation d'un pancratiaste*, ne lui enseigne pas seulement à frapper son adversaire du poing ou du pied, ou à l'enlacer de telle ou telle manière, mais il lui dévoile toutes les ressources qui sont en usage dans ce genre de combat. S'il est des choses qu'il ne puisse pas faire, au moins s'attachera-t-il fortement à ce qu'il pourra. Car il faut surtout éviter ces deux écueils, ou de tenter l'impossible, ou de détourner un élève de ce qu'il fait le mieux, pour l'appliquer à l'objet auquel il est le moins propre. Mais qu'on ait affaire à un jeune homme qui ressemble à ce Nicostrate que nous avons connu vieux dans notre jeunesse, on lui enseignera, avec un égal succès, toutes les parties de son art, et on le rendra invincible comme lui à la lutte et au pugilat, deux sortes d'exercices où cet athlète obtenait, dans le même jour, une double couronne.

Eh! combien ne faut-il pas encore plus de sollicitude quand il s'agit d'un orateur! Il ne suffit pas, en effet, qu'il sache parler ou avec concision, ou avec finesse, ou avec véhémence, pas plus qu'il ne suffit à un maître de chant d'exceller ou dans les sons aigus, ou dans les sons pleins, ou dans les sons graves, ou dans quelques parties de ces sons. Il en est de l'art de la parole comme d'une lyre, qui n'est parfaite qu'autant que toutes les cordes rendent des sons justes et harmonieux sur toutes les notes.

* Espèce d'athlètes qui se livraient à la fois à la lutte, au pugilat, à la course, au saut et au genre de combat appelé *pancratium*.

CAPUT IX.

De officio discipulorum.

PLURA de officiis docentium locutus, discipulos id unum interim moneo: ut praeceptores suos non minus quam ipsa studia ament; et parentes esse, non quidem corporum, sed mentium, credant. Multum haec pietas confert studio; nam ita et libenter audient, et dictis credent, et esse similes concupiscent: in ipsos denique coetus scholarum laeti et alacres convenient: emendati non irascentur, laudati gaudebunt; ut sint carissimi, studio merebuntur. Nam ut illorum officium est docere, sic horum praebere se dociles; alioqui neutrum sine altero sufficiet: et sicut hominis ortus ex utroque gignentium confertur; et frustra sparseris semina, nisi illa praemollitus foverit sulcus, ita eloquentia coalescere nequit, nisi sociata tradentis accipientisque concordia.

CAPUT X.

De utilitate et ratione declamandi.

IN his primis operibus, quae non ipsa parva sunt, sed majorum quasi membra atque partes, bene instituto ac

CHAPITRE IX.

Du devoir des élèves.

Après avoir parlé des devoirs des maîtres, je n'ai qu'une chose à recommander aux élèves, c'est de les aimer à l'égal de la science elle-même, et de voir en eux de véritables pères, qui sont pour l'esprit ce que les pères naturels sont pour le corps. Ce sentiment de piété filiale contribue beaucoup au succès des études; il fait trouver du charme à écouter les leçons, il inspire de la confiance et porte à imiter. C'est grâce à ce sentiment qu'on accourt plein de joie et d'ardeur sur les bancs des écoles, que les réprimandes ne blessent point, que les louanges transportent, et qu'on cherche, par ses efforts, à gagner de plus en plus l'affection de ses maîtres. Car si le devoir de ceux-ci est d'enseigner, le devoir des élèves est de se montrer dociles. Ces dispositions doivent être réciproques pour être efficaces. Comme il faut le concours du père et de la mère pour donner naissance à un homme; comme on répandrait inutilement des semences sur la terre, si un sillon préparé d'avance ne les réchauffait dans son sein; ainsi l'éloquence ne peut fructifier que par une harmonie intime entre celui qui donne l'enseignement et celui qui le reçoit.

CHAPITRE X.

De l'utilité des déclamations et de la manière de les traiter.

Quand l'élève aura été bien formé et suffisamment exercé aux premiers essais dont j'ai parlé, essais qui ne

satis exercitato, jam fere tempus appetet aggrediendi suasorias judicialesque materias; quarum antequam viam ingredior, pauca mihi de ipsa declamandi ratione dicenda sunt; quæ quidem, ut ex omnibus novissime inventa, ita multo est utilissima. Nam et cuncta illa, de quibus diximus, in se fere continet, et veritati proximam imaginem reddit, ideoque ita est celebrata, ut plerisque videretur ad formandam eloquentiam vel sola sufficere: neque enim virtus ulla perpetuæ duntaxat orationis reperiri potest, quæ non sit cum hac dicendi meditatione communis. Eo quidem res ista culpa docentium recidit, ut inter præcipuas, quæ corrumperent eloquentiam, causas licentia atque inscitia declamantium fuerit; sed eo, quod natura bonum est, bene uti licet. Sint ergo et ipsæ materiæ, quæ fingentur, quam simillimæ veritati; et declamatio, in quantum maxime potest, imitetur eas actiones, in quarum exercitationem reperta est. Nam *magos*, et *pestilentiam*, et *responsa*, et *sæviores tragicis novercas*, aliaque magis adhuc fabulosa, frustra inter *sponsiones* et *interdicta* quæremus.

Quid ergo? nunquam hæc supra fidem, et poetica, ut vere dixerim, themata, juvenibus pertractare permittemus, ut exspatientur, et gaudeant materia, et quasi in corpus eant? erat optimum; sed certe sint grandia et tumida, non stulta etiam, et acrioribus oculis intuenti

sont pas d'une faible importance, puisqu'ils entrent comme parties essentielles dans des compositions plus étendues, alors viendra pour lui le temps d'aborder les matières délibératives et judiciaires. Avant de traiter de ces matières, disons quelques mots sur la déclamation elle-même. De tous les genres d'exercices, c'est celui qu'on a imaginé en dernier; et c'est sans contredit le plus utile, car la déclamation renferme en soi presque tous les enseignemens dont nous avons fait mention, et a de plus l'avantage de se rapprocher de la pratique. Aussi cette méthode est-elle vantée à tel point, que bien des gens la jugent suffisante pour former un orateur. En effet, il n'est aucune des qualités du discours suivi qui n'y puisse trouver place; et c'est uniquement la faute des maîtres, si, parmi les causes principales qui ont corrompu l'éloquence, on a signalé la licence et l'impéritie des déclamateurs. Mais pourquoi ne ferait-on pas un bon usage de ce qui est naturellement bon? Que les matières donc se rapprochent le plus possible de nos usages, et que les déclamations soient une image des actions judiciaires, puisqu'elles ont été instituées pour y préparer. Laissons-là les *vains prodiges, les ravages de la peste, les réponses d'oracles, les marâtres impitoyables*, et autres sujets plus ridicules encore, car vainement en chercherait-on l'application dans les questions de droit civil qui se présentent au barreau.

Quoi! va-t-on me dire, il ne sera donc plus permis aux jeunes gens de donner l'essor à leur imagination, de se complaire tout à leur aise dans une matière, en traitant des sujets de pure invention, des sujets poétiques? Il serait mieux sans doute de le leur interdire;

ridicula; ut, si jam cedendum est, impleat se declamator aliquando, dum sciat, ut quadrupedes, quum viridi pabulo distentæ sunt, sanguinis detractione curantur, et sic ad cibos viribus conservandis idoneos redeunt, ita sibi quoque tenuandas adipes, et quidquid humoris corrupti contraxerit, emittendum, si esse sanus ac robustus volet. Alioqui tumor ille inanis primo cujusque veri operis conatu deprehendetur.

Totum autem declamandi opus qui diversum omnino a forensibus causis existimant, ii profecto ne rationem quidem, qua ista exercitatio inventa sit, pervident. Nam, si foro non præparat, aut scenicæ ostentationi, aut furiosæ vociferationi, simillimum est : quid enim attinet judicem præparare, qui nullus est ? narrare, quod omnes sciant falsum ? probationes adhibere causæ, de qua nemo sit pronunciaturus ? et hæc quidem otiosa tantum; affici vero, et ira vel luctu permovere, cujus est ludibrii, nisi quibusdam pugnæ simulacris ad verum discrimen aciemque justam consuescimus ?

Nihil ergo inter forense genus dicendi, atque hoc declamatorium, intererit ? si profectus gratia dicimus, nihil; utinamque adjici ad consuetudinem posset, ut nominibus uteremur, et perplexæ magis, et longioris

mais au moins si on leur passe ce qui est pompeux et enflé, qu'ils ne tombent pas, comme on le voit trop, dans l'absurde et le ridicule ; et s'il faut leur céder en ce point, qu'ils déclament tout leur saoul, j'y consens, pourvu qu'ils sachent que comme on traite les animaux devenus trop gras au pâturage, en leur tirant du sang et en les ramenant à un régime propre à conserver leurs forces, de même il faudra qu'ils se dégorgent de leur plénitude et se purgent des humeurs vicieuses qu'ils auront contractées, s'ils veulent se rendre l'esprit sain et robuste : autrement, ce vain embonpoint trahirait leur faiblesse, aux premiers efforts qu'exigerait un ouvrage sérieux.

Ne vouloir reconnaître aucun rapport entre les déclamations et les causes qu'on plaide au barreau, c'est n'entrevoir même pas le motif qui a fait instituer cet exercice. En effet, si la déclamation n'y dispose pas, je n'y vois plus qu'une pure ostentation de théâtre ou une vocifération de furieux. Car à quoi bon gagner un juge qui n'existe pas, raconter un fait que tout le monde sait être faux, administrer des preuves dans une cause sur laquelle personne ne doit prononcer ? Encore tout cela n'est-il qu'oiseux ; mais se passionner, mais chercher à exciter la colère ou la commisération, n'est-ce pas une moquerie, à moins que ces simulacres de guerre ne servent de préludes à de véritables combats ?

N'admettrons-nous donc aucune différence entre la manière dont on plaide au barreau, et ces déclamations de l'école ? Aucune, si nous consultons l'avancement des élèves. Je voudrais même que l'usage s'étendît jusqu'à nommer les personnages, et qu'on imaginât des plai-

aliquando actus, controversiæ fingerentur, et verba in usu quotidiano posita minus timeremus, et jocos inserere moris esset; quæ nos, quamlibet per alia in scholis exercitati sumus, tirones in foro inveniunt.

Si vero in ostentationem comparetur declamatio, sane paululum aliquid inclamare ad voluptatem audientium debemus. Nam et iis actionibus, quæ in aliqua sine dubio veritate versantur, sed sunt ad popularem aptatæ delectationem, quales legimus panegyricos, totumque hoc demonstrativum genus, permittitur adhibere plus cultus, omnemque artem, quæ latere plerumque in judiciis debet, non confiteri modo, sed ostentare etiam hominibus in hoc advocatis. Quare declamatio, quoniam est judiciorum consiliorumque imago, similis esse debet veritati : quoniam autem aliquid in se habet ἐπιδεικτικὸν, nonnihil sibi nitoris assumere. Quod faciunt actores comici; qui nec ita prorsus, ut nos vulgo loquimur, pronunciant, quod esset sine arte, nec procul tamen a natura recedunt, quo vitio periret imitatio; sed morem communis hujus sermonis decore quodam scenico exornant.

Sic quoque aliqua nos incommoda ex iis, quas finxerimus, materiis consequentur, in eo præcipue, quod multa in his relinquuntur incerta, quæ sumimus ut videntur, *ætates*, *facultates*, *liberi*, *parentes*, *urbium*

doiries où l'on multiplierait à dessein les incidens et les difficultés ; je voudrais qu'on se fît moins scrupule d'employer les termes usuels, et qu'on s'y permît l'ironie, genre de figure où nous nous trouvons bien neufs au barreau, quoique exercés sur tout le reste dans les écoles.

Si cependant la déclamation a aussi un but d'ostentation, nous devons consulter un peu le plaisir de ceux qui nous écoutent. Je sais qu'en effet, dans ces compositions qui sont à la fois fondées sur une vérité qu'on ne conteste pas, et où il s'agit de charmer la multitude, comme dans les panégyriques et dans toutes les pièces du genre démonstratif, il est permis de prodiguer un peu l'ornement ; je sais qu'à la différence des matières judiciaires, où l'art doit toujours être caché, ici il faut qu'il se montre et qu'il brille devant un auditoire assemblé exprès pour en jouir. Ainsi donc, puisque d'un côté la déclamation est l'image du barreau et de la tribune, je veux qu'elle se tienne toujours dans la vraisemblance, et puisque de l'autre elle comporte un peu d'ostentation, je consens qu'elle ne soit pas dépourvue d'éclat. Prenons, à cet égard, exemple sur les comédiens. Ils ne parlent pas tout-à-fait du ton de la conversation, car alors il n'y aurait plus d'art ; ils ne s'éloignent pas trop non plus du naturel, car il n'y aurait plus d'imitation ; mais ils relèvent, ils embellissent, par une sorte de prestige particulier à la scène, ce qu'il y a de trop familier dans les entretiens ordinaires.

Au demeurant, ces sujets que nous imaginons auront toujours quelques inconvéniens, surtout celui de reposer sur des circonstances arbitraires que nous créons à notre guise, comme l'âge, les facultés, la famille, les mœurs ; l'importance des villes, les lois, les usages et

ipsarum vires, jura, mores, alia his similia. Quin aliquando etiam argumenta ex ipsis positionum vitiis ducimus; sed hæc suo quæque loco : quamvis enim omne propositum operis a nobis destinati eo spectet, ut orator instituatur; tamen, ne quid studiosi requirant, etiam si quid erit, quod ad scholas pertineat proprie, in transitu non omittemus.

CAPUT XI.

An artis hujus necessaria cognitio sit.

Jam hinc ergo nobis inchoanda est ea pars artis, ex qua capere initium solent, qui priora omiserunt : quamquam video quosdam in ipso statim limine obstaturos mihi, qui nihil egere hujusmodi præceptis eloquentiam putent; sed, natura sua, et vulgari modo, et scholarum exercitatione contenti, rideant etiam diligentiam nostram; exemplo magni quoque nominis professorum, quorum aliquis, ut opinor, interrogatus, quid esset σχῆμα et νόημα, nescire se quidem, sed, si ad rem pertineret, esse in sua declamatione respondit. Alius percontanti, *Theodoreus, an Apollodoreus esset? Ego*, inquit, *parmularius sum;* nec sane potuit urbanius ex confessione inscitiæ suæ elabi : porro hi, quia et beneficio ingenii præstantes sunt habiti, et multa etiam

autres circonstances semblables. Souvent même le déclamateur fonde ses moyens sur ces suppositions gratuites. Mais je parlerai de tout cela en temps et lieu; car, quoique cet ouvrage ait principalement pour objet de former un orateur, je ne veux rien laisser à désirer à mes lecteurs, et je dirai un mot en passant de tout ce qui aura rapport à l'enseignement qu'on donne dans les écoles.

CHAPITRE XI.

Si la connaissance de l'art est nécessaire.

JETONS maintenant un coup-d'œil sur cette partie de l'art par laquelle commencent d'ordinaire ceux qui ont négligé les précédentes. Mais je me vois arrêté dès l'abord par certaines gens qui se figurent que l'éloquence peut se passer de tous ces préceptes, et qui, se jugeant assez forts des dons de la nature, d'un peu d'habitude de la parole et de quelques exercices scolastiques, se rient de ma sollicitude. Ils ne manquent pas de s'appuyer de l'exemple de quelques professeurs renommés, et citent avec complaisance ce propos de l'un d'eux. On lui demandait ce que c'était qu'une figure et une pensée : Je l'ignore, répondit-il; mais vous en trouverez dans mes discours si j'ai eu besoin d'y recourir. On demandait à un autre s'il appartenait à l'école de Théodore ou à celle d'Apollodore : Je me bats, dit-il, *armé de toutes pièces*. C'était esquiver, par une plaisanterie, l'aveu de son ignorance. Or, il faut le dire, ces hommes qui par un rare

memoria digna exclamaverunt, plurimos habent similes negligentiæ suæ, paucissimos naturæ. Igitur impetu dicere se, et viribus uti, gloriantur; neque enim opus esse probatione aut dispositione in rebus fictis, sed (cujus rei gratia plenum sit auditorium) sententiis grandibus, quarum optima quæque a periculo petatur. Quin etiam in cogitando, nulla ratione adhibita, aut, tectum intuentes, magnum aliquid, quod ultro se offerat, pluribus sæpe diebus exspectant; aut, murmure incerto, velut classico, instincti, concitatissimum corporis motum, non enunciandis, sed quærendis verbis accommodant.

Nonnulli certa sibi initia, priusquam sensum invenerint, destinant, quibus aliquid diserti subjungendum sit; eaque, diu secum ipsi clareque modulati, desperata connectendi facultate, deserunt; et ad alia deinceps, atque inde alia, non minus communia ac nota, devertunt.

Qui plurimum videntur habere rationis, non in causas tamen laborem suum, sed in locos intendunt; atque in his non corpori prospiciunt, sed abrupta quædam, ut forte ad manum venere, jaculantur. Unde fit, ut dissoluta et ex diversis congesta oratio cohærere non possit, similisque commentariis puerorum sit, in quos ea, quæ,

privilège ont joui de quelque réputation, et l'ont justifiée par plusieurs succès, comptent beaucoup d'imitateurs du côté de l'insouciance des règles, mais ils n'en ont guère du côté de l'esprit. Ceux-ci se font gloire de composer de verve et de déployer librement leurs forces. Qu'est-il besoin, en effet, de preuves et de méthode dans des sujets de pure invention? l'essentiel n'est-il pas d'attirer un auditoire nombreux par des sentences à fracas dont les plus hardies sont toujours celles qui font le plus d'effet? Aussi, voyez-les travailler! comme ils ne sont guidés par aucun principe, ils se morfondent pendant des jours entiers, et les yeux collés au plancher, attendent qu'il se présente à leur esprit quelque trait sublime; ou bien, s'excitant par du bruit, comme par le son d'une trompette, ils s'agitent, ils désordonnent leurs mouvemens, non pour exprimer des pensées, mais pour courir après des mots.

Quelques-uns, avant de s'être fait un plan, se ménagent certains exordes pour y adapter quelques belles phrases; mais après les avoir bien retournées, bien modulées, désespérant de les lier entre elles, ils les abandonnent, et sautent d'une idée à une autre sans parvenir à rien trouver de brillant ni de neuf.

Ceux qui s'y prennent avec le plus d'adresse, ne s'attachent point au fond du sujet, mais s'étendent sur des lieux communs. Dispensés par-là d'attaquer le corps de la cause, ils lancent au hasard tous les traits qui leur tombent sous la main. Aussi leurs discours, sans suite, sans liaison, et composés de pièces de marqueterie, ressemblent-ils à ces compilations où les enfans jettent çà

aliis declamantibus, laudata sunt, regerunt: magnas tamen sententias, et res bonas (ita enim gloriari solent) elidunt; nam et barbari et servi; et, si hoc sat est, nulla est ratio dicendi.

CAPUT XII.

Quare ineruditi ingeniosiores vulgo habeantur.

NE hoc quidem negaverim, sequi plerumque hanc opinionem, ut fortius dicere videantur indocti: primum vitio male judicantium, qui majorem habere vim credunt ea, quae non habent artem; ut effringere quam aperire, rumpere quam solvere, trahere quam ducere, putant robustius. Nam et gladiator, qui armorum inscius in pugnam ruit; et luctator, qui totius corporis nisu in id, quod semel invasit, incumbit, fortior ab his vocatur; quum interim et hic frequenter suis viribus ipse prosternitur, et illum, vehementis impetus, excipit adversarii mollis articulus.

Sed sunt in hac parte, quae imperitos etiam naturaliter fallant; nam et *divisio*, quum plurimum valeat in causis, speciem virium minuit, et rudia politis majora, et sparsa compositis numerosiora, creduntur. Est praeterea quaedam virtutum vitiorumque vicinia, qua *male-*

et là les morceaux les plus saillans des déclamations qu'ils ont entendues. Ils se vantent cependant d'enfanter ainsi de grandes pensées et de dire de fort belles choses. Je le veux croire ; mais il en échappe aussi à des barbares, à des esclaves. Que si cela suffit, l'art de la rhétorique est inutile.

CHAPITRE XII.

Pourquoi les hommes sans instruction passent pour avoir plus de vivacité dans l'esprit ?

Je sais que c'est une opinion assez généralement reçue que les hommes sans instruction sont ceux qui s'expriment avec le plus d'énergie. Mais d'abord, n'est-ce pas une erreur de croire qu'il y a plus de force là où il n'y a point d'art ? Est-il vrai qu'il y ait plus de mérite à briser qu'à ouvrir, à rompre qu'à dénouer, à entraîner qu'à conduire ? On appelle fort le gladiateur qui se rue dans un combat sans savoir manier ses armes, le lutteur qui se précipite de tout le poids de son corps et s'attache à son homme sans lâcher prise ; et l'on ne voit pas que celui-ci succombe souvent sous l'effort de ses propres forces, et que l'impétuosité du premier échoue devant la souplesse et la légèreté de son adversaire.

Je conviens qu'en fait d'éloquence, les ignorans peuvent naturellement se méprendre à certaines choses. Ainsi, la *division*, qui est d'une si grande importance dans les plaidoyers, diminue, en apparence, les forces de l'orateur ; ainsi l'on croit que des paroles jetées sans art et sans préparation, produisent plus d'effet et se font

dicus pro *libero*, *temerarius* pro *forti*, *effusus* pro *copioso* accipitur : maledicit autem ineruditus apertius et sæpius ; vel cum periculo suscepti litigatoris, frequenter etiam suo. Affert et ista res opinionem, quia libentissime homines audiunt ea quæ dicere ipsi noluissent: illud quoque alterum, quod est in elocutione ipsa periculum, minus vitat, conaturque perdite; unde evenit nonnunquam, ut aliquid grande inveniat, qui semper quærit quod nimium est : verum et raro evenit, et certa vitia non pensat.

Propter hoc quoque interdum videntur indocti copiam habere majorem, quod dicunt omnia; doctis est et electio, et modus : his accedit, quod a cura docendi quod intenderint, recedunt; itaque illud quæstionum et argumentorum apud corrupta judicia frigus evitant, nihilque aliud, quam quo vel pravis voluptatibus aures assistentium permulceant, quærunt. Sententiæ quoque ipsæ, quas solas petunt, magis eminent, quum omnia circa illas sordida et abjecta sunt; ut lumina, non *inter umbras* quemadmodum Cicero dicit, sed plane in tenebris, clariora sunt; itaque ingeniosi vocentur, ut libet, dum tamen constet, contumeliose sic laudari disertum.

entendre avec plus de faveur que celles qui sont polies et arrangées. Ensuite les défauts et les qualités se touchent de si près qu'on prend aisément l'effronterie pour l'indépendance, la témérité pour le courage, la prolixité pour l'abondance. Or, un avocat ignorant se permet plus qu'un autre les outrages et l'invective, au risque de se perdre lui et sa cause; cela même lui donne de la vogue, parce qu'on entend volontiers de la bouche des autres ce qu'on n'oserait pas dire soi-même. Ajoutez qu'il affronte tout ce qu'on évite comme un écueil dans l'élocution, et qu'il ne ménage rien dans ses hyperboles, d'où il arrive qu'à force de courir après ce qui est outré, il rencontre quelquefois ce qui est grand; mais ces éclairs sont rares et ne compensent point les défauts réels.

Les ignorans passent aussi pour avoir plus de fécondité : la raison en est simple. Ils disent tout ce qui leur vient à l'esprit, tandis que l'homme habile ne dit que ce qu'il faut et comme il faut. Ne leur demandez pas de démontrer ce qu'ils avancent; ils s'en gardent bien. Que feraient-ils de tout cet appareil glacial de questions et d'argumens devant des juges dépravés dont ils ne cherchent qu'à flatter l'oreille sans se montrer très-délicats sur le choix des plaisirs qu'ils leur procurent? Ces pensées ambitieuses, après lesquelles ils courent, ressortent alors d'autant plus que tout ce qui les environne est terne et rampant; et, comme le dit Cicéron, c'est moins *dans l'ombre* qu'au sein des plus épaisses ténèbres, qu'on est frappé de l'éclat subit de la lumière. Qu'on exalte donc tant qu'on voudra leur esprit, pourvu qu'on m'accorde que l'homme véritablement éloquent se tiendrait offensé d'un pareil éloge.

Nihilominus confitendum est etiam detrahere doctrinam aliquid, ut limam rudibus, et cotes hebetibus, et vino vetustatem; sed vitia detrahit, atque eo solo minus est, quod litteræ perpolierunt, quo melius.

Verum hi pronunciatione quoque famam dicendi fortius quærunt : nam et clamant ubique, et omnia *levata*, ut ipsi vocant, *manu*, emugiunt, multo discursu, anhelitu, jactatione, gestu, motu capitis, furentes. Jam collidere manus, terræ pedem incutere, femur, pectus, frontem cædere, mire ad pullatum circulum facit; quum ille eruditus, ut in oratione multa submittere, variare, disponere, ita etiam in pronunciando suum cuique eorum, quæ dicet, colori accommodare actum sciat; et si quid sit perpetua observatione dignum, modestus et esse, et videri malit. At illi hanc *vim* appellant, quæ est potius *violentia*.

Quum interim non actores modo aliquos invenias, sed, quod est turpius, præceptores etiam, qui, brevem dicendi exercitationem consecuti, omissa ratione, ut tulit impetus, passim tumultuentur, eosque, qui plus honoris litteris tribuerunt, et ineptos, et jejunos, et trepidos, et infirmos, ut quodque verbum contumeliosissimum occurrit, appellent. Verum illis quidem gratulemur, sine labore, sine ratione, sine disciplina disertis : nos, quando

On ne peut nier cependant que l'art dérobe quelque chose à l'imagination? Oui, sans doute. Il agit sur elle comme la lime sur les corps raboteux, la pierre sur les fers émoussés et le temps sur les vins; mais il n'agit que pour enlever les défauts, et tout ce que l'étude polit gagne en perfection ce qu'il perd en vaine étendue.

Ces mêmes hommes recherchent dans leur débit la réputation d'orateurs véhémens. Ils ne disent rien qu'ils ne crient en élevant les mains; hors d'haleine, ne pouvant tenir en place, à voir leur agitation, leurs gestes, leurs renversemens de tête, on les prendrait pour des furieux; ils se tordent les doigts, battent la terre du pied, se frappent la cuisse, la poitrine, le front : toute cette pantomime fait un effet merveilleux sur la multitude. L'orateur éclairé, au contraire, qui sait disposer avec art toutes les parties de son discours et y jeter de la variété, s'applique aussi, dans la prononciation, à donner à chaque chose la couleur qui lui est propre; et s'il est un point auquel il s'attache continuellement, c'est à être décent et à paraître tel. Mais aujourd'hui on appelle force, la violence et l'emportement.

Que des déclamateurs donnent dans ces travers, encore passe. Mais n'est-il pas honteux d'y voir donner certains maîtres qui, parce qu'ils ont acquis quelque facilité, abandonnent brusquement toute méthode et se livrent sans frein à la fougue de leurs écarts? Encore ne rougissent-ils pas d'insulter aux hommes qui ont fait le plus d'honneur à la littérature, en les traitant d'orateurs ineptes, froids, secs et timides, en épuisant enfin contre eux ce que la langue a de plus outrageant. Félicitons-les d'être devenus éloquens à si peu de frais, sans peine, sans principes, sans art. Pour moi qui dès-long-temps,

et præcipiendi munus jam pridem deprecati sumus et in foro quoque dicendi, quia honestissimum finem putabamus, desinere dum desideraremur; inquirendo scribendoque talia consolemur otium nostrum, quæ futura usui bonæ mentis juvenibus arbitramur, nobis certe sunt voluptati.

CAPUT XIII.

Quis modus sit in arte.

Nemo autem a me exigat id præceptorum genus, quod est a plerisque scriptoribus artium traditum, ut quasi quasdam leges, immutabili necessitate constrictas, studiosis dicendi feram : utique *prooemium*, et id quale; proxima huic *narratio*, quæ lex deinde narrandi; *propositio* post hanc, vel, ut quibusdam placuit, *excursio ;* tum *certus ordo quæstionum*, ceteraque, quæ, velut si aliter facere fas non sit, quidam tamquam jussi sequuntur. Erat enim rhetorice res prorsus facilis ac parva, si uno et brevi præscripto contineretur; sed mutantur pleraque causis, temporibus, occasione, necessitate; atque ideo res in oratore præcipua consilium est, quia varie, et ad rerum momenta, convertitur.

Quid enim si præcipias imperatori, quoties aciem

voulant faire une retraite honorable, ai renoncé à l'enseignement et quitté le barreau dans un temps où je pouvais encore laisser quelques regrets, j'avoue que ma plus douce consolation dans mes loisirs a été de rechercher et de tracer les véritables préceptes de l'éloquence, dans la vue d'être utile aux jeunes gens bien nés; et que cette occupation a été pour moi une source de plaisirs.

CHAPITRE XIII.

Dans quelles bornes doit se renfermer l'art.

Personne sans doute n'exigera de moi qu'à l'exemple de la plupart de ceux qui ont écrit sur la rhétorique, je prescrive aux étudians un certain nombre de règles immuables, dans le cercle desquelles ils soient impérieusement circonscrits; que j'explique, par exemple, l'*exorde*, et quel il doit être; la *narration*, qui doit le suivre, et quelles sont ses lois; ensuite, la *proposition*, ou, selon d'autres, l'*excursion*; puis, un certain ordre de questions et autres préceptes du même genre, que de petits esprits suivent avec une docilité merveilleuse, comme s'il était défendu de procéder autrement. Il faut convenir que la rhétorique serait une chose facile et de peu d'importance, si elle se renfermait dans un si petit nombre de règles. Aussi la principale qualité d'un orateur est-elle le jugement qui lui fait varier l'application et l'usage de ces mêmes règles, suivant le besoin de sa cause.

Prescrira-t-on à un général, toutes les fois qu'il aura

instruet, dirigat frontem, cornua utrinque promoveat, equites pro cornibus locet? Erit hæc quidem rectissima fortasse ratio, quoties licebit; sed mutabitur natura loci, si mons occurret, si flumen obstabit, si collibus, silvis, asperitate alia prohibebitur; mutabit hostium genus, mutabit praesentis conditio discriminis; nunc acie directa, nunc cuneis, nunc auxiliis, nunc legione pugnabitur; nonnunquam terga etiam dedisse simulata fuga proderit. Ita prooemium necessarium an supervacuum, breve an longius; ad judicem omni sermone directo, an aliquando averso per aliquam figuram, dicendum sit; constricta an latius fusa narratio; continua an divisa; recta an ordine permutato, causae docebunt. Itemque de quaestionum ordine, quum in eadem controversia aliud alii parti prius quæri frequenter expediat; neque enim rogationibus plebisve scitis sancta sunt ista praecepta, sed hoc, quidquid est, utilitas excogitavit. Non negabo autem sic utile esse plerumque, alioqui nec scriberem; verum, si eadem illa nobis aliud suadebit utilitas, hanc, relictis magistrorum auctoritatibus, sequemur.

Equidem id maxime

Præcipiam, ac repetens iterumque iterumque monebo: res duas in omni actu spectet orator, *quid deceat, quid expediat.* Expedit autem sæpe, mutare ex illo consti-

une armée à ranger en bataille, de porter son corps principal en avant, d'étendre ses ailes à droite et à gauche, de soutenir celles-ci avec de la cavalerie? Certes, cet ordre sera le meilleur, si rien ne s'y oppose; mais n'en devra-t-il pas changer suivant la nature du terrain, s'il rencontre une montagne, un fleuve, des bois, des défilés? Ne faudra-t-il pas aussi qu'il calcule ses dispositions sur l'espèce d'ennemis qu'il aura à combattre, et sur le danger présent de sa position; qu'il attaque tantôt de front, tantôt en pointe; ici, avec ses auxiliaires; là, avec ses légions? ne faudra-t-il pas qu'il feigne quelquefois une retraite? Il en est de même de l'orateur. C'est la nature de sa cause qui lui apprendra s'il a ou non besoin d'exorde, et si cet exorde doit être long ou court; s'il doit toujours s'adresser au juge, ou lui parler par figure ou d'une manière indirecte; si sa narration doit être resserrée ou étendue, continue ou divisée, s'il doit s'y assujétir à l'ordre des faits ou le changer. J'en dis autant des questions à traiter. Souvent, dans une même cause, il sera avantageux d'attaquer tel point de préférence à tel autre. Enfin, les préceptes de l'art ne sont pas réglés par des lois ou des plébiscites; c'est le besoin qui les a fait naître. Je ne nie pas que le plus souvent ils sont utiles; autrement, pourquoi me mêlerais-je d'écrire? Mais je dis que s'il y a utilité à s'en écarter, c'est cette utilité même qu'il faut consulter, sans égard pour l'autorité des maîtres.

Je recommanderai surtout et répèterai jusqu'à satiété que l'orateur doit avoir constamment en vue deux choses: la bienséance et l'intérêt de sa cause. Or, sa cause demande souvent, et la bienséance même exige, qu'il change quelque chose aux règles établies. C'est ainsi que dans

tuto traditoque ordine aliqua, et interim decet; ut in statuis atque picturis videmus variari habitus, vultus, status; nam recti quidem corporis vel minima gratia est; nempe enim adversa sit facies, et demissa brachia, et juncti pedes, et a summis ad ima rigens opus : flexus ille, et, ut sic dixerim, motus, dat actum quemdam effictis; ideo, nec ad unum modum formatæ manus, et in vultu mille species. Cursum habent quædam et impetum, sedent alia, vel incumbunt; nuda hæc, illa velata sunt; quædam mixta ex utroque : quid tam distortum et elaboratum, quam est ille Discobolos Myronis? Si quis tamen, ut parum rectum, improbet opus, nonne ab intellectu artis abfuerit, in qua vel præcipue laudabilis est illa ipsa novitas ac difficultas? Quam quidem gratiam et delectationem afferunt figuræ, quæque in sensibus, quæque in verbis sunt; mutant enim aliquid a recto, atque hanc præ se virtutem ferunt, quod a consuetudine vulgari recesserunt. Habet in pictura speciem tota facies : Apelles tamen imaginem Antigoni latere tantum altero ostendit, ut amissi oculi deformitas lateret. Quid? non in oratione operienda sunt quædam, sive ostendi non debent, sive exprimi pro dignitate non possunt? ut fecit Timanthes, opinor, Cythnius, in tabula, qua Coloten Teium vicit; nam quum in Iphigeniæ immolatione pinxisset tristem Calchantem, tris-

les statues et les tableaux, nous voyons varier les attitudes, les expressions, les postures. Un corps tout droit manque de grâce; une tête entièrement vue de face, des bras pendans, des pieds joints forment un ensemble plein de roideur. Donnez à tout cela de la souplesse et, pour ainsi dire, du mouvement, vous aurez un ouvrage animé. Les mains n'expriment pas non plus qu'un seul geste, et mille nuances se peignent sur le visage. De là cette variété dans les figures; les unes courent et se précipitent, les autres sont assises ou couchées ; celles-ci sont nues, celles-là sont voilées ; quelques-unes participent de ces diverses situations. Quoi de plus tourmenté, de plus péniblement travaillé, en apparence, que ce Discobole de Myron? Cependant quiconque blâmerait cet ouvrage, comme peu conforme aux règles de l'art, trahirait son ignorance, puisque c'est précisément la hardiesse de cette statue et sa difficulté qui en font le principal mérite. Tels sont la grâce et le charme qui s'attachent aux figures de rhétorique, soit de pensées, soit de mots. Elles ont aussi quelque chose qui dévie de la rectitude, et elles ne nous saisissent si vivement que parce qu'elles s'éloignent des idées et du langage ordinaires. Dans un portrait, le visage est à découvert; c'est l'usage. Cependant Apelle ne peignit Antigone que de profil, pour cacher la difformité de l'œil qu'il avait perdu. Ainsi, dans le discours, il est des choses qu'il faut dissimuler, soit parce qu'elles ne doivent pas être montrées, soit parce qu'on ne pourrait les exprimer avec dignité. C'est ce que fit Timanthe, qui était, je crois, de Cythnie, dans le tableau qui lui obtint le prix sur Colos le Théien. Ayant à représenter le sacrifice d'Iphigénie, il avait peint Calchas, triste, Ulysse, plus triste encore, et

tiorem Ulixem, addidisset Menelao, quem summum poterat ars efficere, mœrorem, consumptis affectibus, non reperiens, quo digne modo patris vultum posset exprimere, velavit ejus caput, et suo cuique animo dedit æstimandum. Nonne huic simile est illud Sallustianum, *nam de Carthagine tacere satius puto, quam parum dicere?*

Propter quæ mihi semper moris fuit, quam minime alligare me ad præcepta, quæ καθολικα vocant, id est (ut dicamus quomodo possumus) *universalia*, vel *perpetualia* : raro enim reperitur hoc genus, ut non labefactari parte aliqua aut subrui possit; sed de his plenius suo quidque loco tractabimus. Interim nolo se juvenes satis instructos, si quem ex his, qui breves plerumque circumferuntur, artis libellum edidicerint, et velut decretis technicorum tutos, putent. Multo labore, assiduo studio, varia exercitatione, plurimis experimentis, altissima prudentia, præsentissimo consilio constat ars dicendi. Sed adjuvatur his quoque, si tamen rectam viam, non unam orbitam, monstrent; a qua declinare qui crediderit nefas, patiatur necesse est illam per funes ingredientium tarditatem; itaque et stratum militari labore iter sæpe deserimus, compendio ducti; et, si rectum limitem rupti torrentibus pontes

avait ajouté à Ménélas toute l'expression de douleur que son art pouvait lui suggérer; ayant ainsi épuisé les différens degrés d'émotion, et désespérant de faire dignement ressortir l'accablement du père d'Iphigénie, il imagina de lui voiler la tête, laissant au spectateur à deviner ce qui se passait en lui. C'est la même finesse de tact qu'on retrouve dans ces paroles de Salluste : *Nam de Carthagine tacere satius puto, quam parum dicere.* «Je crois plus convenable de me taire sur Carthage que de n'en parler qu'en peu de mots.»

C'est par toutes ces considérations que je me suis fait une loi de m'assujétir le moins possible à ces préceptes qu'on appelle *universels* ou *absolus* (καθολικά); car rarement en est-il un d'une espèce telle qu'on ne puisse ou l'affaiblir en quelque point, ou le battre tout-à-fait en ruine. J'en parlerai plus amplement ailleurs. Cependant je ne veux pas que les jeunes gens se jugent suffisamment instruits pour avoir étudié dans un de ces abrégés qui circulent partout, ni qu'ils se retranchent avec sécurité derrière les arrêts de nos théoriciens. L'éloquence ne s'acquiert qu'à force de travail et d'étude; elle demande beaucoup d'exercice, une longue expérience, une prudence consommée, un jugement très-mûr. Les règles sont sans doute de puissans auxiliaires, mais c'est lorsqu'elles se bornent à enseigner le droit chemin, sans prétendre tracer une ornière dont on ne puisse dévier impunément, car alors il faudrait se résoudre à n'aller qu'en tâtonnant comme ceux qui marchent sur la corde. Abandonnons donc la grande route, si des sentiers détournés nous abrègent le chemin; faisons, au contraire, des circuits, si les ponts, rompus par la violence des torrens, nous interdisent le passage direct, et

inciderint, circumire cogemur; et, si janua tenebitur incendio, per parietem exibimus. Late fusum opus est, et multiplex, et prope quotidie novum, et de quo nunquam dicta erunt omnia : quæ sunt tamen tradita, quid ex his optimum, et, si quid mutari, adjici, detrahi, melius videbitur, dicere experiar.

CAPUT XIV.

Rhetorices etymon et totius operis divisio.

RHETORICEN in Latinum transferentes, tum *oratoriam*, tum *oratricem* nominaverunt. Quos equidem non fraudaverim debita laude, quod copiam Romani sermonis augere tentaverint; sed non omnia nos ducentes ex Græco sequuntur, sicut ne illos quidem, quoties suis utique verbis signare nostra voluerunt. Et hæc interpretatio non minus dura est, quam illa Flavii *essentia* atque *entia*; sed ne propria quidem : nam *oratoria* sic efferetur, ut *elocutoria*; *oratrix* ut *elocutrix*; illa autem, de qua loquimur, *rhetorice*, talis est, qualis *eloquentia*, nec dubie apud Græcos quoque duplicem intellectum habet : namque uno modo fit appositum, *ars rhetorica*, ut *navis piratica* : altero nomen rei, qualis est *philosophia*, *amicitia*. Nos ipsam nunc volumus

enfin sauvons-nous par la fenêtre, si le feu a déjà gagné la porte. C'est un sujet bien étendu et dont les combinaisons sont bien variées que l'art oratoire; chaque jour on y découvre du nouveau, et jamais on n'aura tout dit sur cette matière. J'essayerai toutefois de faire connaître ce que les maîtres ont enseigné, en y mettant du choix, et sans me faire scrupule d'indiquer ce qu'il me paraîtra mieux d'y changer, d'y ajouter ou d'en retrancher.

CHAPITRE XIV.

Étymologie de la rhétorique et division de cet ouvrage.

Quelques écrivains ont essayé de rendre ce mot de rhétorique par un équivalent en latin, et l'ont appelée tantôt *oratoria*, tantôt *oratrix*. Je ne veux pas les frustrer de la gloire qui leur est due, ne fût-ce que pour avoir tenté d'enrichir notre langue. Mais je remarque que nous ne sommes pas toujours heureux dans nos échanges, non plus que les Grecs, quand ils veulent s'approprier des mots qui nous sont particuliers; et cette interprétation du mot *rhetorice* me paraît aussi dure que celle du mot grec dont Flavius a fait *essentia* et *entia* : j'irai plus loin, elle n'est pas exacte; car on dira bien *oratoria*, comme on dit *elocutoria*; *oratrix*, comme on dit *elocutrix*; mais le mot *rhetorice* est de la même essence que notre mot *eloquentia*, et il n'est pas douteux que chez les Grecs on n'ait aussi deux manières de s'exprimer, l'une adjectivement, au moyen d'une apposition, *ars rhetorica*, comme on dit *navis piratica*, l'autre substantivement, au moyen d'un mot qui exprime la chose

significare substantiam, ut grammatice *litteratura* est, non *litteratrix*, quemadmodum *oratrix;* nec *litteratoria,* quemadmodum *oratoria* : verum in rhetorice non sic. Ne pugnemus igitur, quum præsertim plurimis alioqui Græcis sit utendum; nam certe si *physicos,* et *musicos,* et *geometras* dicam, ne vim afferam his nominibus indecora in latinum sermonem mutatione; denique, quum M. Tullius etiam ipsis librorum, quos hac de re primum scripserat, titulis, græco nomine utatur, profecto non est verendum, ne temere videamur oratori maximo de nomine artis suæ credidisse.

Igitur *Rhetorice* (jam enim sine metu cavillationis utemur hac appellatione) sic, ut opinor, optime dividetur, ut de *arte,* de *artifice,* de *opere* dicamus. *Ars* erit, quæ disciplina percipi debet; ea est *bene dicendi scientia:* *artifex* est, qui percepit hanc artem, id est, orator, cujus est summa *bene dicere* : *opus*, quod efficitur ab artifice, id est, *bona oratio.* Hæc omnia rursus diducuntur in species; sed illa sequentia suo loco : nunc quæ de prima parte tractanda sunt, ordiar.

même; comme *philosophia, amicitia.* Or, ici c'est le substantif que nous voulons exprimer, comme de *grammatice* nous avons fait *litteratura*, et non *litteratrix* ainsi qu'*oratrix*, ni *litteratoria* ainsi qu'*oratoria;* c'est ce qu'on n'a pas fait pour le mot *rhetorice.* Ne luttons donc pas inutilement, et employons le mot grec, puisque d'ailleurs il en est tant dont nous sommes obligés de nous servir; car si je veux parler de naturalistes, de musiciens, de géomètres, que nous appelons, d'après les Grecs, *physicos, musicos* et *geometras,* faudra-t-il que je mette ces noms à la torture pour les traduire gauchement en latin? Enfin, quand Cicéron lui-même a intitulé en grec les premiers livres qu'il a écrits sur la rhétorique, à coup sûr on peut, sans témérité, s'en rapporter à ce grand orateur pour le nom qu'il a donné à son art.

La rhétorique donc (car j'espère qu'on ne me chicanera plus sur ce terme) sera bien divisée, à mon sens, si on l'envisage sous ces trois rapports : l'art, l'artiste et l'ouvrage. L'art, c'est ce qu'on apprend par l'enseignement, la science de bien dire; l'artiste celui qui possède l'art, ou l'orateur dont le but principal est de bien parler; l'ouvrage, ce que produit l'artiste, c'est-à-dire un bon discours. Ces trois choses se subdivisent à leur tour en différentes espèces dont nous parlerons en leur lieu. Je vais maintenant m'occuper de l'art.

CAPUT XV.

Quid sit rhetorice et quis ejus finis.

ANTE omnia, quid sit *rhetorice*, quæ finitur quidem varie, sed quæstionem habet duplicem; aut enim *de qualitate ipsius rei*, aut *de comprehensione verborum* dissensio est. Prima ac præcipua opinionum circa hoc differentia, quod alii malos quoque viros posse oratores dici putant; alii (quorum nos sententiæ accedimus) nomen hoc, artemque, de qua loquimur, bonis demum tribui volunt.

Eorum autem, qui dicendi facultatem a majore ac magis expetenda vitæ laude secernunt, quidam rhetoricen *vim* tantum, quidam *scientiam*, sed non virtutem, quidam *usum*, quidam *artem* quidem, sed a scientia et virtute dijunctam; quidam etiam *pravitatem* quamdam artis, id est, κακοτεχνίαν nominaverunt. Hi fere, aut *in persuadendo*, aut *in dicendo apposite ad persuadendum*, positum orandi munus sunt arbitrati; id enim fieri potest ab eo quoque, qui vir bonus non sit : est igitur frequentissimus *finis*, *rhetoricen esse vim persuadendi*; quod ego *vim* appello, plerique *potestatem*, nonnulli *facultatem* vocant : quæ res ne quid afferat ambiguitatis, vim dico, τὴν δύναμιν. Hæc opinio originem ab

CHAPITRE XV.

Qu'est-ce que la rhétorique et quelle est sa fin.

Avant tout, qu'est-ce que la rhétorique ? On la définit de bien des manières, mais qui se réduisent à deux questions : car on dispute ou sur sa qualité intrinsèque, ou sur les termes qui doivent la définir. La divergence la plus sérieuse des opinions, c'est que les uns estiment qu'un méchant peut être bon orateur, tandis que les autres, dont je partage l'avis, soutiennent que le titre d'orateur et l'art lui-même ne peuvent appartenir qu'à l'homme de bien.

Parmi ceux qui séparent l'éloquence de ce qu'il y a de plus important et de plus désirable dans la vie, les uns définissent la rhétorique une *force*, les autres une *science*, mais non pas une vertu ; ceux-ci n'y voient qu'un *exercice*, ceux-là veulent bien y reconnaître un art, mais qui n'a rien de commun avec la science et la vertu ; il en est enfin qui la flétrissent comme une *dépravation de l'art* (κακοτεχνία). Presque tous pensent que le devoir d'un orateur consiste à persuader ou à parler de manière à persuader ; or il est clair que le premier venu peut atteindre ce but, sans être homme de bien. On définit donc le plus souvent la rhétorique une *force de persuader*. Ce que j'appelle force, la plupart l'appellent *puissance*, quelques-uns *faculté* : pour éviter toute ambiguité, j'entends par *force* ce que les Grecs expriment par le mot δύναμις. Cette opinion vient originairement

Isocrate (si tamen re vera Ars, quæ circumfertur, ejus est) duxit, qui, quum longe sit a voluntate infamantium oratoris officia, finem artis temere comprehendit, dicens esse rhetoricen *persuadendi opificem*, id est, πειθοῦς δημιουργόν; neque enim mihi permiserim eadem uti declinatione qua Ennius M. Cethegum *Suadæ medullam* vocat. Apud Platonem quoque Gorgias in libro, qui nomine ejus inscriptus est, idem fere dicit; sed hanc Plato illius opinionem vult accipi, non suam. Cicero pluribus locis scripsit, oratoris officium esse, *dicere apposite ad persuadendum*. In Rhetoricis etiam, quos sine dubio ipse non probat, finem facit *persuadere*.

Verum et pecunia persuadet, et gratia, et auctoritas dicentis, et dignitas, et postremo aspectus etiam ipse sine voce, quo vel recordatio meritorum cujusque, vel facies aliqua miserabilis, vel formæ pulchritudo, sententiam dictat. Nam et M'. Aquilium defendens Antonius, quum scissa veste cicatrices, quas is pro patria pectore adverso suscepisset, ostendit, non orationis habuit fiduciam, sed oculis populi romani vim attulit, quem illo ipso aspectu maxime motum in hoc ut absolveret reum, creditum est. Servium quidem Galbam miseratione sola, qua non suos modo liberos parvulos in concionem produxerat, sed Galli etiam Sulpicii

d'Isocrate, si toutefois le traité qui porte son nom est bien de lui. Quoiqu'il fût loin de vouloir diffamer le bel art de la parole, il le définit un peu légèrement lorsqu'il dit que la rhétorique est *l'ouvrière de la persuasion*, πειθοῦς δημιουργός, car je ne me permettrai pas l'expression dont se sert Ennius, pour caractériser l'éloquence dans la personne de Cethegus*. Chez Platon, aussi, Gorgias dit presque la même chose dans le livre qui a reçu son nom, mais Platon prend soin d'expliquer que c'est l'opinion de Gorgias et non la sienne. Cicéron a écrit également dans plusieurs endroits de ses ouvrages que le devoir d'un orateur est de *parler de manière à persuader*, et dans ses livres de rhétorique, dont lui-même témoigne n'être pas satisfait, il établit que la fin de l'éloquence est de *persuader*.

Mais quoi! l'argent, la faveur, l'autorité de celui qui parle, son rang, le simple aspect d'objets qui, sans le secours de la parole, rappellent d'éminens services, retracent d'illustres infortunes ou étalent des charmes séducteurs, tout cela ne persuade-t-il pas aussi et n'entraîne-t-il pas des juges? Lorsqu'Antoine plaidant pour Aquilius, déchira la robe de son client, et montra les cicatrices des blessures honorables qu'il avait reçues pour la patrie, il compta moins sans doute sur son éloquence que sur les yeux du peuple romain, qui s'attendrit, en effet, à cette vue, et renvoya Aquilius absous. Comment Servius Galba échappa-t-il à la sévérité des lois? par la pitié. Il parut entouré de ses enfans en bas âge et tenant dans ses bras le fils de Sulpitius Gallus : c'est ce que

---

* Flos delibatus populi, *suadæque medulla*.

filium suis ipse manibus circumtulerat, elapsum esse, quum aliorum monumentis, tum Catonis oratione testatum est. Et Phrynen non Hyperidis actione, quamquam admirabili, sed conspectu corporis, quod illa, speciosissimum alioqui, diducta nudaverat tunica, putant periculo liberatam. Quæ si omnia persuadent, non est hic, de quo locuti sumus, idoneus finis.

Ideoque diligentiores sunt visi sibi, qui, quum de rhetorice idem sentirent, existimaverunt eam *vim dicendo persuadendi*, quem finem Gorgias in eodem, de quo supra diximus, libro, velut coactus a Socrate, facit, a quo non dissentit Theodectes; sive ipsius id opus est, quod de rhetorice nomine ejus inscribitur, sive, ut creditum est, Aristotelis, in quo est, finem esse rhetorices, *ducere homines dicendo in id quod actor velit*. Sed ne hoc quidem satis est comprehensum; persuadent enim dicendo, vel ducunt in id quod volunt, alii quoque, ut *meretrices, adulatores, corruptores*: at contra non persuadet semper orator; ut interim non sit proprius hic finis ejus, interim sit communis cum iis, qui ab oratore procul absunt. Atqui non multum ab hoc fine abest Apollodorus, dicens judicialis orationis primum et super omnia esse, *persuadere judici, et sententiam ejus ducere in id quod velit;* nam et ipse oratorem fortunæ subjicit, ut, si non persuaserit, nomen suum retinere non possit.

nous attestent plusieurs historiens, et notamment le plaidoyer de Caton. Fut-ce l'éloquence d'Hypéride, toute admirable qu'elle était, qui sauva la célèbre Phryné? Non; mais la vue de ses charmes si remarquables d'ailleurs, et qu'elle rendit plus puissans encore sur ses juges, en écartant une partie de ses vêtemens. Que si toutes ces choses persuadent, la définition donnée plus haut n'est pas la bonne.

Quelques personnes qui partagent au fond les mêmes idées se sont crues plus scrupuleuses en définissant la rhétorique, *la force de persuader par le discours*, « vim dicendo persuadendi. » Gorgias, dans le traité que nous avons déjà cité, est pour ainsi dire amené de force par Socrate à cette définition. Théodecte ne s'en éloigne pas trop non plus, comme on le voit dans un ouvrage sur la rhétorique qui porte son nom, mais qu'on croit être d'Aristote. On y lit : la fin que se propose la rhétorique, *est de conduire les hommes au gré de celui qui parle.* Mais cela n'est pas plus satisfaisant : bien d'autres que des orateurs nous persuadent par leurs discours et nous conduisent où ils veulent, des maîtresses, des flatteurs, des débauchés. Au contraire, l'orateur ne persuade pas toujours, ensorte que quelquefois cette fin ne lui est pas applicable, et quelquefois elle lui est commune avec des gens qui sont bien loin d'être orateurs. Apollodore se rapproche beaucoup de cette définition. Le principal objet d'un plaidoyer, dit-il, *est de persuader le juge et de ramener son sentiment au nôtre.* Ainsi, il soumet l'orateur à une chance, puisque, s'il ne persuade pas, il ne peut conserver son nom.

Quidam recesserunt ab eventu, sicut Aristoteles, qui dicit : *rhetorice est vis inveniendi omnia in oratione persuasibilia;* qui finis et illud vitium, de quo supra diximus, habet, et insuper, quod nihil nisi inventionem complectitur, quæ sine elocutione non est oratio.

Hermagoræ, qui finem ejus esse ait *persuasibiliter dicere*, et aliis, qui eamdem sententiam non iisdem tamen verbis explicant ac finem esse demonstrant, *dicere, quæ oporteat omnia, ad persuadendum,* satis responsum est, quum *persuadere* non tantum oratoris esse convicimus.

Addita sunt his alia varie; quidam enim *circa res omnes,* quidam *circa civiles* modo versari *rhetoricen* putaverunt, quorum verius utrum sit, in eo loco, qui hujus quæstionis proprius est, dicam. Omnia subjecisse oratori videtur Aristoteles, quum dixit, *vim esse dicendi, quid in quaque re possit esse persuasibile;* et Patrocles, qui non quidem adjicit, *in quaque re*, sed nihil excipiendo, idem ostendit; *vim* enim vocat *inveniendi, quod sit in oratione persuasibile,* qui fines et ipsi solam complectuntur inventionem. Quod vitium fugiens Theodorus, *vim* putat *inveniendi et eloquendi cum ornatu credibilia, in omni oratione.* Sed, quum eodem modo credibilia, quo persuasibilia, etiam non

D'autres ont envisagé l'éloquence indépendamment du succès, comme Aristote, qui dit : *la rhétorique est l'art d'imaginer tout ce qui, dans le discours, est de nature à persuader*. Mais, outre que cette définition a le défaut que nous avons déjà relevé, elle est encore incomplète, en ce qu'elle ne comprend que l'invention qui, sans l'élocution, ne saurait constituer un discours.

Quant à Hermagoras, qui veut que la fin de la rhétorique soit de parler d'une manière *persuasible*, et à ceux qui expriment la même idée en d'autres termes, en avançant qu'elle consiste à dire *tout ce qu'il faut pour persuader*, nous leur avons suffisamment répondu, en démontrant qu'il n'y a pas que les orateurs qui persuadent.

Viennent ensuite d'autres opinions. Les uns pensent que la rhétorique peut s'exercer sur tous les sujets, d'autres la restreignent aux matières civiles. Je dirai laquelle de ces opinions est la plus vraie, au lieu où cette question trouvera sa place. Aristote semble établir que l'orateur doit embrasser tout quand il définit la rhéthorique, la force d'imaginer tout ce qui, *dans un sujet quelconque*, peut entraîner la persuasion. Patrocle est du même avis, quoiqu'il n'ajoute pas dans un *sujet quelconque*, puisque d'ailleurs il ne fait aucune exception, et qu'il la définit la force d'imaginer dans un discours *tout* ce qui peut persuader. Mais ces définitions pèchent, comme je l'ai dit, en ce qu'elles ne comprennent que l'invention. Théodore a évité cette faute, en disant : la rhétorique est la force d'imaginer et *d'exprimer en l'ornant* tout ce qui est vraisemblable *sur quelque matière*

orator inveniat, adjiciendo, *in omni oratione*, magis quam superiores concedit scelera quoque persuadentibus, pulcherrimæ rei nomen. Gorgias apud Platonem, persuadendi se artificem in judiciis et aliis cœtibus esse ait; de justis quoque et injustis tractare, cui Socrates *persuadendi*, non *docendi* concedit facultatem.

Qui vero non omnia subjiciebant oratori, sollicitius ac verbosius, ut necesse erat, adhibuerunt discrimina; quorum fuit Ariston, Critolai peripatetici discipulus, cujus hic finis est, *scientia videndi et agendi in quæstionibus civilibus, per orationem popularis persuasionis.* Hic *scientiam*, quia peripateticus est, non, ut stoici, *virtutis* loco ponit : *popularem* autem comprehendendo *persuasionem*, etiam contumeliosus est adversus artem orandi, quam nihil putat doctis persuasuram. Illud de omnibus, qui circa civiles demum quæstiones oratorem judicant versari, dictum sit, excludi ab his plurima oratoris officia, illam certe *laudativam* totam, quæ est rhetorices pars tertia.

Cautius Theodorus Gadareus, ut jam ad eos veniamus, qui *artem* quidem esse eam, sed *non virtutem*, putaverunt; ita enim dicit (ut ipsis eorum verbis utar,

que ce soit. Mais, outre qu'on n'a pas besoin d'être orateur pour trouver ce qui est vraisemblable ainsi que ce qui peut persuader, en ajoutant *sur quelque matière que ce soit*, Théodore va plus loin que les précédens rhéteurs, puisqu'ainsi il décore du plus beau titre ceux-mêmes qui persuaderaient le crime. Gorgias, dans Platon, se vante d'être expert en l'art de persuader au barreau et ailleurs; il se pique également de traiter du juste et de l'injuste : à quoi Socrate répond qu'il lui accorde la faculté de persuader, mais non celle d'enseigner.

Ceux qui ont restreint la rhétorique dans certaines bornes ont dû recourir à des distinctions plus subtiles, et être plus verbeux. De ce nombre fut Ariston, disciple de Critolaüs le péripatéticien, qui définit la rhétorique : *la science d'envisager et de traiter les questions civiles par le moyen d'un discours qui entraîne la persuasion du peuple*. Comme péripatéticien, il dit *la science*, un stoïcien aurait dit *la vertu*. Mais je ne lui passe pas ces mots *la persuasion du peuple*, c'est un outrage envers l'art oratoire, qu'il déclare par là incapable de persuader les gens éclairés. Disons une bonne fois à tous ceux qui prétendent circonscrire l'orateur dans les affaires purement civiles, que c'est lui interdire une grande partie de son ministère, et notamment tout le genre démonstratif, qui constitue la troisième branche de la rhétorique.

Passons à ceux qui veulent bien que ce soit un art, mais non pas une vertu. Ils se sont exprimés avec plus de réserve. Voici ce qu'en dit Théodore de Gadare; je me sers des termes de ceux qui l'ont traduit du grec:

qui hæc ex græco transtulerunt) *ars inventrix, et judicatrix, et enunciatrix decente ornatu secundum mensionem ejus, quod in quoque potest sumi persuasibile, in materia civili.* Itemque Cornelius Celsus, qui finem rhetorices ait, *dicere persuasibiliter in dubia et civili materia;* quibus sunt non dissimiles, qui ab aliis traduntur; qualis est ille, *vis videndi et eloquendi de rebus civilibus subjectis sibi, cum quadam persuasione et quodam corporis habitu et eorum, quæ dicet, pronunciatione.* Mille alia, sed aut eadem, aut ex eisdem composita, quibus item, quum de materia rhetorices dicendum erit, respondebimus.

Quidam eam neque *vim*, neque *scientiam*, neque *artem* putaverunt; sed Critolaus *usum dicendi*, nam hoc τριβὴ significat; Athenæus *fallendi artem.* Plerique autem, dum pauca ex Gorgia Platonis, a prioribus imperite excerpta, legere contenti, neque hoc totum, neque alia ejus volumina evolvunt, in maximum errorem inciderunt; creduntque, eum in hac esse opinione, ut *rhetoricen non artem, sed peritiam quamdam gratiæ ac voluptatis* existimet : et, alio loco, *civilitatis particulæ simulacrum,* et *quartam partem adulationis;* quod duas partes civilitatis corpori assignet, *medicinam,* et quam interpretantur *exercitatricem,* duas animo, *legalem,* atque *justitiam, adulationem* autem *medicinæ,*

la rhétorique est *l'art d'inventer, de disposer et d'exprimer avec des ornemens convenables et assortis, tout ce qui peut servir à persuader en matière civile.* Cornelius Celsus rend à peu près la même idée. C'est, dit-il, *l'art de parler sur des questions douteuses en matière civile, de manière à persuader.* Voici d'autres définitions qui ne diffèrent guère, entre autres celle-ci : la rhétorique est *l'art de tout prévoir et de s'exprimer sur les affaires civiles qui se présentent avec un certain degré de persuasion, en y joignant des qualités extérieures et une prononciation convenable.* Il en est mille autres du même genre, j'y répondrai en traitant des sujets propres à la rhétorique.

D'autres enfin n'ont voulu voir en elle ni une force, ni une science, ni un art. Critolaüs l'appelle seulement *l'usage de la parole*, car c'est ce que veut dire le mot τριβή dont il se sert, et Athénée en fait sans scrupule *un moyen de tromper.* Au reste, la plupart des rhéteurs, pour n'avoir lu que quelques extraits mal digérés du Gorgias de Platon, et pour ne s'être pas donné la peine de lire en entier ce traité et les autres ouvrages du même philosophe, se sont étrangement trompés, et lui ont attribué l'opinion que la rhétorique n'était pas un art, mais seulement une certaine adresse d'esprit qui s'attache à flatter les sens. Il dit cela, en effet, et dans un autre endroit, il l'appelle la fausse image d'une partie de la politique, et la quatrième espèce de fard qui dénature le vrai. Or, il faut savoir que Platon divise la science politique en quatre parties, et qu'il en assigne deux au corps, *la médecine* et *la gymnastique*, et deux

vocet *coquorum* artificium; et *exercitatricis*, *magnonum*, qui colorem fuco, et verum robur inani sagina mentiantur; *legalis*, *cavillatricem*; *justitiæ*, *rhetoricen*. Quæ omnia sunt quidem scripta in hoc libro, dictaque a Socrate, cujus persona videtur Plato significare quid sentiat; sed alii sunt ejus sermones ad coarguendos, qui contra disputant, compositi, quos ἐλεγκτικοὺς vocant, alii ad præcipiendum, qui δογματικοὶ appellantur. Socrates autem, seu Plato, eam quidem, quæ tum exercebatur, rhetoricen talem putavit; nam et dicit his verbis τοῦτον τὸν τρόπον, ὃν ὑμεῖς πολιτεύεσθε· et veram autem et honestam intelligit: itaque disputatio illa contra Gorgiam ita clauditur, οὐκοῦν ἀνάγκη τὸν ῥητορικὸν δίκαιον εἶναι, τὸν δὲ δίκαιον βούλεσθαι δίκαια πράσσειν. Ad quod ille quidem conticescit, sed sermonem suscipit Polus, juvenili calore inconsideratior, contra quem illa de simulacro et adulatione dicuntur. Tum Callicles adhuc concitatior; qui tamen ad hanc perducitur clausulam, τὸν μέλλοντα ὀρθῶς ῥητορικὸν ἔσεσθαι, δίκαιον ἄρα δεῖ εἶναι καὶ ἐπιστήμονα τῶν δικαίων.

Ut appareat, Platoni non rhetoricen videri malum,

à l'âme, la *connaissance des lois* et *la justice;* qu'il leur oppose ensuite autant de qualités factices qui n'en sont que l'apparence ou le fard. Ainsi, selon lui, *la médecine* a son fard dans le raffinement des mets, *la gymnastique* dans l'artifice de ces marchands d'esclaves qui remplacent le teint de la santé par de fausses couleurs, et la force par l'embonpoint; *la connaissance des lois*, dans les détours de la chicane, et *la justice*, dans la rhétorique. Tout cela se trouve, à la vérité, dans le Gorgias et est dit par Socrate, que Platon mettait volontiers en scène pour lui faire exprimer ses propres opinions. Mais ce philosophe a composé deux espèces de dialogues, les uns, pour réfuter les sophistes ἐλεγκτικοὺς, les autres, pour servir à l'instruction, δογματικούς. Or, Socrate ou Platon, si l'on veut, n'avait en vue, dans ce que j'ai cité, que l'éloquence telle qu'on en abusait de son temps, et non celle qui est conforme à la vérité et à la morale, puisqu'il dit en propres termes, *suivant votre manière à vous d'entendre la politique;* et que toute la discussion avec Gorgias aboutit à cette conclusion : *donc, il est indispensable que l'orateur soit juste, et qu'étant juste, il veuille pratiquer la justice.* A quoi Gorgias ne sait que répondre; mais Polus (l'un des interlocuteurs), que l'ardeur de la jeunesse rend plus inconsidéré, s'empare de la parole, et c'est à lui que s'adressent les traits dirigés contre ces raffinemens qui dénaturent les arts. Vient après lui Calliclès, enchérissant encore sur sa fougue, et finissant par être amené à reconnaître *que celui qui veut devenir bon orateur doit être indispensablement un homme juste, et savoir ce que c'est que la justice.*

Il est donc évident que Platon ne regardait pas la

sed eam veram, nisi justo ac bono, non contingere. Adhuc autem in Phædro manifestius facit, hanc artem consummari citra justitiæ quoque scientiam non posse; cui opinioni nos quoque accedimus: an aliter defensionem Socratis, et eorum, qui pro patria ceciderant, laudem scripsisset? quæ certe sunt oratoris opera. Sed in illud hominum genus, quod facultate dicendi male utebatur, invectus est : nam et Socrates inhonestam sibi credidit orationem, quam ei Lysias reo composuerat; et tum maxime scribere litigatoribus, quæ illi pro se ipsi dicerent, erat moris; atque ita juri, quo non licebat pro altero agere, fraus adhibebatur. Doctores quoque ejus artis parum idonei Platoni videbantur, qui *rhetoricen* a justitia separarent, et veris credibilia præferrent; nam id quoque dicit in Phædro.

Consensisse autem illis superioribus videri potest etiam Cornelius Celsus, cujus hæc verba sunt : *Orator simile tantum veri petit*; deinde paulo post : *Non enim bona conscientia, sed victoria, litigantis est præmium*; quæ si vera essent, pessimorum hominum foret, hæc tam perniciosa nocentissimis moribus dare instrumenta, et nequitiam præceptis adjuvare. Sed illi rationem opinionis suæ viderint; nos autem ingressi formare perfectum *oratorem*, quem inprimis esse *virum bonum* volumus, ad eos, qui de hoc opere melius sentiunt, rever-

rhétorique comme un mal, mais qu'il ne reconnaissait pour véritable que celle qui est fondée sur la justice et la morale. Il s'en explique plus clairement encore dans le Phédrus, où il dit qu'on ne peut être consommé dans cet art, sans une connaissance parfaite de la justice. C'est aussi notre avis. Autrement ce philosophe aurait-il écrit l'apologie de Socrate et l'éloge des héros morts en combattant pour la patrie, ce qui, à coup sûr, est l'œuvre d'un orateur? Mais il s'élevait contre ces sophistes qui abusaient de l'éloquence. Voilà pourquoi Socrate, accusé, jugea au dessous de lui de prononcer le discours que Lysias avait composé pour sa défense. On sait que c'était l'usage à Athènes d'écrire pour les accusés des plaidoyers qu'ils prononçaient eux-mêmes, et qu'ainsi on éludait la loi qui défendait de plaider pour autrui. Ce même Platon dit encore dans le Phédrus qu'on n'est pas propre à enseigner la rhétorique, quand on sépare l'éloquence de la vertu, et qu'on préfère les apparences de la vérité à la vérité même.

Cornelius Celsus pensait sans doute comme les rhéteurs que j'ai cités plus haut, lui qui dit que l'orateur ne doit s'attacher qu'à la vraisemblance; car, ajoute-t-il peu après, *ce n'est pas dans le témoignage d'une bonne conscience, mais dans le gain de sa cause qu'est la récompense de l'avocat.* Si cela était, ne serait-ce pas le comble de l'iniquité de mettre des armes aussi dangereuses dans les mains des méchans, et d'aider encore au crime par des préceptes? Je laisse aux partisans de cette doctrine à en calculer les conséquences. Pour nous qui entreprenons de former un orateur parfait, et qui voulons qu'avant tout il soit homme de bien, retournons à ceux qui ont meilleure opinion de l'éloquence. De ce nombre il en est qui

tamur. *Rhetoricen* autem quidam eamdem *civilitatem* esse judicaverunt : Cicero *scientiæ civilis partem* vocat; *civilis* autem *scientia* idem quod *sapientia* est : quidam etiam *philosophiæ*, quorum est Isocrates. Huic ejus substantiæ maxime convenit finitio, *rhetoricen esse bene dicendi scientiam;* nam et orationis omnes virtutes semel complectitur, et protinus mores etiam oratoris, quum bene dicere non possit, nisi vir bonus. Idem valet Chrysippi finis ille ductus a Cleanthe, *scientia recte dicendi;* sunt plures ejusdem, sed ad alias quæstiones magis pertinent : idem sentiret finis hoc modo comprehensus, *persuadere quod oporteat*, nisi quod artem ad exitum alligat. Bene Areus, *dicere secundum virtutem orationis*. Excludunt a rhetorice malos et illi, qui scientiam civilium officiorum eam putaverunt, si scientiam virtutem judicant; sed anguste, intraque civiles quæstiones, coercent. Albutius, non obscurus professor atque auctor, *scientiam bene dicendi* esse consentit; sed exceptionibus peccat, adjiciendo, *circa civiles quæstiones*, et *credibiliter*, quarum jam utrique responsum est. Probabilis et illi voluntatis, qui *recte sentire et dicere*, rhetorices putaverunt.

Hi sunt fere fines maxime illustres, et de quibus præcipue disputatur; nam omnes quidem persequi, nec attinet, nec possum : quum pravum quoddam, ut arbi-

ont pensé que la rhétorique était la même chose que la politique; Cicéron l'appelle une partie de la *science civile*; or, la science civile, c'est la sagesse; d'autres, comme Isocrate, la font entrer dans la philosophie; mais ce qui la caractérise le mieux, c'est de l'avoir définie *la science de bien dire*, car cela embrasse à la fois toutes les perfections du discours et la moralité même de l'orateur, puisqu'on ne peut véritablement bien parler sans être homme de bien. C'est à quoi revient aussi la définition qu'en donne Chrysippe d'après Cléanthe. Il en est plusieurs encore, mais elles appartiennent plutôt à d'autres questions. Ceux qui ont dit que la rhétorique avait pour objet de *persuader ce qui est convenable*, expriment la même idée, si ce n'est qu'ils subordonnent l'art au succès. Aréus est plus exact : il la définit *l'art de parler avec toutes les perfections qu'exige le discours*. Au reste, ceux qui l'ont appelée *la science des devoirs civils* en excluent nécessairement aussi les méchans, pour peu qu'ils considèrent la science comme une vertu; seulement ils la restreignent à tort, en la bornant aux questions civiles. Albutius, professeur et auteur assez renommé, après avoir reconnu que la rhétorique est la science de bien dire, pèche aussi par les restrictions, en ajoutant *dans les matières civiles et avec vraisemblance*, double erreur que nous avons déjà réfutée. J'approuve fort ceux qui la font consister *à bien penser et à bien dire*.

Telles sont à peu près les définitions les plus célèbres et les plus controversées qu'on ait données sur la rhétorique. Il n'entre pas dans mon plan, et je ne me sens pas la force de les rapporter toutes, d'autant plus que

tror, studium circa scriptores artium exstiterit, nihil eisdem verbis, quæ prior aliquis occupasset, finiendi; quæ ambitio procul aberit a me. Dicam enim non utique quæ invenero, sed quæ placebunt; sicut hoc, *rhetoricen esse bene dicendi scientiam* : quum, reperto quod est optimum, qui quærit aliud, pejus velit. His approbatis, simul manifestum est illud quoque, quem finem, vel quid summum et ultimum habeat rhetorice, quod τέλος dicitur, ad quod omnis ars tendit; nam si est ipsa bene dicendi scientia, finis ejus et summum est bene dicere.

CAPUT XVI.

An sit utilis rhetorice.

Sequitur quæstio, *An utilis rhetorice ?* nam quidam vehementer in eam invehi solent; et, quod sit indignissimum, in accusationem orationis utuntur orandi viribus : *Eloquentiam esse, quæ pœnis eripiat scelestos; cujus fraude damnentur interim boni; consilia ducantur in pejus; nec seditiones modo turbæque populares, sed bella etiam inexpiabilia excitentur; cujus denique tum maximus sit usus, quum pro falsis contra veritatem valet.*

Nam et Socrati objiciunt comici, *docere eum, quo-*

tous ceux qui ont écrit sur cet art se sont étudiés, par je ne sais quelle misérable émulation, à ne rien définir dans les mêmes termes que leurs devanciers. Loin de moi cette vaine gloire! Je ne me piquerai point de dire du nouveau, je prendrai ce qui me paraîtra bon. Je m'en tiendrai, par exemple, à cette définition, *que la rhétorique est l'art de bien dire*, parce que dès qu'on a trouvé le mieux, c'est s'exposer à pis que de chercher au delà. Cela posé, on voit clairement quelle fin doit se proposer la rhétorique, et quel est, pour elle, ce but, ce terme où tendent tous les arts; car si elle n'est autre chose que la science de bien dire, c'est à cela qu'elle doit s'attacher, et c'est en cela que consistera sa perfection.

CHAPITRE XVI.

Si la rhétorique est utile.

VIENT ensuite cette question : la rhétorique est-elle utile? Certaines gens se déchaînent contre elle avec véhémence, et ne rougissent pas d'employer toutes les armes de l'éloquence pour accuser l'éloquence elle-même. C'est elle, disent-ils, qui soustrait les coupables au châtiment, et, par ses artifices, fait quelquefois succomber l'innocence; c'est elle qui inspire les funestes conseils, et qui, non contente d'exciter les séditions, les émeutes populaires, allume encore des guerres implacables entre les nations; c'est elle enfin qui fait d'autant plus briller son mérite, qu'elle assure le triomphe du mensonge sur la vérité.

Les poètes comiques reprochent en effet à Socrate d'en-

modo pejorem causam meliorem faciat : et, contra, Tisiam et Gorgiam similia, dicit, polliceri Plato. Et his adjiciunt exempla Græcorum Romanorumque, et enumerant, qui, perniciosa, non singulis tantum, sed rebus etiam publicis, usi eloquentia, turbaverint civitatium status, vel everterint; eoque et Lacedæmoniorum civitate expulsam; et Athenis quoque, ubi actor movere affectus vetabatur, velut recisam orandi potestatem.

Quo quidem modo nec duces erunt utiles, nec magistratus, nec medicina, nec ipsa denique sapientia; nam et dux Flaminius, et Gracchi, Saturnini, Glauciæ, magistratus, et in medicis venena, et in iis, qui philosophorum nomine male utuntur, gravissima nonnunquam flagitia deprehensa sunt. Cibos aspernemur, attulerunt sæpe valetudinis causas; nunquam tecta subeamus, super habitantes aliquando procumbunt; non fabricetur militi gladius, potest uti eodem ferro latro. Quis nescit ignes, aquas, sine quibus nulla sit vita, et, ne terrenis immorer, Solem Lunamque, præcipua siderum, aliquando etiam nocere?

Num igitur negabitur deformem Pyrrhi pacem cæcus ille Appius dicendi viribus diremisse? aut non divina M. Tullii eloquentia et contra leges Agrarias popularis

seigner comment on rend bonne une mauvaise cause, et Platon dit que Tisias et Gorgias s'attachent à dénaturer tout dans leurs discours. On ajoute à cela des exemples pris chez les Grecs et les Romains : on énumère avec complaisance ceux qui, par un usage perfide de l'éloquence, ont compromis le sort, ou causé la ruine des états, et des particuliers. C'est pour cela, dit-on, qu'elle fut bannie de Lacédémone, et qu'à Athènes on la paralysa, en quelque sorte, en défendant aux plaideurs d'émouvoir les passions.

Avec de pareils raisonnemens, il faudrait se passer de généraux et de magistrats, abandonner la médecine, et renoncer même à l'étude de la sagesse; car un Flaminius a commandé nos armées, des Gracques, un Saturninus, un Glaucias ont été revêtus de la magistrature; on a vu des médecins empoisonneurs, et parmi ceux qui abusent du titre de philosophes, il en est qui sont plongés dans les plus graves désordres. Rejetons donc aussi les mets de nos tables, car ils ont occasioné souvent des maladies. N'entrons jamais dans nos maisons, elles s'écroulent quelquefois. Plus de glaive pour nos soldats, un brigand peut s'en servir. Enfin le feu et l'eau, si nécessaires à notre existence, et, pour sortir des objets terrestres, le soleil et la lune, ces premiers des astres, qui ne sait que tout cela a quelquefois des influences nuisibles?

D'un autre côté, niera-t-on que ce fut par la force de ses discours qu'Appius, cet illustre aveugle, fit rompre une paix honteuse proposée par Pyrrhus? niera-t-on que la divine éloquence de Cicéron sut se montrer po-

fuit, et Catilinæ fregit audaciam, et supplicationes, qui maximus honor victoribus bello ducibus datur, in toga meruit? Nonne perterritos militum animos frequenter a metu revocat oratio, et tot pugnandi pericula ineuntibus, laudem vita potiorem esse persuadet? neque vero me Lacedæmonii atque Athenienses magis moverint, quam populus romanus, apud quem summa semper oratoribus dignitas fuit. Equidem nec urbium conditores reor aliter effecturos fuisse, ut vaga illa multitudo coiret in populos, nisi docta voce commota; nec legum repertores sine summa vi orandi consecutos, ut se ipsi homines ad servitutem juris astringerent. Quin ipsa vitæ præcepta, etiamsi natura sunt honesta, plus tamen ad formandas mentes valent, quoties pulchritudinem rerum claritas orationis illuminat : quare, etiamsi in utramque partem valent arma facundiæ, non tamen est æquum id haberi malum, quo bene uti licet.

Verum hæc apud eos fortasse quærantur, qui summam rhetorices ad persuadendi vim retulerunt. Si vero est *bene dicendi scientia*, quem nos finem sequimur, ut sit *orator* inprimis *vir bonus*, utilem certe eam esse confitendum est.

Et hercle deus ille princeps, parens rerum, fabrica-

pulaire, en tonnant contre les lois agraires; que cette même éloquence subjugua l'audace de Catilina, et valut à un magistrat le plus grand des honneurs réservés aux généraux victorieux? N'est-ce pas souvent par de vives allocutions qu'on ranime le courage abattu des soldats, et qu'on persuade à cette foule de braves gens qui courent affronter tant de dangers, que la gloire est mille fois préférable à la vie? Que me fait l'exemple des Lacédémoniens et des Athéniens? Il en est un qui me touche beaucoup plus, c'est celui du peuple romain, chez lequel les orateurs ont toujours joui de la plus grande considération. Je le demande enfin : comment les fondateurs de cités s'y seraient-ils pris, autrement que par la persuasion, pour rassembler en un corps de peuple, une multitude éparse et vagabonde? Comment les premiers législateurs auraient-ils pu, sans l'ascendant de la parole, amener les hommes à se lier volontairement par des lois? Les préceptes mêmes de la morale qui ont pour nous un attrait naturel, nous touchent plus vivement encore, lorsque les grâces de l'élocution viennent en relever la beauté. Donc, quand même l'éloquence ferait également et le bien et le mal, il y aurait de l'injustice à proscrire comme dangereuse une arme dont il dépend de nous de faire un bon usage.

Laissons au surplus ces questions à débattre à ceux qui n'ont vu dans la rhétorique que la force de persuader. Mais si elle est l'art de bien dire, et c'est à cette définition que je m'arrête, voulant qu'avant tout l'orateur soit homme de bien, il faudra convenir aussi qu'elle est utile.

Certes, le suprême auteur de la nature n'a en rien

torque mundi, nullo magis hominem separavit a ceteris, quæ quidem mortalia essent, animalibus, quam dicendi facultate. Nam corpora quidem magnitudine, viribus, firmitate, patientia, velocitate præstantiora in illis mutis videmus; eadem minus egere acquisitæ extrinsecus opis : nam et ingredi citius, et pasci, et tranare aquas, citra docentem, natura ipsa sciunt. Et pleraque contra frigus ex suo corpore vestiuntur, et arma iis ingenita quædam, et ex obvio fere victus, circa quæ omnia multus hominibus labor est; rationem igitur nobis præcipuam dedit, ejusque nos socios esse cum diis immortalibus voluit. Sed ipsa ratio neque tam nos juvaret, neque tam esset in nobis manifesta, nisi, quæ concepissemus mente, promere etiam loquendo possemus, quod magis deesse ceteris animalibus, quam intellectum et cogitationem quamdam, videmus. Nam et moliri cubilia, et nidos texere, et educare fœtus, et excludere, quin etiam reponere in hiemem alimenta, opera quædam nobis inimitabilia, qualia sunt cerarum et mellis, efficere, nonnullius fortasse rationis est; sed quia carent sermone, quæ id faciunt, *muta* atque *irrationalia* vocantur. Denique homines, quibus negata vox est, quantulum adjuvat animus ille cœlestis?

Quare si nihil a diis oratione melius accepimus, quid tam dignum cultu ac labore ducamus, aut in quo mali-

plus sensiblement distingué l'homme des autres animaux mortels comme lui, que par le don de la parole. Généralement mieux partagés que nous en grandeur, en force, en durée, en patience, en vitesse, ils se suffisent mieux aussi à eux-mêmes. On les voit en peu de temps marcher et pourvoir à tous leurs besoins; ils se jettent à la nage, sans autres leçons que celles de la nature. Presque tous ont dans leur fourrure un abri contre le froid, et naissent avec des armes pour se défendre ; leur nourriture croît, pour ainsi dire, sous leurs pas. Que de peine l'homme se donne pour se procurer tout cela! La raison! voilà donc notre attribut distinctif, et c'est par elle que nous sommes associés aux dieux immortels. Mais cette raison même, à quoi nous servirait-elle, comment se manifesterait-elle en nous, si nous ne pouvions exprimer nos pensées? car c'est plutôt cette faculté qui manque à la plupart des animaux, qu'une sorte d'intelligence et de calcul. En effet, se bâtir des retraites, construire des nids, élever et reconnaître ses petits, mettre en réserve des provisions pour l'hiver, créer des substances dont quelques-unes sont inimitables, telles que la cire et le miel, tout cela paraît en eux le fruit de quelque raisonnement. Mais parce qu'ils sont privés de la parole, nous les rangeons parmi les brutes. Enfin, voyons parmi nous les muets : de quel faible secours est pour eux le rayon céleste qui les anime!

S'il est vrai donc que les dieux ne nous ont rien accordé de préférable à la parole, qu'y a-t-il que nous de-

mus præstare hominibus, quam quo ipsi homines ceteris animalibus præstant? Eo quidem magis, quod nulla in parte plenius labor gratiam refert : id adeo manifestum erit, si cogitaverimus, unde, et quousque jam provecta sit orandi facultas; et adhuc augeri potest. Nam ut omittam, defendere amicos, regere consiliis senatum, populum, exercitum in quæ velit ducere, quam sit utile, conveniatque bono viro; nonne pulchrum vel hoc ipsum est, ex communi intellectu, verbisque, quibus utuntur omnes, tantum assequi laudis et gloriæ, ut non loqui et orare, sed, quod Pericli contigit, fulgurare ac tonare videaris?

CAPUT XVII.

An rhetorice sit ars.

FINIS non erit, si exspatiari parte in hac, et indulgere voluptati velim; transeamus igitur ad eam quæstionem, quæ sequitur, an *rhetorice ars sit*. Quod quidem adeo ex iis, qui præcepta dicendi tradiderunt, nemo dubitavit, ut etiam ipsis librorum titulis testatum sit, scriptos eos *de arte rhetorica*. Cicero vero etiam, quæ *rhetorice* vocetur, esse *artificiosam eloquentiam* dicat; quod

vions cultiver et exercer avec plus de soin? En quoi devons-nous être plus jaloux de l'emporter sur nos semblables, que dans une faculté qui nous met tant au dessus des autres animaux? Ajoutez qu'aucun genre de travail ne porte plus pleinement avec lui sa récompense. Aussi, considérez de quel point est partie l'éloquence, à quelle hauteur elle est parvenue, et combien elle est susceptible de s'élever encore. Enfin, sans parler de tout ce qu'il y a d'honorable et de doux pour un homme de bien à défendre ses amis, à gouverner une assemblée par ses conseils, à maîtriser le peuple, à électriser des armées, n'est-ce pas quelque chose de beau en soi que d'obtenir, avec des armes communes à tout le monde, tant de renommée et tant de gloire, qu'on ne voie plus de simples paroles dans vos discours, mais que vous paraissiez, comme on le disait de Périclès, lancer la foudre et les éclairs?

CHAPITRE XVII.

Si la rhétorique est un art.

Je ne finirais pas si je voulais me donner carrière dans une si belle cause. Passons donc à cette autre question: la rhétorique est-elle un art? Tous ceux qui nous ont laissé des préceptes sur l'éloquence, ont été pour l'affirmative, comme l'attestent les titres mêmes de leurs ouvrages. Cicéron dit que ce qu'on appelle la rhétorique, n'est autre chose que l'éloquence *artificielle;* et ce ne sont pas seulement les orateurs qui l'ont avancé, comme pour donner plus de prix à leurs travaux; presque tous les philo-

non oratores tantum vindicarunt, ut studiis aliquid suis praestitisse videantur; sed cum his philosophi, et stoici, et peripatetici plerique, consentiunt. Ac me dubitasse confiteor, an hanc partem quaestionis tractandam putarem : nam quis est adeo, non ab eruditione modo, sed a sensu remotus hominis, ut fabricandi quidem, et texendi, et e luto vasa ducendi *artem* putet; *rhetoricen* autem, maximum ac pulcherrimum, ut supra diximus, opus, in tam sublime fastigium existimet *sine arte* venisse? Equidem illos, qui contra disputarunt, non tam sensisse quod dicerent, quam exercere ingenia materiae difficultate credo voluisse, sicut Polycratem, quum Busirim laudaret, et Clytaemnestram; quamquam is, quod his dissimile non esset, composuisse orationem, quae est habita contra Socratem, dicitur.

Quidam naturalem esse rhetoricen volunt, et tamen adjuvari exercitatione non diffitentur; ut in libris Ciceronis de Oratore dicit Antonius, *observationem* quamdam esse, *non artem*. Quod non ideo, ut pro vero accipiamus, est positum; sed ut Antonii persona servetur, qui dissimulator artis fuit.

Hanc autem opinionem habuisse Lysias videtur; cujus sententiae talis defensio est, quod indocti, et barbari, et servi, pro se quum loquuntur, aliquid dicant *simile principio, narrent, probent, refutent*, et, quod vim

sophes, stoïciens et péripatéticiens, ont été du même avis. J'avoue, pour moi, que j'ai hésité à traiter cette question. Quel est, en effet, l'homme assez dénué, je ne dis pas de connaissances, mais de simple bon sens, qui, tout en admettant qu'il faut de l'art pour bâtir, pour tisser des étoffes, pour fabriquer des vases de terre, puisse croire que la rhétorique, dont nous avons déjà démontré l'excellence, soit arrivée si haut sans le secours des règles? Ne suis-je pas fondé à penser que ceux qui soutiennent la thèse contraire, se sont moins souciés de parler d'après leur sentiment, que d'exercer leur esprit par la hardiesse du paradoxe. Ainsi fit ce Polycrate, qui composa l'éloge de Busiris et de Clytemnestre, panégyrique bien digne, sans doute, de celui qui passait pour l'auteur d'une diatribe contre Socrate.

Quelques-uns veulent que l'éloquence soit un don naturel, sans disconvenir cependant que l'exercice y ajoute. C'est l'avis qu'exprime Antoine dans les livres de Cicéron sur l'orateur. La rhétorique, dit-il, est moins un fruit de l'art que de l'observation. Mais cela ne doit pas être pris à la lettre : ce n'est qu'une définition conforme au caractère d'Antoine, qui veut sans cesse nier l'existence de l'art.

Il paraît que Lysias a eu la même opinion. Il l'appuie sur ce que les ignorans, les barbares, les esclaves, lorsqu'ils s'échauffent sur leurs propres intérêts, emploient une espèce d'exorde, narrent, prouvent, réfutent et terminent par des prières et par des supplications

habeat epilogi, *deprecentur.* Deinde adjiciunt illas verborum cavillationes : *nihil quod ex arte fiat, ante artem fuisse* : atqui dixisse homines pro se, et in alios semper; doctores artis, sero jam, et circa Tisiam et Coraca primum, repertos; orationem igitur ante artem fuisse, eoque artem non esse. Nos porro, quando cœperit hujus rei doctrina, non laboramus; quamquam apud Homerum, et præceptorem Phœnicem tum agendi, tum etiam loquendi, et oratores plures, et omne in tribus ducibus orationis genus, et certamina quoque proposita eloquentiæ inter juvenes, invenimus; quin in cælatura clypei Achillis et lites sunt et actores. Illud admonere satis est, *omnia, quæ ars consummaverit, a natura initia duxisse.* Aut tollatur *medicina,* quæ ex observatione salubrium, atque his contrariorum, reperta est, et, ut quibusdam placet, tota constat experimentis : nam et vulnus deligavit aliquis antequam hæc ars esset; et febrem quiete et abstinentia, non quia rationem videbat, sed quia id valetudo ipsa coegerat, mitigavit. Nec *fabrica* sit ars; casas enim primi illi sine arte fecerunt : nec *musica;* cantatur ac saltatur per omnes gentes aliquo modo. Ita, si *rhetorice* vocari debet sermo quicunque, fuisse eam, antequam esset ars, confitebor; si vero non, quisquis loquitur, orator est, et tum non tamquam oratores loquebantur, necesse est, oratorem factum arte, nec ante artem fuisse, fateantur.

qui ont toute la force d'une péroraison. On ajoute à cela des subtilités : « Rien, dit-on, de ce qui est né de l'art n'a pu exister avant l'art; or, les hommes ont, de tout temps, su parler pour eux et contre les autres, quoiqu'il n'y ait eu de maîtres que fort tard, vers le temps de Tisias et de Corax; donc, l'éloquence existait avant l'art, donc, elle n'est point un art. » Je n'entreprendrai pas de rechercher à quelle époque en remonte l'enseignement, quoiqu'on trouve dans Homère bon nombre d'orateurs, entre autres Phénix qui donne à la fois des préceptes de conduite et de langage; quoique ce poète nous montre tous les genres d'éloquence réunis dans les trois principaux chefs des Grecs, et qu'il y ait à ce sujet des prix d'émulation entre les jeunes gens; quoiqu'enfin sur le bouclier d'Achille figurent la chicane et les plaideurs. Il me suffit de répondre à ces raisonnemens que tout ce que l'art a perfectionné a sa source dans la nature. Autrement il faudrait ôter le nom d'art à la médecine, qui n'est que le résultat d'observations faites sur ce qui est salubre ou nuisible, et qui, suivant quelques auteurs, consiste toute en expériences; car on s'est sans doute avisé de mettre un appareil sur une plaie, avant que ce procédé ne devînt un art; et plus d'un malade aura diminué sa fièvre au moyen du repos et de la diète, moins par calcul que par l'instinct de sa conservation. Nous n'appellerons plus art l'architecture; car les premiers hommes s'en sont passés pour bâtir des cabanes; ni la musique, car chez tous les peuples on chante et on danse avec une certaine mesure. Que si tout ce qu'on dit est de la rhétorique, j'avouerai qu'elle existait avant l'art. Mais si l'on n'est pas orateur par cela seul qu'on parle, et s'il est vrai que dans les premiers temps on ne parlait point

Quo illud quoque excluditur, quod dicunt, non esse artis id, quod faciat, qui non didicerit: dicere autem homines et qui non didicerint. Ad cujus rei confirmationem afferunt Demaden, remigem, et Æschinem, hypocriten, oratores fuisse : falso; nam neque orator esse, qui non didicit, potest, et hos sero potius, quam nunquam, didicisse quis dixerit; quamquam Æschines ab initio sit versatus in litteris, quas pater ejus etiam docebat; Demaden neque non didicisse certum sit, et continua dicendi exercitatio potuerit tantum, quantuscunque postea fuit, fecisse; nam id potentissimum discendi genus est; sed et præstantiorem, si didicisset, futurum fuisse dicere licet; neque enim orationes scribere est ausus, ut eum multum valuisse in dicendo sciamus.

Aristoteles, ut solet, quærendi gratia, quædam subtilitatis suæ argumenta excogitavit in Gryllo : sed idem et *de arte rhetorica* tres libros scripsit, et in eorum primo non artem solum eam fatetur, sed ei particulam civilitatis, sicut dialectices, assignat. Multa Critolaus contra, multa Rhodius Athenodorus; Agnon quidem detraxit sibi inscriptione ipsa fidem, qua rhetorices accusationem professus est; nam de Epicuro, qui discipli-

en orateurs, il faut bien que l'on convienne que l'art seul forme un orateur, et qu'avant l'art il n'y en avait point.

Cela servira aussi de réponse à cet autre argument « tout ce qu'on fait de soi-même et sans leçons n'est pas du domaine de l'art; or, tous les hommes savent parler sans l'avoir appris; » puis on cite Démade, le batelier, et Eschine, le comédien, qui ont été des orateurs : mais c'est à tort, car on ne peut être véritablement orateur sans avoir étudié l'art, et il serait plus exact de dire que ces hommes ont appris tard, que d'avancer qu'ils n'ont jamais appris. D'abord Eschine n'avait pas été originairement étranger aux lettres, que son père enseignait : quant à Démade, outre que rien ne prouve qu'il n'eût jamais étudié, l'exercice continuel de la parole a pu jusqu'à un certain point le faire ce qu'il est devenu; car l'exercice est aussi un excellent maître; mais il est permis de croire qu'il eût été plus loin avec de l'instruction. Aussi n'a-t-il pas osé publier ses harangues, quoiqu'elles eussent produit, comme on sait, beaucoup d'effet quand il les prononça.

Aristote, naturellement scrutateur, a exercé dans son Gryllus* sa subtilité ordinaire contre l'éloquence; mais le même écrivain a composé trois livres sur la rhétorique, et dans le premier, non-seulement il reconnaît qu'elle est un art, mais il lui assigne une partie de la politique et de la dialectique. Critolaüs et Athénodore de Rhodes se sont fort élevés contre elle. Agnon, en se déclarant son accusateur, s'est décrié par son titre même. Pour Épicure, ennemi né de toute doctrine, cela ne

* C'était un petit traité sur la rhétorique, qu'il avait intitulé du nom de Gryllus, fils de Xénophon, tué à la bataille de Mantinée. Cet ouvrage n'est point parvenu jusqu'à nous.

nas omnes fugit, nihil miror. Hi complura dicunt, sed ex paucis locis ducta. Itaque potentissimis eorum breviter occurram, ne in infinitum quæstio evadat.

Prima his argumentatio *ex materia* est. Omnes enim artes aiunt habere *materiam*, quod est verum; rhetorices *nullam* esse *propriam*, quod esse falsum in sequentibus probabo.

Altera est calumnia, nullam artem falsis assentiri opinionibus, quia constitui sine perceptione non possit, quæ semper vera sit : *rhetoricen* assentiri falsis; non esse igitur artem. Ego, *rhetoricen* nonnunquam dicere falsa pro veris, confitebor; sed non ideo, in falsa quoque esse opinione, concedam; quia longe diversum est, ipsi quid videri, et, ut alii videatur, efficere; nam et imperator falsis utitur sæpe, ut Hannibal, quum inclusus a Fabio, sarmentis circa cornua boum deligatis incensisque, per noctem in adversos montes agens armenta, speciem hosti abeuntis exercitus dedit; sed illum fefellit; ipse, quid verum esset, non ignoravit : nec vero Theopompus Lacedæmonius, quum permutato cum uxore habitu e custodia, ut mulier, evasit, falsam de se opinionem habuit, sed custodibus præbuit : item orator, quum falso utitur pro vero, scit esse falsum, eoque se pro vero uti; non ergo falsam habet ipse opinionem, sed fallit alium : nec Cicero, quum se tene-

m'étonne pas de sa part. Tous ces écrivains ont articulé bien des griefs contre la rhétorique, mais ces griefs reposent sur un petit nombre de points. Je répondrai en peu de mots aux principales objections, pour en finir.

La première se tire de la matière même de la rhétorique. *Tous les arts*, dit-on, *en ont une, et la rhétorique n'en a point qui lui soit propre*, ce qui est faux, comme je le démontrerai par la suite.

Voici la seconde, qui n'est qu'une mauvaise chicane: *Aucun art ne peut être étayé sur le faux, parce que tout art se compose de connaissances qui doivent être vraies; or, la rhétorique s'arrange du faux, donc elle n'est point un art.* Sans doute la rhétorique plaide quelquefois le faux pour le vrai, mais je n'accorde pas, pour cela, qu'elle donne dans le faux, car autre chose est d'être soi-même dans l'erreur et d'y mettre les autres. Un général n'a-t-il pas souvent recours à la fausseté; témoin Annibal, qui, se voyant cerné par Fabius, fit attacher des sarmens aux cornes d'un grand nombre de bœufs, y fit mettre le feu, et faisant ensuite chasser ces animaux vers les hauteurs qui étaient opposées à l'ennemi, lui donna ainsi à croire que son armée battait en retraite: il trompa Fabius par cette feinte, mais lui, il savait bien à quoi s'en tenir sur la vérité. Quand le Lacédémonien Théopompe changea de vêtemens avec sa femme, et sortit de prison à la faveur de ce déguisement, certes il ne prit point le change sur son sexe, mais il le fit prendre à ses gardiens. De même l'orateur, lorsqu'il emploie le faux pour le vrai, sait fort bien ce qu'il fait: ce n'est pas lui qui est dupe, ce sont les autres. Lorsque Cicéron se vanta d'avoir, dans son plaidoyer pour Cluen-

bras offudisse judicibus in causa Cluentii gloriatus est, nihil ipse vidit; et pictor, quum vi artis suæ efficit, ut quædam eminere in opere, quædam recessisse credamus, ipse ea plana esse non nescit.

Aiunt etiam, *omnes artes habere finem aliquem propositum, ad quem tendant;* hunc modo nullum esse in rhetorice, modo non præstari eum, qui promittatur: mentiuntur; nos enim esse finem jam ostendimus, et quis esset, diximus. Præstabit hunc semper orator, semper enim bene dicet; firmum autem hoc, quod opponitur, adversus eos fortasse sit, qui persuadere finem putaverunt : noster orator, arsque a nobis finita, non sunt posita in eventu; tendit quidem ad victoriam, qui dicit; sed quum bene dixit, etiamsi non vincat, id, quod arte continetur, effecit. Nam et gubernator vult salva nave in portum pervenire; si tamen tempestate fuerit abreptus, non ideo minus erit gubernator, dicetque notum illud, *Dum clavum rectum teneam.* Et medicus sanitatem ægri petit; si tamen aut valetudinis vi, aut intemperantia ægri, aliove quo casu summa non contingit, dum ipse omnia secundum rationem fecerit, medicinæ fine non excidit; ita oratori bene dixisse finis est; nam est *ars* ea, ut post paulum clarius ostendemus, *in actu* posita, *non in effectu.* Ita falsum erit illud quoque, quod dicitur, *Artes scire, quando sint finem con-*

tius, répandu d'épaisses ténèbres sur tous les juges, croit-t-on qu'il fût lui-même dans l'obscurité? Lorsqu'un peintre, par le prestige de son art, donne du relief à certains objets, et en recule d'autres, ignore-t-il pour cela qu'il a travaillé sur une surface plane?

On dit encore : *tous les arts ont un but quelconque vers lequel ils tendent;* la rhétorique n'en a point de réel, ou n'atteint pas celui qu'elle se propose. Cela n'est pas vrai. Nous avons fait voir que la rhétorique avait un objet, et nous avons dit quel il était. Le véritable orateur y satisfera toujours, car toujours il parlera bien. Cette objection n'est donc bonne que contre ceux qui font consister la fin de la rhétorique à persuader. Mais notre orateur et l'art, tel que nous l'avons défini, sont également indépendans de l'évènement. Sans doute l'orateur aspire à triompher, mais, qu'il réussisse ou non, quand il a bien parlé, il a fait tout ce que l'art exigeait de lui. Un pilote veut arriver au port, sain et sauf: son vaisseau en est écarté par la tempête, en est-il moins bon pilote, en a-t-il moins bien tenu le gouvernail? Un médecin cherche la guérison de son malade : mais la violence du mal, l'intempérance du sujet, un accident font échouer tous ses soins; si le traitement a été fait selon les règles, et que le malade succombe, ce n'est pas la faute de la médecine. Ainsi, quand l'orateur a bien parlé, il a accompli la fin de son art. En effet, comme nous le démontrerons plus clairement tout-à-l'heure, l'éloquence doit être considérée dans ses actes et non dans ses effets. Il est donc encore faux d'avancer que tous les arts savent quand ils ont atteint le but qu'ils se proposent, et que la rhétorique ne le sait point, puisqu'on sait quand on parle bien.

secutæ, *rhetoricen nescire;* nam se quisque bene dicere intelligit.

Uti etiam vitiis rhetoricen, quod ars nulla faciat, criminantur, quia et falsum dicat, et affectus moveat. Quorum neutrum est turpe, quum ex bona ratione proficiscitur; ideoque nec vitium; nam et mendacium dicere, etiam sapienti aliquando concessum est; et affectus, si aliter ad æquitatem perduci judex non poterit, necessario movebit orator. Imperiti enim judicant, et qui frequenter in hoc ipsum fallendi sunt, ne errent; nam, si mihi sapientes judices dentur, sapientum conciones, atque omne concilium; nihil invidia valeat, nihil gratia, nihil opinio præsumpta, falsique testes; perquam sit exiguus eloquentiæ locus, et prope in sola delectatione ponatur. Sin et audientium mobiles animi, et tot malis obnoxia veritas, arte pugnandum est, et adhibenda quæ prosunt; neque enim, qui recta via depulsus est, reduci ad eam, nisi alio flexu, potest.

Plurima vero ex eo contra *rhetoricen* cavillatio est, quod ex utraque causæ parte dicatur. Inde hæc, *Nullam esse artem sibi contrariam;* rhetoricen esse contrariam sibi: *nullam artem destruere quod effecerit;* accidere hoc rhetorices operi: item, *aut, dicenda eam docere; aut non dicenda;* itaque, vel per hoc non esse artem, quod non dicenda præcipiat; vel per hoc, quod,

On accuse aussi la rhétorique de tirer parti des vices, ce qui ne se voit dans aucun art. Elle plaide le faux, dit-on, elle excite les passions. Mais si c'est par des motifs louables, ni l'un ni l'autre n'est honteux; ce n'est donc point un mal. Il est quelquefois permis même au sage, de ne pas dire la vérité, et un orateur est obligé d'émouvoir les passions, si c'est le seul moyen d'amener les juges à une décision équitable. En effet, on est souvent jugé par des ignorans, qu'il faut savoir tromper, précisément pour qu'ils ne se trompent pas. Qu'on me donne des magistrats éclairés, une assemblée de sages, tout un conseil enfin où l'envie, la faveur, les préjugés, les faux témoignages n'ayent aucun accès, et l'éloquence se réduira à bien peu de chose, à des sons qui flatteront l'oreille. Mais s'il est vrai qu'un auditoire ne se compose que d'élémens mobiles et passionnés, si la vérité ne se fait jour qu'à travers mille obstacles, il faut bien recourir à l'art pour combattre, et s'armer de tout ce qui peut servir au succès de sa cause; quand on a été écarté du droit chemin, on n'y peut rentrer que par des détours.

Mais ce qui surtout fournit des armes aux détracteurs de la rhétorique, c'est que, dans toute cause, on plaide pour et contre. De là ces argumens : *aucun art n'est contraire à lui-même, et la rhétorique se contredit ; aucun art ne détruit son propre ouvrage, et la rhétorique se détruit par elle-même.* On ajoute : *ou la rhétorique enseigne ce qu'on doit dire, ou elle enseigne ce qu'on ne doit pas dire* : dans ce dernier cas, elle ne mérite pas le nom d'art, et dans le premier, elle en est

quum dicenda præceperit, etiam contraria his doceat. Quæ omnia apparet de ea rhetorice dici, quæ sit a bono viro atque ab ipsa virtute sejuncta; alioqui ubi injusta causa est, ibi rhetorice non est; adeo ut vix admirabili quodam casu possit accidere, ut ex utraque parte orator, id est, vir bonus dicat. Tamen, quoniam hoc quoque in rerum naturam cadit, ut duos sapientes aliquando justæ causæ in diversum trahant (quando etiam pugnaturos eos inter se, si ratio ita duxerit, credunt), respondebo propositis, atque ita quidem, ut appareat, hæc adversus eos quoque frustra excogitata, qui malis moribus nomen oratoris indulgent; nam *rhetorice non est contraria sibi.* Causa enim cum causa, non illa secum ipsa, componitur; nec, si pugnent inter se, qui idem didicerunt, idcirco ars, quæ utrique tradita est, non erit; alioqui nec armorum, quia sæpe gladiatores, sub eodem magistro eruditi, inter se componuntur; nec gubernandi, quia navalibus præliis gubernator est gubernatori adversus; nec imperatoria, quia imperator cum imperatore contendit.

Item non evertit opus rhetorice, quod efficit; neque enim positum a se argumentum solvit orator, sed ne rhetorice quidem; quia, apud eos, qui in persuadendo finem putant, aut si quis, ut dixi, casus, duos inter se bonos viros composuerit, verisimilia quærentur; non

également indigne, puisqu'en apprenant ce qu'il faut dire, elle enseigne aussi le contraire. Il est évident que tous ces reproches ne peuvent tomber que sur la rhétorique considérée indépendamment de la morale et de la vertu, car, du moment où la cause est injuste, il n'y a plus de rhétorique, tellement qu'à peine trouverait-on une cause où l'orateur, c'est-à-dire l'homme de bien, pût indifféremment plaider le pour ou le contre. Cependant, comme à la rigueur il n'est pas impossible qu'une cause, juste au fond, divise d'opinions deux sages, et qu'ils se croient, en conscience, obligés de se combattre, je vais répondre à ces diverses objections, de manière à en démontrer la frivolité aux yeux mêmes de ceux qui ne jugent pas l'éloquence incompatible avec de mauvaises mœurs : premièrement, *la rhétorique ne se contredit point;* car une cause est mise en opposition avec une cause, mais la rhétorique n'est pas pour cela opposée à la rhétorique. En effet, de ce que ceux qui ont reçu les mêmes enseignemens luttent entre eux, il ne s'ensuit pas que ce qu'ils ont appris ne soit pas un art. Autrement la gymnastique n'en serait point un, parce qu'on met souvent aux prises deux gladiateurs qui ont eu le même maître; ni la manœuvre sur mer, parce que dans un combat naval, un amiral se mesure avec un autre amiral; ni la stratégie, parce qu'un général se bat contre un autre général.

Il n'est pas plus vrai que *la rhétorique détruise son propre ouvrage;* car un orateur ne renverse pas les argumens qu'il a posés, ni la rhétorique non plus. Et dans le système de ceux qui croient que sa fin est de persuader, comme dans le cas dont j'ai parlé où deux hommes de bien plaident l'un contre l'autre, c'est le vraisem-

autem, si quid est altero credibilius, id ei contrarium est, quod fuit credibile. Nam ut candido candidius, et dulci dulcius non est adversum, ita nec probabili probabilius; nec præcipit unquam non dicenda, nec dicendis contraria, sed quæ in quaque causa dicenda sunt. Non semper autem, etiamsi frequentissime, tuenda veritas erit; sed aliquando exigit communis utilitas, ut etiam falsa defendantur.

Ponuntur hæ quoque in secundo Ciceronis de Oratore libro contradictiones, *artem earum rerum esse, quæ sciantur; oratoris omnem actionem opinione, non scientia contineri; quia et apud eos dicat, qui nesciant, et ipse dicat aliquando, quod nesciat.* Ex his alterum, id est, an sciat judex, de quo dicatur, nihil ad oratoris artem; alteri respondendum, «*ars earum rerum est, quæ sciuntur.*» Rhetorice ars est bene dicendi, bene autem dicere scit orator. Sed nescit an verum sit, quod dicit; ne hi quidem, qui ignem, aut aquam, aut quatuor elementa, aut corpora insecabilia esse, ex quibus res omnes initium duxerint, tradunt, nec qui intervalla siderum, et mensuras solis ac terræ colligunt; disciplinam tamen suam, *artem* vocant : quod si ratio efficit ut hæc non opinari, sed, propter vim probationum, scire videantur; eadem ratio idem præstare oratori potest; sed an causa vera sit, nescit. Ne medicus quidem, an dolo-

blable que l'on cherche. Or, plus ou moins de vraisemblance entre deux choses ne fait pas qu'elles soient contraires, pas plus qu'il n'y a opposition entre le blanc et le plus blanc, entre le doux et le plus doux. Enfin, il est faux que la rhétorique *enseigne ce qu'on ne doit pas dire*, encore moins *le contraire de ce qu'on doit dire* : elle se borne à enseigner ce qu'il convient de dire dans chaque cause. Cependant, quoique le plus souvent son devoir soit de faire triompher la vérité, quelquefois le bien public exige qu'elle défende le faux.

Cicéron, dans son second livre *de Oratore*, propose les objections suivantes[*] : tout art se fonde sur des connaissances certaines et acquises; or l'action de l'orateur repose entièrement sur l'opinion et non sur la science, puisque ceux devant qui il parle ignorent ce qu'il va dire, et que lui-même n'en est pas toujours sûr. Quant à ce que le juge ignore ce qu'on va lui dire, cela ne fait rien à l'art de l'orateur. Répondons à cet autre point que *tout art se fonde sur des connaissances certaines*. Oui, sans doute : aussi la rhétorique est-elle l'art de bien parler, et le véritable orateur sait bien parler. Mais il ne sait pas si ce qu'il dit est vrai? Sont-ils plus certains d'être dans le vrai ceux qui donnent pour principes universels des choses, tantôt le feu et l'eau, tantôt les quatre élémens, tantôt les atômes; et ceux qui calculent la distance des astres ou qui mesurent le soleil et la terre? Cependant ces savans donnent le nom d'art à leurs connaissances. Que si, grâce à la force de leurs raisonnemens, on appelle en eux science ce qui n'est au fond que leur opinion, pourquoi n'en userait-on pas de même à l'égard de l'orateur? Mais il ne sait pas si sa cause

[*] C'est encore dans la bouche d'Antoine.

rem capitis habeat, qui hoc se pati dicet; curabit tamen, tamquam id verum sit, et erit ars medicina. Quid? quod rhetorice non utique propositum habet semper vera dicendi, sed semper verisimilia? scit autem esse verisimilia, quæ dicit. Adjiciunt his, qui contra sentiunt, quod sæpe, quæ in aliis litibus impugnarunt actores causarum, eadem in aliis defendant; quod non artis, sed hominis, est vitium.

Hæc sunt præcipua, quæ contra rhetoricen dicantur; alia, et minora, et tamen ex his fontibus derivata. Confirmatur autem eam *esse artem* breviter; nam sive (ut Cleanthes voluit) *ars est potestas via*, id est *ordine, efficiens*; esse certe viam atque ordinem in bene dicendo nemo dubitaverit; sive ille ab omnibus fere probatus finis observatur, artem constare ex perceptionibus consentientibus et coexercitatis ad finem vitæ utilem; jam ostendimus nihil non horum in rhetorice inesse. Quid? quod et inspectione et exercitatione, ut artes ceteræ, constat? Nec potest ars non esse, si ars est dialectice, quod fere constat, quum ab ea, specie magis quam genere, differat; sed nec illa omittenda sunt, qua in re alius se inartificialiter, alius artificialiter gerat, in ea esse artem; et in eo, quod, qui didicerit, melius faciat quam qui non didicerit, esse artem. Atqui non solum doctus indoctum, sed etiam doctior doctum in rheto-

est véritable? Le médecin sait-il si son malade a réellement le mal de tête dont il se plaint? Il le traite néanmoins comme s'il en était sûr, et la médecine est un art. D'ailleurs la rhétorique ne se propose pas tant de dire ce qui est vrai que ce qui est vraisemblable; or l'orateur sait parfaitement si ce qu'il dit est vraisemblable. Les détracteurs de la rhétorique ajoutent à tous ces griefs, que souvent l'orateur défend dans une cause ce qu'il a attaqué dans une autre. A quoi je réponds qu'en ceci c'est l'homme qui est en défaut, et non l'art.

Telles sont les principales objections contre la rhétorique. Il en est d'autres encore, mais plus faibles, et qui partent des mêmes sources. Achevons de démontrer en peu de mots qu'elle est véritablement un art. En effet, si l'art, comme l'a voulu Cléanthe, est une puissance régulatrice qui fraie à notre esprit un chemin, qui lui trace un ordre, une méthode; personne ne sera tenté de nier qu'il faille, pour bien parler, tenir un certain chemin, suivre un certain ordre, une certaine méthode. Que si, comme on en convient assez généralement, l'art consiste dans un ensemble de perceptions dirigées vers un but utile, nous avons fait voir que tout cela se trouve dans la rhétorique. Eh quoi! ne se compose-t-elle pas, comme tous les autres arts, de la théorie et de la pratique? Et peut-elle n'être pas un art, si l'on en fait un de la dialectique, dont elle diffère plutôt par l'espèce que par le genre? Enfin ne perdons pas de vue que l'art existe nécessairement partout où l'un secoue le joug des règles, et l'autre s'y astreint, partout où celui qui a appris fait mieux que celui qui n'a pas appris. Or, en matière d'éloquence, non-seulement l'homme instruit l'emportera sur l'ignorant, mais l'habile sera surpassé

rices opere superabit, neque essent ejus aliter tam multa praecepta, tamque magni, qui docerent : id quod quum omnibus confitendum est, tum nobis praecipue, qui rationem dicendi a bono viro non separamus.

CAPUT XVIII.

Generalis artium divisio, et ex quibus sit rhetorica.

Quum sint autem artium aliae positae in inspectione, id est, cognitione et aestimatione rerum, qualis est *astrologia*, nullum exigens actum, sed ipso rei, cujus studium habet, intellectu contenta, quae θεωρητικὴ vocatur: aliae in agendo, quarum in hoc finis est, et ipso actu perficitur, nihilque post actum operis relinquit, quae πρακτικὴ dicitur, qualis est *saltatio*; aliae in effectu, quae operis, quod oculis subjicitur, consummatione finem accipiunt, quam ποιητικὴν appellamus, qualis est *pictura*.

Fere judicandum est, *rhetoricen* in actu consistere : hoc enim, quod est officii sui, perficit. Atque ita ab omnibus dictum est; mihi autem videtur etiam ex illis ceteris artibus multum assumere; nam et potest aliquando ipsa res per se inspectione esse contenta; erit enim *rhetorice* in oratore etiam tacente; et, si desierit agere, vel proposito, vel aliquo casu, impeditus, non magis desinet esse orator, quam medicus, qui curandi

par un plus habile. Sans cela, à quoi servirait cette foule de préceptes sur la rhétorique, pourquoi tant de savans professeurs l'enseigneraient-ils? C'est donc une vérité qui doit être reconnue de tout le monde, et de nous surtout qui ne séparons point l'éloquence de la probité.

CHAPITRE XVIII.

Division générale des arts. A quelle classe appartient la rhétorique.

Les arts sont de plusieurs sortes. Purement spéculatifs, les uns se bornent à la connaissance et à l'appréciation des choses : telle est l'astrologie, qui n'exige aucun acte, et se contente de l'intelligence des objets dont elle fait son étude; on appelle ces arts *théoriques*. Il en est dont la fin est d'agir, qui ne sont parfaits qu'au moyen d'une action, laquelle ne laisse rien après elle, ce sont les arts *pratiques* : telle est la danse. D'autres enfin, comme la peinture, consistent dans une création quelconque, achevée et visible, et reçoivent de là le nom d'arts *effectifs*.

Il semble, au premier coup d'œil, que la rhétorique appartienne aux arts pratiques, car c'est dans l'action qu'est son principal devoir; du moins, est-ce ainsi qu'on en a jugé. Cependant, je crois qu'elle tient beaucoup aussi des autres arts, puisqu'elle peut quelquefois se renfermer dans la spéculation; or, l'orateur qui s'abstient de parler n'en reste pas moins orateur; car, qu'il cesse de plaider, soit volontairement, soit par quelque empêchement, il ne perdra pas plus cette qualité qu'un médecin qui n'exerce plus ne cesse d'être médecin. Je ne

fecerit finem. Nam est aliquis, ac nescio an maximus etiam, ex secretis studiis fructus, ac tum pura voluptas litterarum, quum ab actu, id est opere recesserunt et contemplatione sui fruuntur. Sed effectivae quoque aliquid simile scriptis orationibus, vel historiis (quod ipsum opus in parte oratoria merito ponimus), consequetur. Si tamen una ex tribus artibus habenda sit, quia maximus ejus usus actu continetur, atque est in eo frequentissima; dicatur *activa*, vel *administrativa*: nam et hoc ejusdem rei nomen est.

CAPUT XIX.

Utra plus conferat eloquentiae, ars an natura.

Scio quaeri etiam, *naturane* plus ad eloquentiam conferat, *an doctrina*. Quod ad propositum quidem nostri operis nihil pertinet; neque enim consummatus orator, nisi ex utraque fieri potest; plurimum tamen referre arbitror, quam esse in hoc loco quaestionem velimus. Nam si parti utrilibet omnino alteram detrahas, natura etiam sine doctrina multum valebit, doctrina nulla esse sine natura poterit; sin ex pari coeant, in mediocribus quidem utrisque, majus adhuc naturae credam esse momentum, consummatos autem plus doctrinae debere, quam

sais même si les études ne fructifient pas davantage dans le silence de la retraite, et si le charme des lettres n'est pas plus pur, alors que, soustraites à l'éclat de l'action, elles se concentrent pour ainsi dire en elles-mêmes. La rhétorique produit bien aussi sans l'action quelque chose d'effectif, des discours écrits, par exemple, ou des compositions historiques que je regarde comme autant d'œuvres oratoires. Si pourtant il faut décider à laquelle de ces trois classes appartient la rhétorique, comme elle se déploie le plus ordinairement dans l'action, je l'appellerai un art pratique ou *administratif**, car ce nom lui convient également.

CHAPITRE XIX.

Qui de l'art ou de la nature contribue le plus à l'éloquence.

On demande encore qui de l'art ou de la nature contribue le plus à l'éloquence. Quoique cette question n'importe en rien à mon sujet, puisqu'il faut le concours de tous deux pour former un orateur parfait, cependant il ne sera pas indifférent de la traiter ici avec les distinctions qu'elle comporte. Si donc on envisage séparément l'art et la nature, nul doute que celle-ci ne puisse beaucoup sans la science, et que la science ne puisse rien toute seule; que si l'une et l'autre concourent également, mais dans des proportions médiocres, le naturel aura encore le dessus, tandis que ceux en qui ce double avantage sera éminent, devront plus, je crois, à la science.

* Par ce mot *administratif*, il faut entendre un art appliqué aux affaires, ce qui répond bien à l'idée que les anciens nous ont laissée de l'éloquence.

naturæ, putabo, sicut terræ, nullam fertilitatem habenti, nihil optimus agricola profuerit; e terra uberi utile aliquid, etiam nullo colente, nascetur; at in solo fecundo plus cultor, quam ipsa per se bonitas soli, efficiet. Et, si Praxiteles signum aliquod ex molari lapide conatus esset exsculpere, Parium marmor mallem rude; at si illud idem artifex expolivisset, plus in manibus fuisset, quam in marmore. Denique natura materia doctrinæ est : hæc fingit, illa fingitur : nihil ars sine materia; materiæ etiam sine arte pretium est : ars summa, materia optima melior.

CAPUT XX.

An rhetorice virtus sit.

ILLA quæstio est major, ex mediis artibus, quæ neque laudari per se, neque vituperari possunt, sed utiles aut secus, secundum mores utentium, fiunt, habenda sit rhetorice; an sit, ut compluribus etiam philosophorum placet, virtus.

Equidem illud, quod in studiis docendi plerique exercuerunt et exercent, aut *nullam artem*, quæ ἀτεχνία nominatur, puto; multos enim video, sine ratione, sine litteris, qua vel impudentia vel fames duxit, ruentes;

Ainsi les soins les plus intelligens échoueront sur un terrain frappé de stérilité, et une bonne terre rapportera quelque chose d'utile, même sans culture; mais un sol fertile, s'il est cultivé, rendra plus par cela même, qu'à cause de sa bonté native. Si Praxitèle se fût avisé de sculpter une statue de la pierre la plus grossière, de celle par exemple dont on fait les meules de nos moulins, je lui préfèrerais sans doute un bloc de marbre de Paros; mais si ce même artiste avait travaillé ce bloc, l'ouvrage aurait à mes yeux plus de prix que le marbre lui-même. La nature, c'est la matière; l'art, c'est la science; celle-ci crée, l'autre est créée. L'art n'est rien sans la matière, la matière même sans l'art, est encore précieuse : mais l'art, quand il est parfait, est préférable à la plus riche matière.

CHAPITRE XX.

Si la rhétorique est une vertu.

Voici une question plus grave : la rhétorique doit-elle être rangée parmi ces arts indifférens qui n'ont en soi rien de louable ni de blâmable, mais qui sont utiles ou nuisibles, suivant les mœurs de ceux qui s'y livrent, ou bien, comme l'ont pensé le plus grand nombre des philosophes, est-ce une vertu?

En vérité, à la manière dont la plupart ont exercé et exercent encore l'éloquence, je serais tenté de croire ou que ce n'est point un art ($\grave{\alpha}\tau\varepsilon\chi\nu\iota\alpha$), tant je vois de gens, totalement dépourvus de principes et de connaissances, se jeter dans la carrière, poussés par l'impu-

aut *malam* quasi *artem*, quam κακοτεχνίαν dicimus; nam et fuisse multos, et esse nonnullos existimo, qui facultatem dicendi ad hominum perniciem converterint. Ματαιοτεχνία quoque est quædam, id est, supervacua artis imitatio, quæ nihil sane nec boni nec mali habeat, sed vanum laborem, qualis illius fuit, qui grana ciceris, ex spatio distante missa, in acum continuo et sine frustratione inserebat : quem quum spectasset Alexander, donasse dicitur ejusdem leguminis modio; quod quidem præmium fuit illo opere dignissimum. His ego comparandos existimo, qui in declamationibus, quas esse veritati dissimillimas volunt, ætatem multo studio ac labore consumunt. Verum hæc, quam instituere conamur, et cujus imaginem animo concepimus, quæ bono viro convenit, quæque est vera rhetorice, virtus erit.

Quod philosophi quidem multis et acutis conclusionibus colligunt; mihi vero etiam planiore hac, proprieque nostra probatione videtur esse perspicuum : ab illis hæc dicuntur : si consonare sibi in faciendis ac non faciendis, virtutis est, quæ pars ejus *prudentia* vocatur, eadem in dicendis ac non dicendis erit. Et, si virtutes sunt, ad quas nobis, etiam ante quam doceremur, initia quædam ac semina sunt concessa natura, ut ad justitiam, cujus rusticis quoque ac barbaris apparet aliqua imago; nos certe sic esse ab initio formatos, ut possemus orare pro nobis,

dence ou le besoin; ou que c'est un art dangereux (κακοτεχνία), tant on en a abusé, tant on en abuse encore dans des vues criminelles; ou qu'enfin c'est une industrie frivole (ματαιοτεχνία), qui n'a rien de bon ni de mauvais, une pure futilité, assez semblable à l'adresse de cet homme qui, à une certaine distance, atteignait, sans y manquer, la pointe d'une aiguille avec des pois, et auquel Alexandre fit donner un boisseau de ce légume, récompense bien digne d'un pareil talent. Je lui compare aussi ceux que nous voyons se consumer en efforts inutiles sur de vains sujets de déclamation dont ils s'obstinent à écarter toute vraisemblance. Mais l'éloquence dont je m'attache ici à tracer les règles, dont je me fais une si haute idée, qui seule est digne de l'homme de bien, la véritable rhétorique enfin, est nécessairement une vertu.

Les philosophes l'établissent par force argumentations subtiles : nous avons aussi nos preuves, que je crois plus évidentes, et qui démontreront mieux cette vérité. Ils disent : si la prudence consiste à être d'accord avec soi-même sur ce qu'on doit faire et sur ce qu'on ne doit pas faire, n'y en a-t-il pas aussi à savoir ce qu'on doit dire et ce qu'on ne doit pas dire : ils ajoutent : on appelle vertu ce dont la nature a déposé le germe en nous, indépendamment de toute éducation, comme la justice, par exemple, dont il existe un sentiment vague chez les hommes les plus grossiers et les plus barbares; or nous avons été certainement organisés pour pouvoir nous défendre par la parole, sinon parfaitement, du moins

etiamsi non perfecte, tamen ut inessent quædam, ut dixi, semina ejus facultatis, manifestum est. Non eadem autem iis natura artibus est, quæ a virtute sunt remotæ. Itaque quum duo sint genera orationis, altera *perpetua*, quæ *rhetorice* dicitur, altera *concisa*, quæ *dialectice*; quas quidem Zeno adeo conjunxit, ut hanc compressæ in pugnum manus, illam explicitæ diceret similem: etiam disputatrix virtus erit; adeo de hac, quæ speciosior atque apertior tanto est, nihil dubitabitur.

Sed plenius hoc idem atque apertius intueri ex ipsis operibus volo; nam quid orator *in laudando* faciet, nisi honestorum ac turpium peritus? aut *in suadendo*, nisi utilitate perspecta? aut *in judiciis*, si justitiæ sit ignarus? Quid? non fortitudinem postulat res eadem, quum sæpe contra turbulentas populi minas; sæpe cum periculosa potentium offensa, nonnunquam, ut in judicio Miloniano, inter circumfusa militum arma dicendum sit; ut, si virtus non est, ne perfecta quidem esse possit oratio.

Quod si ea in quoque animalium est virtus, qua præstat cetera vel pleraque, ut in leone impetus, in equo velocitas; hominem porro ratione atque oratione excellere ceteris certum est; cur non tam in eloquentia quam in ratione virtutem ejus esse credamus? recteque

de manière à révéler en nous les semences premières de cette faculté ; et c'est ce qu'on ne voit point dans ces arts qui n'ont rien de commun avec la vertu. Puis donc qu'il y a deux genres d'oraison, l'un abondant et orné, la rhétorique, l'autre concis et sévère, la dialectique; et que Zénon les séparait si peu, qu'il comparait celle-ci à une main fermée, et celle-là à une main ouverte, si la dialectique est une vertu, à plus forte raison, en sera-ce une que la rhétorique, dont les qualités sont plus éclatantes et plus manifestes.

Revenons maintenant à ce que j'ai appelé nos preuves. C'est des œuvres mêmes de la rhétorique que je veux les tirer. En effet, comment l'orateur fera-t-il un panégyrique, s'il ne sait distinguer ce qui est honnête de ce qui ne l'est pas? comment se tirera-t-il d'une délibération, s'il ne sait prévoir ce qui peut être utile? comment plaidera-t-il, s'il ignore les lois de la justice ? Que dis-je? l'éloquence n'exige-t-elle pas aussi du courage, quand il faut braver les cris d'un peuple séditieux, lutter contre la dangereuse animadversion des hommes puissans, ou, comme dans l'affaire de Milon, parler au milieu d'une soldatesque menaçante? Concluons donc. Sans la vertu, point d'éloquence parfaite.

Enfin, s'il y a dans chaque animal une qualité qui le distingue particulièrement des autres animaux, comme l'impétuosité dans le lion, la vitesse dans le cheval, etc.; n'est-il pas constant que l'homme les surpasse tous par la double faculté de penser et de parler? Pourquoi donc l'éloquence ne serait-elle pas, ainsi que la raison, son

hoc apud Ciceronem disserit Crassus : *est enim eloquentia una quaedam de summis virtutibus.* Et ipse Cicero in sua persona, quum ad Brutum in epistolis, tum aliis etiam locis, virtutem eam appellat.

At prooemium aliquando et narrationem dicit malus homo, et argumenta, sic, ut nihil sit in his requirendum; nam et latro pugnabit acriter, virtus tamen erit fortitudo; et tormenta sine gemitu feret malus servus, tolerantia tamen doloris laude sua non carebit. Multa fiunt eadem, sed aliter. Sufficiant igitur haec, quia de utilitate supra tractavimus.

CAPUT XXI.

Quae sit materia rhetorices.

MATERIAM rhetorices quidam dixerunt esse *orationem*, qua in sententia ponitur apud Platonem Gorgias. Quae si ita accipitur, ut sermo quacunque de re compositus dicatur *oratio*, non materia, sed opus est, ut statuarii, *statua;* nam et oratio efficitur arte, sicut statua : sin hac appellatione verba ipsa significari putamus, nihil haec sine rerum substantia faciunt. Quidam *argumenta persuasibilia;* quae et ipsa in parte sunt operis, et arte fiunt; et materia egent : quidam *civiles quaestiones,* quo-

attribut spécial, sa vertu caractéristique? C'est ce que discute fort bien Crassus[*] quand il démontre que l'éloquence est une des plus hautes vertus. Cicéron la qualifie de même dans ses lettres à Brutus et dans beaucoup d'autres endroits.

Mais, dira-t-on, un méchant peut faire quelquefois un fort beau discours : exorde, narration, argumens, rien n'y manquera. D'accord. Mais de ce qu'un voleur se battra avec courage, le courage en sera-t-il moins une vertu? Parce qu'un méchant esclave endurera la torture, sans pousser un gémissement, n'y aura-t-il plus de gloire à supporter la douleur? Beaucoup d'actions se ressemblent : c'est le motif qui les dirige qui seul en fait la différence. Bornons-nous là sur la moralité de la rhétorique; nous avons traité plus haut de son utilité.

CHAPITRE XXI.

Quelle est la matière de la rhétorique.

L'*oraison*, suivant quelques auteurs, est la matière de la rhétorique. C'est l'avis de Gorgias, dans Platon. Si, par oraison, il faut entendre un discours sur un sujet quelconque, je dirai que ce n'est pas la matière, mais l'œuvre de la rhétorique, comme une statue est l'œuvre d'un statuaire, car un discours est le produit de l'art, comme une statue. Entend-on par oraison les mots seulement? mais que sont-ils sans les choses? D'autres voient la matière de la rhétorique dans un certain choix d'*argumens propres à persuader;* mais ces argu-

---

[*] Dans le traité de Cicéron *de Oratore*.

rum opinio non qualitate, sed modo erravit; est enim hæc materia rhetorices, sed non sola : quidam, quia virtus sit rhetorice, *materiam ejus totam vitam* vocant; alii, quia non omnium virtutum materia sit tota vita, sed pleræque earum versentur in partibus (sicut *justitia, fortitudo, continentia,* propriis officiis et suo fine intelliguntur), rhetoricen quoque dicunt in una aliqua parte ponendam, eique locum in ethice *negotialem* assignant, id est, πραγματικόν.

Ego, neque id sine auctoribus, materiam esse rhetorices judico, *omnes res, quæcunque ei ad dicendum subjectæ erunt;* nam Socrates apud Platonem dicere Gorgiæ videtur, *non in verbis esse materiam, sed in rebus;* et in Phædro palam, non in judiciis modo et concionibus, sed in rebus etiam privatis ac domesticis, rhetoricen esse, demonstrat : quo manifestum est hanc opinionem ipsius Platonis fuisse. Et Cicero quodam loco materiam rhetorices vocat res, quæ subjectæ sunt ei, sed certas demum putat esse subjectas. Alio vero, de omnibus oratori dicendum arbitratur, his quidem verbis, *Quamquam vis oratoris professioque ipsa bene dicendi, hoc suscipere ac polliceri videatur, ut omni de re, quæcumque sit proposita, ornate ab eo copioseque dicatur.*

mens font partie de l'œuvre même, c'est l'art qui les crée, et ils ont eux-mêmes besoin de matière. D'autres la voient dans les *questions civiles*, en quoi ils se trompent, non sur la qualité, car ces questions sont bien aussi des objets de la rhétorique, mais dans la restriction qu'ils y mettent, puisqu'elle ne s'y renferme pas. Ceux-ci, parce que la rhétorique est une vertu, lui donnent pour matière *toute la vie humaine;* ceux-là, parce que la vie n'embrasse pas à la fois toutes les vertus, dont la plupart, comme la justice, le courage, la tempérance, ont chacune des devoirs qui leur sont inhérents, un but qui leur est particulier, disent que la rhétorique doit aussi se circonscrire dans sa sphère, et lui assignent en conséquence dans la morale, la partie active ou celle des affaires, πραγματικόν.

Pour moi, je crois, et je ne manque pas d'autorités à cet égard, que *tous les sujets*, quels qu'ils soient, sont du ressort de la rhétorique, du moment qu'on les lui donne à traiter. Socrate, dans Platon, fait entendre à Gorgias que la substance de la rhétorique n'est pas dans les mots, mais dans les choses; et dans le Phædrus, il démontre qu'elle ne s'exerce pas seulement au barreau et à la tribune, mais qu'elle préside encore aux affaires privées et domestiques. Il est clair que c'était l'opinion même de Platon. Cicéron, après avoir dit, dans un endroit, que la rhétorique embrasse tous les sujets qui lui sont présentés, ajoute, il est vrai, qu'elle en a certains qui lui sont spécialement dévolus; mais, dans un autre, voulant insinuer que l'orateur doit savoir parler de tout, il s'exprime en ces termes : « Les ressources de l'art oratoire sont telles, que l'orateur semble prendre l'engagement de traiter indistinctement avec abondance et avec clarté

Atque adhuc alibi, *Verum enim oratori, quæ sunt in hominum vita, quandoquidem in ea versatur orator, atque ea est ei subjecta materia, omnia quæsita, audita, lecta, disputata, tractata, agitata esse debent.*

Hanc autem, quam nos *materiam* vocamus, id est, res subjectas, quidam modo infinitam, modo non propriam rhetorices esse dixerunt; eamque artem *circumcurrentem* vocaverunt, quod in omni materia diceret. Cum quibus mihi minima pugna est; nam de omni materia dicere eam fatentur : propriam habere materiam, quia multiplicem habeat, negant; sed neque infinita est, etiamsi est multiplex; et aliæ quoque artes minores habent multiplicem materiam, velut *architectonice;* namque ea in omnibus, quæ sunt ædificio utilia, versatur, et *cælatura*, quæ auro, argento, ære, ferro opera efficit, nam *sculptura* etiam lignum, ebur, marmor, vitrum, gemmas, præter ea quæ supra dixi, complectitur. Neque protinus non est materia rhetorices, si in eadem versatur et alius; nam si quæram, quæ sit materia statuarii, dicetur *æs;* si quæram, quæ sit excusoris, id est, ejus fabricæ, quam Græci χαλκευτικὴν vocant, similiter *æs* esse respondeant. Atqui plurimum a statuis differunt vasa. Nec medicina ideo non erit ars, quia unctio et exercitatio cum palætrica, ciborum vero qualitas etiam cum coquorum ei sit arte communis.

tous les sujets qu'on lui propose»; et ailleurs encore :
« toutes les choses de la vie humaine entrant nécessairement dans le domaine de l'éloquence, l'orateur doit tout scruter, tout entendre, tout lire, tout discuter, tout examiner, tout traiter. »

Quelques-uns s'élèvent contre cette proposition qui étend le pouvoir de la rhétorique à tous les sujets sans restriction; c'est, disent-ils, en reculer les limites jusqu'à l'infini, et par cela même reconnaître qu'elle n'a rien en propre; aussi l'appellent-ils un art sans fin et la comparent-ils à un cercle. Je ne disputerai pas là-dessus, puisqu'ils reconnaissent que la rhétorique peut parler de tout; mais ils nient qu'elle ait rien en propre, parce que sa matière est immense, c'est ce que je ne puis accorder; car de ce qu'un objet est multiple, il ne s'ensuit pas qu'il soit sans bornes. Beaucoup d'arts moins considérables que le nôtre sont aussi très-variés dans l'application. Ainsi, l'architecture doit connaître tous les détails du bâtiment; la gravure opère sur l'or, l'argent, l'airain, le fer; et la sculpture, outre ces matières, taille encore le bois, l'ivoire, le marbre, le verre et les pierres précieuses. La rhétorique peut donc employer ce qui appartient à un autre art. Si je demande à un statuaire sur quoi il travaille, il me répondra : sur le bronze. Que je fasse la même question à un fondeur, j'aurai une réponse semblable, et pourtant il y a une grande différence entre des vases et des statues. La médecine en est-elle moins un art parce qu'elle recommande de se frotter, de prendre de l'exercice, ce qui est du ressort de la gymnastique, ou parce qu'elle prescrit le choix et la qualité des mets, ce qui touche à l'art des cuisiniers?

Quod vero de bono, utili, justo disserere, philosophiæ officium esse dicunt, non obstat; nam, quum philosophum dicunt, hoc accipi volunt, virum bonum : cur igitur oratorem, quem a bono viro non separo, in eadem materia versari mirer? quum præsertim primo libro jam ostenderim, philosophos omissam hanc ab oratoribus partem occupasse, quæ rhetorices propria semper fuisset, ut illi potius in nostra materia versentur. Denique quum sit *dialectices materia* de rebus subjectis disputare, sit autem dialectice oratio concisa, cur non eadem perpetuæ quoque materia videatur?

Solet a quibusdam et illud poni, *Omnium igitur artium peritus erit orator, si de omnibus ei dicendum est.* Possem hic Ciceronis respondere verbis, apud quem hoc invenio, *Mea quidem sententia nemo esse poterit omni laude cumulatus orator, nisi erit omnium rerum magnarum atque artium scientiam consecutus;* sed mihi satis est ejus esse oratorem rei, de qua dicet, non inscium. Neque enim omnes causas novit, et debet posse de omnibus dicere; de quibus ergo dicet? de quibus didicit. Similiter de artibus quoque, de quibus dicendum erit, interim discet : et de quibus didicerit, dicet. Quid ergo? non aut faber de fabrica melius, aut de musice musicus? Si nesciat orator, quid sit, de quo quæritur, plane melius; nam et litigator rusticus illitteratusque

Quant à cette objection qu'il n'appartient qu'à la philosophie de disserter sur la morale, point de difficulté; car, sans doute, par philosophe on entend un homme de bien; et alors pourquoi m'étonnerais-je que l'orateur dont je ne sépare pas l'homme de bien, s'exerce sur la même matière? J'ai d'ailleurs démontré dans mon premier livre que la morale était l'apanage de la rhétorique, et que les philosophes, en l'usurpant sur les orateurs, par la négligence de ceux-ci, ne faisaient qu'user de notre bien. Enfin, si l'on ne conteste pas à la dialectique le droit d'argumenter sur les objets qui lui sont soumis, pourquoi le contesterait-on à la rhétorique, puisqu'il n'y a entre elles de différence que dans les formes?

On objecte encore : *si l'orateur doit parler de tout, il faudra donc qu'il sache tout.* Je pourrais ici m'en tenir aux propres paroles de Cicéron. J'y trouve : «Personne, à mon avis, ne pourra prétendre à être un grand orateur, s'il n'a acquis la connaissance de tous les arts, s'il ne possède toutes les sciences.» Mais je n'en exige pas tant : il me suffit que l'orateur ne soit pas étranger à son sujet. Sans doute il ne connaîtra pas toutes les causes, mais il doit pouvoir les entreprendre toutes. Quelles sont donc celles qu'il plaidera? Toutes celles qu'il aura apprises. Ainsi, pour les arts, il étudiera, s'il est nécessaire, ceux sur lesquels il aura à parler, et une fois qu'il les connaîtra, il en parlera fort bien. Quoi! un artisan ne parlera pas mieux de son métier, un musicien de son art, que l'orateur qui n'entend rien à l'un ni à l'autre? Beaucoup mieux sans doute. Car un plaideur, quelque grossier, quelque ignorant qu'il soit, s'énoncera plus pertinemment, dans sa propre cause, qu'un

de causa sua melius, quam orator, qui nescit quid in lite sit, dicet; sed accepta a musico, a fabro, sicut a litigatore, melius orator, quam ipse qui docuerit. Verum et *faber*, quum de *fabrica*, et *musicus*, quum de *musica*, si quid confirmationem desideraverit, dicet; non erit quidem orator, sed faciet illud quasi orator; sicut quum vulnus imperitus deligabit, non erit medicus, sed faciet ut medicus.

An hujusmodi res nec in laudem, nec in deliberationem, nec in judicium veniunt? Ergo quum de faciendo portu Ostiensi deliberatum est, non debuit dicere sententiam orator, atqui opus erat ratione architectorum. Livores et tumores in corpore, cruditatis an veneni signa sint, non tractat orator? at est id ex ratione medicinæ. Circa mensuras et numeros non versabitur? dicamus has geometriæ esse partes. Equidem omnia fere posse credo casu aliquo venire in officium oratoris; quod si non accidet, non erunt ei subjecta. Ita sic quoque recte diximus, *materiam rhetorices esse omnes res ad dicendum ei subjectas;* quod quidem probat etiam sermo communis; nam quum aliquid, de quo dicamus, accepimus, positam nobis esse materiam frequenter etiam præfatione testamur.

Gorgias quidem adeo rhetori de omnibus putavit esse

orateur qui n'y connaîtra rien. Mais que l'artisan, le musicien, le plaideur mettent l'orateur au fait, et celui-ci s'en acquittera mieux qu'eux. Qu'une difficulté s'élève sur un point technique, l'artisan, le musicien, la résoudront mieux que lui, sans contredit; mais c'est qu'alors, sans être orateurs, ils feront ce que devrait faire l'orateur, comme un homme qui mettrait un appareil sur une plaie, ferait l'office de médecin sans l'être.

Ces circonstances ne se rencontrent-elles pas quelquefois dans un panégyrique, dans une délibération, dans un plaidoyer? Quand on délibéra si on ouvrirait un port à Ostie, des orateurs ne furent-ils pas appelés à donner leur avis? et cependant c'était purement du ressort des ingénieurs. C'est à la médecine à décider si des taches ou des tumeurs qui se manifestent sur le corps sont des indices de poison ou d'une maladie d'estomac; l'orateur n'a-t-il pas quelquefois à discuter cette circonstance? s'abstiendra-t-il de tout calcul de mesures et de nombres, parce que cela appartient à la géometrie? Je suis convaincu, au contraire, qu'il n'est presque rien qui ne puisse accidentellement tomber dans le domaine de l'éloquence, et, par une conséquence naturelle, que ce qui ne s'y présente pas, n'est pas son objet. Nous avons donc eu raison de dire que tous les sujets qu'on lui donne à traiter sont la matière de la rhétorique. C'est ce que nous reconnaissons tous les jours, car si nous avons à parler sur telle ou telle matière, nous ne manquons pas d'annoncer, par un préambule, qu'elle nous a été imposée.

Gorgias était si persuadé qu'un rhéteur doit pouvoir

dicendum, ut se in auditoriis interrogati pateretur, qua quisque de re vellet. Hermagoras quoque, dicendo materiam esse in causa et in quæstionibus, omnes res subjectas erat complexus. Sed quæstiones si negat ad rhetoricen pertinere, dissentit a nobis; si autem ad rhetoricen pertinent, ab hoc quoque adjuvamur; nihil est enim, quod non in causam aut in quæstionem cadat. Aristoteles tres faciendo partes orationis, *judicialem*, *deliberativam*, *demonstrativam*, pæne et ipse oratori subjecit omnia; nihil enim non in hæc cadit.

Quæsitum a paucissimis etiam de instrumento est: *Instrumentum* voco, *sine quo formari materia, et in id, quod velimus, effici opus non possit.* Verum hoc ego non artem credo egere, sed artificem; neque enim scientia desiderat instrumentum, quæ potest esse consummata, etiamsi nihil faciat; sed ille opifex, ut cælator cælum, et pictor penicilla : itaque hæc in eum locum, quo *de oratore* dicturi sumus, differamus.

se tirer de tout, qu'il permettait à ses auditeurs de l'interroger sur quoi que ce fût. Hermagoras, en disant que la rhétorique a pour matières les questions et les causes, lui avait aussi donné une extension indéfinie. Mais s'il n'accorde pas que les questions appartiennent à la rhétorique, nous ne sommes plus de son avis*; si, au contraire, il les y fait entrer, nous nous prévalons de son autorité; car il n'est rien qui ne puisse se résoudre en cause ou en question. Aristote, en divisant l'oraison en trois genres, le judiciaire, le délibératif et le démonstratif, a presque tout soumis à l'orateur; car qu'y a-t-il qu'on ne puisse classer dans l'un de ces genres?

Quelques auteurs, mais en très-petit nombre, ont aussi fait des recherches sur l'instrument dont se sert la rhétorique. J'appelle ainsi ce qui donne la forme à la matière et la combine à notre gré. Je crois que ce n'est pas à l'art que cet instrument est nécessaire, mais à l'artiste. En effet, la science peut s'en passer et n'en sera pas moins parfaite, en ne produisant rien; mais l'artiste en a besoin, comme le graveur de son burin, et le peintre de ses pinceaux. Remettons donc à nous en occuper quand nous parlerons de l'orateur.

---

* Il paraît, d'après ce passage, qu'Hermagoras avait composé un autre ouvrage, où il avait restreint les attributions de la rhétorique.

TABLE

DES MATIÈRES.

LIVRE PREMIER.

Chapitres		Pages
	Notice sur Quintilien.	j
	Quintilien à Tryphon.	3
	Introduction.	5
I.	Du soin qu'il faut apporter à la première éducation de l'orateur; du choix des nourrices et des précepteurs.	19
II.	L'éducation privée est-elle préférable à l'éducation publique.	37
III.	Comment il faut étudier les dispositions des enfans et manier leurs esprits.	53
IV.	De la grammaire.	61
V.	Des qualités et des vices de l'oraison.	77
VI.	Des mots propres et métaphoriques, usités et nouveaux; des quatre choses principales dont se forme le langage.	111
VII.	De l'orthographe.	133
VIII.	Du choix des lectures pour les enfans.	147
IX.	Des premiers devoirs du grammairien.	157
X.	La connaissance de plusieurs arts est-elle nécessaire à l'orateur.	159
XI.	De la musique.	165
XII.	De la géométrie.	177
XIII.	Du théâtre considéré comme école de déclamation et de gestes.	185
XIV.	Les enfans ont-ils la faculté d'apprendre plusieurs choses à la fois?	193

LIVRE DEUXIÈME.

Chapitres	Pages
I. Quand il faut confier l'enfant au rhéteur.	203
II. Des mœurs et des devoirs d'un professeur.	209
III. Si l'on doit immédiatement faire choix du meilleur maître.	215
IV. Quels doivent être les premiers exercices auprès du rhéteur.	221
V. De la lecture des orateurs et des historiens chez le rhéteur.	243
VI. De la division.	253
VII. Des leçons de mémoire.	267
VIII. Si l'on doit se plier aux dispositions naturelles de chaque élève.	259
IX. Du devoir des élèves.	267
X. De l'utilité des déclamations.	Ibid.
XI. Si la connaissance de l'art est nécessaire.	275
XII. Pourquoi les hommes sans instruction passent pour avoir plus de vivacité dans l'esprit.	276
XIII. Dans quelles bornes doit se renfermer l'art.	285
XIV. Étymologie de la rhétorique et division de cet ouvrage.	293
XV. Qu'est-ce que la rhétorique et quelle est sa fin.	297
XVI. Si la rhétorique est utile.	315
XVII. Si la rhétorique est un art.	323
XVIII. Division générale des arts. A quelle classe appartient la rhétorique.	343
XIX. Qui de l'art ou de la nature contribue le plus à l'éloquence.	345
XX. Si la rhétorique est une vertu.	347
XXI. Quelle est la matière de la rhétorique.	353

FIN DU TOME PREMIER.

www.ingramcontent.com/pod-product-compliance
Lightning Source LLC
Chambersburg PA
CBHW050426170426
43201CB00008B/560